우리, 잘 크고 있는 거 맞아요?

아이들이 말하는 대안교육 이야기

스물두 명의 대안학교 학생들과 졸업생들 씀

민들레

잘 익은 밤송이에서 절로 툭 떨어진 밤톨 같은

대안교육, 대안학교란 용어가 한국 사회에 등장한 지 십 년이 훌쩍 넘으면서 그 속에서 자라난 아이들이 이제 성인이 되어 제 자리를 찾아가고 있습니다. 하지만 그동안 이들의 목소리가 제대로 전해지지는 않았습니다. 대안교육 현장에서조차 학생들은 그저 '아이들'로 취급되는 경향이 없지 않습니다. 우리는 아이들을 교육의 주체라고 말하지만 실상은 객체처럼 여기고 있는 것은 아닐까요? 교육과 배움은 전혀 다른 것일 수 있지요. 아이들에게 배움에의 열정을 북돋우는 교육을 하고자 하는 대안교육이 또 다른 의미에서 '교육 과잉'이 되고 있는 것은 아닌지 돌아볼 때인 것 같습니다.

지난 십여 년 동안 격월간 『민들레』에 실렸던 아이들의 목소리와 최근의 목소리를 한데 모았습니다. 지금 대안학교에 몸담고 있는 아이들, 도중에 학교를 떠나온 아이들, 졸업을 하고 대학에서 또 사회에서 자기 길을 찾고 있는 이들의 목소리에 귀기울여 보시지요. 십 년 또는 오륙 년 전에 글을 썼던 친구들이 더욱 성숙한 모습으로 뒷이야기를 들려주기도 합니다. 대안교육이 이들에게 어떤 깨우침을 주었고, 또 어떤 상처를 남겼는지 들어보시기 바랍니다.

관계 맺기와 학습, 진로를 주제로 큰 흐름을 엮고, 쓴소리를 따로 엮었습니다만, 삶이 그렇듯이 이야기가 주제별로 딱 나뉠 수는 없을 것입니다. 곳곳에서 튀어나오는 아이들의 쓴소리에 "이런 까진 놈들 같으니, 깔 걸 까야지, 대안교육이 무슨 밤송이냐!" 하실 분도 있겠지만, 어떤 아이들에게는 대안교육이 밤송이처럼 까칠하고 아프기도 한가 봅니다.

산송장처럼 살고 있는 이 땅의 아이들을 생각하면 이들의 이야기가 '팔자 좋은 녀석들'의 배부른 푸념으로 들릴지도 모르겠지만, 아이들을 만나고 있는 어른이라면 귀담아 들을 대목이 적지 않다고 봅니다. 어줍잖은 선생 노릇 한다면서 애들 바보 만들고 있는 거 아닌가? 하루에도 몇 십 번 고민하는 선생님들께는 너무 아픈 소리가 아닐까 염려도 되지만, 아이들과 함께 배움의 길을 걸어가는 교사의 내공으로 독은 중화하고, 약은 소화하여 더욱 강건해지실 거라 믿습니다.

잘 까지는 밤송이 속에는 잘 여문 밤톨이 들어 있는 법이지요. 대안학교에서 질풍노도의 시기를 보낸 졸업생들의 이야기는 마치 잘 익은 밤송이에서 절로 툭 떨어진 밤톨처럼 토실한 내공이 느껴집니다. 아무쪼록 이들의 이야기가 대안교육의 질적 성장에, 더 나아가 이 땅의 교육이 본연의 길로 들어서는 데 작은 계기가 될 수 있기를 바라마지 않습니다.

2011년 8월
현병호

차례

●

공동체에서
아이들은 어떻게
성장했을까

우리, 잘 크고 있는 거 맞아요?

이슬아 | 열네 살부터 열여덟 살까지 다섯 해를 산돌학교에서 보냈다. 졸업 후 아르바이트해서 번 돈으로 유럽 배낭여행을 다녀온 뒤 현재 대학에서 신문방송학을 공부하고 있다. 이 글은 2010년 2월 졸업을 앞두고 지난 5년을 돌아보며 쓴 글이다. sool6049@naver.com

산돌스러움 부정하기

"아오, 빨리 졸업을 하던가 해야지. 더 이상은 지긋지긋해서 못 살아!"

이 말을 입에 달고 산 2009년이었다. 산돌학교 5년째의 삶은 참으로 느리고 지루하게 흘렀다.

인도 여행 중에 애들로부터 "가장 산돌스러운 애는 이슬아"라는 말을 들었을 때 참으로 우울했던 기억이 난다. '산돌스럽다'는 말이 칭찬이 아니라는 것쯤은 애들도 알고 나도 아는 사실이었다. 만약 3학년 때 그 말을 들었다면 호의적으로 받아들였을지도 모르지만, 4학년 막바지의 우리 중에서 산돌스러움을 비웃지 않는 애는 거의 없었다.(초등학교 4학년으로 오해하지 마시길. 산돌은 중고 통합 5년제 학교이므로 4학년은 '고1'을 뜻하고, 5학년은 '고2'를 뜻한다. 6학년은 없다. 5년제이므로 5학년이 졸업반이다.)

대안학교 특유의 생태적이고 촌스러운 느낌이라든가, 가난하고 열악한 시설이라든가, 질리도록 공동체주의적인 분위기라든가, 무겁고 칙칙하며 세련되지 못한 교사들의 분위기라든가, 아무리 산돌 밥을 먹어도 좀처럼 와 닿지 않는 생명과 평화에 대한 감성이라든가, 그런 것들을 합쳐서 대략 뭉뚱그려 놓은 말이 '산돌스럽다'였다. 산돌스러운 분위기, 산돌스러운 교사들, 산돌스러운 단어 선택, 산돌스러운 문제 해결, 그 모든 산돌스러움에 물들어 있는 내가 싫었다. 그래서 갠지스 강에 마음을 다해 소원을 빌었다. '올해는 제발, 산돌학교에 얽매이지 않는 이슬아가 되게 해주세요.'

산돌학교에 살면서 산돌스러움을 몸서리치도록 부정하는 아이러니한 학교생활이었다. 공동체주의적인 산돌학교에 살면서 개인주의적인 생활을 꿈꾸게 되었고, 가난하고 열악한 산돌학교에 살면서 돈과 자본에 대한 갈망은 더욱 커졌고, 촌스럽고 생태적인 산돌학교에 살면서 도시적이고 세련된 삶을 살겠다고 다짐하게 되었다. 학교와의 권태였다.

그년들 그놈들과의 기숙사 생활

사감 선생님은 말씀하셨다.

"개인의 자유는 언제든 누릴 수 있지만, 공동체 생활 속에서 배울 수 있는 것들은 지금이 아니면 안 돼. 그래서 공동체 생활이 너희에게 마이너스만은 아니라는 거야. 너희들이 지금은 못 느낄지 몰라도."

동의한다. 하지만 아무리 그렇다 쳐도 5년이라는 세월은 너무 무식하다. 같은 인간들과 같은 기숙사에서 부대끼기에는 무식할 정도로 길다. 기숙사 생활은 야만적이기까지 하다. 한 화장실에 세 명이 들어가서 한 명은 샤워하고 한 명은 세면대에서 발을 씻고 한 명은 변기에 앉아 똥을 싼다. 서로의 속옷 사이즈나 생리 주기를 아는 건 기본이고, 차마 글에 담을 수 없을 정도로 원시적이고 엽기적이고 안타까운 일들이 펼쳐지는 곳이 기숙사다.

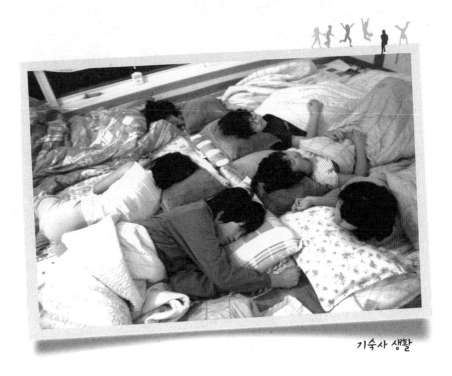

기숙사 생활

　서로에게 너무나도 밀착된 생활에서 형성되는 '너무나도 밀착된 관계'. 찐하고 아름다우면서도 숨 막히고 질리는 밀착. 그런 관계가 5년 동안 이어지다 보면 온갖 감정들이 돌고 돈다. 슬픔과 분노, 질투, 체념, 애틋함, 연민 같은 것들이. 5년이나 살아서 이제는 잠잠해지고 초연해질 때도 됐건만 여전히 관계의 굴곡은 끝이 없다. 이 끈적끈적한 관계가 대안학교만이 가질 수 있는 특권이라는 의미 부여? 글쎄, 잘 모르겠다.

끈적끈적한 공동체

　　　　　　　밀착된 관계를 한층 더 끈적끈적하게 해주는 건 우리가 공동체라는 사실. '우리는 하나'라는 아름답고도 피곤한 모토로 산돌은 굴러간다. 아무도 소외되지 않고 아무도 상처받지 않길 바라니까 어느 행동거지 하나도 쉬운 게 없다. 쉽지 않은 공동체 생활에서 배워지는 건, 남들과 내가 조화롭고 행복하게 공존하는 방법이다. 괜찮은 터득은 타인에 대한 배려이고, 조금 슬픈 터득은 눈치 보는 법과 전체 분위기에 따라 내 욕구 누르기 정도가 되겠다.

보통의 경우라면 전혀 문제가 되지 않을 개인의 소소한 자유가 공동체 안에서는 큰 문제가 되어 조심스러워진다. 특히 산돌학교는 열네 살부터 열여덟 살까지 5개 학년이 같이 살기 때문에 배려하고 신경 써야 할 대상의 폭이 더 넓다. 노트북을 쓰는 문제도, 학교 밖에서 무언가 배우는 문제도, 식당에서 밥을 먹는 것도. 일상의 자잘한 행동들도 공동체 안에서 얽힌 상호관계를 조금씩 신경 써야 한다. 덕분에 나는 전체에게 잘 맞춰줄 수 있는 딱히 모나지 않은 사람으로 자랐는데, 그게 진화인 건지 퇴화인 건지 잘 모르겠다.

공동체 안에 살고 있다는 걸 뼈저리게 느낄 때는 도난 사건이 터졌을 때다. 학교 주방에 있던 모닝빵 다섯 개가 없어진 일로 백 명 가까운 전교생이 둥그렇게 모여 앉아 사흘 밤낮 회의하는 건 놀랍지도 않은 일이고, 얼마 전에는 방학 직전에 지갑 도난 사건이 터져서 방학이 취소되기까지 했다. 도난 사건을 해결하기 위한 회의를 하다 보면 '학생들 인권이고 뭐고 상관없으니 차라리 경찰을 불러서 가방을 뒤져주세요. 제발 부탁입니다.' 하고 소리치고 싶은 마음이 간절해질 정도로 피곤하고 괴롭다.

하지만 앞으로 백 년이 지나도 산돌학교에서 가방 수색하는 일은 일어나지 않을 것 같다. 우리는 '돈을 가져간 친구'(절대 '범인'이라는 말을 쓰지 않는다)가 익명으로든 실명으로든 스스로 고백할 때까지 회의를 계속한다. 회의에서는 '그 친구'가 용기를 낼 수 있도록 '공동체 전체가 마음을 모으고 힘을 주는 작업'(참으로 어려운 일)을 한다. 우리가 빠르지도 않고 효율적이지도 않고 명쾌하지도 않은 방법으로 문제를 푸는 이유는, 서로 간의 신뢰와 누군가의 잘못을 끌어안을 수 있는 공동체의 수용성을 지키기 위해서일 것이다.

하지만 그런 사고방식이 내 것인지, 아니면 교사들의 이상향에 대한 욕심과 가치관을 내 것인 줄 착각하는 건지 헷갈린다. 졸업할 때쯤이면 공동체에 대해 정말로 잘 이해하고 받아들이게 될 줄 알았지만, 학년이 올라갈수록 공동체란 건 어렵고 또 어렵게 다가와서 여전히 막연하고 답답할 뿐이다. 다만 분명한 건 앞으로 어느 집단에 가든 내가 지갑을 잃어버렸을 때 이런 식으로 문제를 처리해줄 집단은 절대 못 만날 거라는 건데, 그 사실이 홀가분하면서도 아주 조금 쓸쓸하기도 하다.

우월하거나 열등하거나

우리는 그들을 '일반학교 애들'이라 부른다. 대안학교 학생도 아니고 홈스쿨러도 아니고 유학파도 아닌, 한국 청소년의 정석 코스를 밟아가는 제도권 교육의 학생들. 그들은 주류를 이루고 있는 절대다수의 십대이고, 나머지 0.07%인 우리는 비주류이다.

그들과 우리를 비교하는 건 섣부른 일이다. 난 일반 중고등학교를 다녀보지 않았으니까. 그래도 가끔 만나는 일반학교 애들과 말을 섞어보면 결코 무시할 수 없는 이질감이 느껴지는 건 어쩔 수 없다. 전혀 다른 고민과 다른 관심사, 다른 생활 패턴, 다른 부모… 그들과 우리는 어딘가 분명히 다르다. 그들과 이야기할 때는 설명하지 않으면 이해하지 못하는 부분도, 설명해도 잘 이해해주지 못하는 부분도 많다. 설명하기 어려우면 그냥 겉핥기식 대화에 만족하면 된다. 그래서 대안학교 학생끼리 만나면 편한 거다. 설명하지 않아도 되니까.

나의 경우가 일반적이지 않다는 사실은 때론 나를 불안하게 한다. 대안학교 학생으로서의 정체성은, 어쩔 수 없이 '일반적인 그들'과의 비교로부터 생긴다. 내가 그들보다 뭐가 우월하고 열등한지 따지는 일. 저학년일 땐 우월한 것들을 쉽게 말할 수 있었던 내가 졸업이 가까워질수록 아무 말이나 쉽게 내뱉을 수 없게 되는 걸 느낀다.

자율성. 대안학교의 가장 큰 장점이자 약점이다. 자율성은 스스로에게 엄격하게 성실하고 진지할 수 있는 사람에게만 약이 될 수 있다. 하고자 하는 애는 한없이 위로 솟아오를 수도, 정신 줄 놓은 애는 한없이 나락으로 떨어질 수도 있는, 특별하고도 위험한 곳이 대안학교다. 그런 점에서 일반학교의 강제성은 특별하진 않지만, 덜 위험할지도 모른다.

산돌학교 수업의 위상을 무너뜨린 건 순전히 우리 탓이라고 본다. 수업을 마주 대하는 점에서 우리는 아직도 어리고 게으르고 진지하지 못하다. 그때그때 미묘한 분위기에 휩쓸린다. 그걸 교사들의 무능 탓이라고 말할 수는 없다. 교사들은 항상 준비되어 있다. 학생들이 진지하게 따라와주지 않으니 모든 걸 펼치지 않을 뿐이다. 교사나 학생이나 수업에서 서로에게거는 기대치가 낮다.

그렇다고 수업에서 안 하는 공부를 혼자서 '열라' 하는 것도 아니다. 일반학교는 혼자 공부하고 혼자 경쟁하는 개인플레이가 주되지만, 공동체적인 대안학교는 멤버십과 팀플레이를 요구한다. 그래서 대안학교 학생들은 개인플레이보다 팀플레이에 익숙해져 있다. 하지만 공동체일수록 구성원 개인 하나하나가 자기 앞가림을 잘해야 하는 거다. 개인플레이가 철저하게 잘 돼야 진짜 괜찮은 공동체가 된다. 하지만 우리가 개인플레이 잘하는 개인들인지에 대해서는 회의적이다. 자기 안으로 파고드는 깊이 같은 건 조금 부족하지 않나. 지루하고 긴 공부를 해야 하는 상황에 놓였을 때 진득하게 앉아 있을 힘, 엉덩이 내공도 우리가 부족한 게 확실하다. 공부 앞에서 단순해져서 '닥치고 공부'할 수 있는 진득함 말이다.

우리, 잘 크고 있는 거 맞아요?

갓 열아홉 살이 되어 졸업을 한 달 앞두고 있는 산돌학교 5학년들의 희망직업을 나열해보자. 록커(!!!), 싱어송라이터, 디자이너, 화가, 영화배우, 시인, 연극배우, 글쟁이, 요리사, 여행가… 모두 이상하리만치 예술 관련 분야에만 집중되어 있다. 왜 우리 중에 변호사나 회계사, 아니면 교사나 공무원을 꿈꾸는 애는 한 명도 없는 걸까? '좋은 학벌'을 전제로 하는 직업이기 때문일까? 아니면 우리가 유난히 예술적 감수성이 뛰어난 애들인 걸까? 아니면 십대엔 원래 예술을 하고 싶어 하는 건가? 어른이 되어 깨지다 보면 예술 하고 사는 게 절대 호락호락하지 않다는 걸 깨달으며 많은 어른들이 그랬듯 슬며시 자기 꿈을 접고 생업에 종사하게 될까? 모르겠다. 우리의 인생이 어떻게 흘러갈지는. 한 가지, 대안학교를 다니다 보면 많은 애들이 자기 안에 있는 예술적 성향을 발견하게 되는 건 분명하다.

산돌학교에서 받은 교육을 한 마디로 정리하라면 '여러 우물을 파는 교육'이라 하겠다. 5년 동안 정말 여러 우물을 팠다. 다섯 번의 국토순례와 중국과 인도·네팔 여행, 인턴십 활동과 셋이서 스승 찾아 떠나는 삼인행, 창업 프로젝트, 인문학 공부, 농사, 인지교과, 영상, 춤, 정리정돈의 정석을 배우는 쇄소교육, 심리치료, 미술, 연극…. 학교 철학 중 '머리, 몸, 마음이 골고루 발전하는 통전성의 교육'이라는 항목이 있는데, 그런 점에서 여러 우물을 판 건 훌륭하지만 문제는 역시 '깊이'인 것 같다. 5년 동안 아무리 다양한 것들을 했어도 가끔 내가 뭐 하고 살았나 하는 회의가 드는 이유는, 빠져들고 몰두한 깊이가 얕기 때문이 아닐까. 어떤 선생님은 5년간 우리에게 총알을 잔뜩 장전해준 것 같다고 하셨지만, 내가 장전된 총인지는 잘 모르겠다.

이런 나를 더 헷갈리게 만드는 건 졸업한 선배들이다. 산돌학교의 1기 졸업생들은 가끔 학교에 올 때마다 '좋을 때다…'라는 뉘앙스의 씁쓸한 표정을 지으며 "선생님들 속 썩이지 마라." "감사하며 살아라." 같은 말들을 던지곤 한다. 그렇다면 나의 이런 고민들은 온실 속 화초의 배부른 불만인 걸까? 학교 밖 쓴 맛을 보면 지금의 감정들도 다 무색해질까? 선배들도, 우리도 아직은 장전된 총이 아니라는 결론이다.

그럼에도 불구하고

나는 왜 이 학교에 5년이나 눌러앉아 있었을까. 다시 열네 살의 나로 돌아가 선택의 기로에 놓인다면 나는 다시 대안학교를 선택할까? 웃기지만, 아무래도 그럴 것 같다. 이 학교는 나에게 끊임없이 '고민하게 만드는 학교'였다. 내가 잘 가고 있는 건지 끊임없이 불안하게 하고 질문하게 하고 고민하게 했다. 그건 조금 괴로운 일이기도 하지만, 대안학교의 희망은 거기에 있지 않나 싶다. 내가 밟고 있는 곳에 대해서 끊임없이 고민하고 생각하게 하는 것. 나의 불만과 고민들은 분명히 일반적이지 않다. 대부분의 한국 청소년들은 학교의 공동체주의 때문에 힘겨워하지 않으며, 도난 사건을 두고 긴 회의를 하지도 않고, 친구들과 24시간 붙어 있으면서 못 볼 꼴까지 다 보여주지 않아도 된다. 나의 일반적이지 않은 불만들은, 어쩌면 행복한 불만들일지도 모른다는 생각이 들고 있는 요즘이다.

사실, 졸업이 코앞에 다가온 나에게 지금까지 써 내려온 글은 조금 무의미하게 느껴진다. 이러쿵저러쿵 해도 난 이 학교에서 5년이나 살다 졸업하게 되었고, 이것저것 따지고 싶은 마음보다는 뭐라 표현할 수 없는 감정의 덩어리만이 남았기 때문이다. '애증'이라는 말, 너무 많이 썼지만 애증이라는 말로밖에 표현할 수 없을 것 같다. 학교와의 애증, 교사들과의 애증, 질리는 그년 그놈들과의 너덜너덜하면서도 여전히 탄력 있는 관계에 대한 애증.

　일반적이지 않은 학교와, 일반적이지 않은 교사와 일반적이지 않은 관계와 일반적이지 않은 불만들을 뒤로 하고 이제는 졸업이다. 어쩌면 졸업하고 나서야, 그때 비로소 이 학교를 제대로 볼 수 있지 않을까.

학생들을 부디 따돌리지 마시라

최진영 | 영산성지고등학교를 졸업하고 대학에서 문학을 전공했다. realjiyo@naver.com

걱정하지 마, 아무 일도 없을 거야

2009년 말, 아프가니스탄, 파키스탄 재파병을 반대하는 촛불문화제 도중 나는 친구들과 함께 연행되었다. 거기엔 노인과 어린아이도 있었고 외국인도 있었다. 우리는 어떤 폭력적 언사도 행동도 하지 않았다. 기타 소리에 맞춰 일어나 춤추며 노래를 부르려 하는데, 경찰이 순식간에 우리를 도망가지 못하게 에워싸더니 무작위로 연행해갔다. 죄목은 미신고 야간 옥외집회였다.(미신고 집회 불허는 헌법재판소에서도 위헌으로 판정된 바 있다.) 나는 문득 영산성지고 수업 시간 중 "부당한 일이 생기면 서둘러 많은 사람들에게 알려야 한다"고 말씀하시던 교감선생님이 생각났다.

전경버스 안에서 교감선생님께 전화를 걸었다. "선생님, 저 지금 연행되고 있어요." 침착하게 무슨 일이냐고 물어보시는 선생님께 나는 대략 상황을 설명했다. "선생님, 저 잘못한 거 하나도 없어요." 선생님은 상황을 듣고 조용히 대답하셨다. "훌륭한 일 했다." 그리고 덧붙였다. "걱정하지 마, 아무 일도 없을 거야." 결국 나는 수감된 48시간 동안 온갖 둘러대기로 내 스스로의 신념을 속이지 않으면서도 어느 누구도 모함하거나 해치지 않고, 부당함에 대한 항의로서의 묵비권도 당당하게 지켜낼 수 있었다.

선생님이 대신 연락해주신 덕분에 엄마는 내 소식을 듣고도 많이 놀라지 않고 집에서 침착하게 나를 기다렸다. 이틀 후 경찰서를 나서며 잘 나왔다고 전화를 드리자 선생님은 어느 정도 수준의 벌금형이 예상되는지, 그것이 나중에 사회에 나가 어떻게 작용할 가능성이 있는지를 과장도 축소도 없이 일러주었다. 그리고 열정과 소신만 있다면 그것으로 인한 어려움은 조금도 없을 것임을 확신시켜주었다. 내가 잘못한 건 하나도 없었음을 선생님은 알고 있었기 때문이다.

학교를 졸업한 지 5년이 지났다. 비로소 대안학교 이후의 삶이 학교에서 보냈던 시간보다 더 길어졌다. 고백하건대 서울로 돌아온 후 첫 4년 동안 나는 꿈속에 있었다.

대안학교 공동체 내에서도 대화로 모든 소통이 가능했던 것은 아니다. 그러나 소통할 수 없는 부분에 대해서는 양보하는 것으로 문제를 해결할 수 있었다. 다시 말해 우리는 그곳에서 양보할 수 있었다. 그것은 말 그대로 양보였기 때문이다. 나는 그런 소통하는 삶, 소통하기 힘든 문제에 대해서는 양보하는 삶이 공동체 밖에서도 그대로 적용될 수 있을 거라고 믿었다. 그러나 공동체 밖 세상은 야만적이었다. 개인적 노력의 결과라고 믿어왔던 권력자들의 권위는 세상의 수많은 불평등과 불법과 비리 위에 세워진 특권이었다. 합리적이고 이성적인 해결방식을 떠들어대는 그들은 그야말로 몰상식과 비상식의 표상이었다. 대화와 타협을 말하는 그들이 우리에게 요구하는 양보는 양보가 아니었다. 자유와 인간적인 삶과 생존권을 내어주는 것은 양보가 아니라 자폭이다.

국기가 불타면 온 나라가 난장판이 되면서도 사람이 불타면 침묵하고 오히려 냉소하는 이상한 나라. 그런 나의 나라에 대해 4년 동안이나 미몽을 갖게 할 만큼 대안학교에서의 삶은 좋았다. 거기서의 평안함은 다시 떠올리면 눈물이 날 정도로 좋았다. 대안학교 학생이라고 하면 모두가 통통 튀고, 나서기 좋아하고, 록커나 배우처럼 화려하고 격정적으로 살아가길 바란다고 생각하는 것 같다. 나는 단연코 아니라고 말할 수 있다. 오히려 대다수 학생들이 평안한 삶을 눈물겹게 갈구하고 있다는 편이 맞을 것이다. 적어도 내 주변에 있는 친구들은 그랬다.

양아치라 불리던 어린 붓다들

나는 2002년 중학교 3학년 1학기에 성지송학중학교로 전학을 가서 2006년 2월 자매학교인 영산성지고등학교를 졸업할 때까지 4년 동안을 대안학교에서 보냈다.

냉정히 생각해보자면 탈춤이나 전통무예, 대중음악, 지리산 종주 등 우리 학교의 여러 특성화 과목들이 보통 사람들이 생각하듯 대단히 참신하고 창조적인 것은 아니었다. 나는 그것을 꼭 짚고 넘어가고 싶다. 다른 학교에서 특성화 과목을 수강해본 적이 없으므로 함부로 말할 수는 없지만, 도시형 대안학교가 아니라면 어느 정도 비슷한 수준이 아닐까 싶다. 물론 심성이나 인성에는 적지 않은 영향을 미쳤겠으나, 아인슈타인이나 뒤샹이 강사로 초빙되지 않는 이상 우리들의 살랑살랑한 특성화 과목들이 엄청나게 과학적이고 고차원적이며 가시적인 효과를 거둘 수 있을 리는 없었다. 우리는 영재교육을 받으러 온 학생들이 아니었기 때문이다. 이런 우리 학

바닷가 모래조각 대회

엔 불가피하게 학생들을 선발할 수밖에 없었다. 우리 학교의 경우 심사 기준이 특이했다. 어디서도 받아주지 않는 아이들, 어디로 가도 쉽게 적응할 수 없을 것 같은 아이들이 입학 우선권을 부여받았다.

성지라는 울타리 안에 모여든 아이들은 모두가 아파했다. 자아 성취나 진로 모색보다 더 근본적이고 절박한 문제들에 시달리고 있었다. 우리들이 겪는 문제는 진취적이고 능동적인 대안학교형 모범생이라면 겪을 일도 없는 그런 것들이었다. 거의 모든 아이들이 사람 관계에 어려움을 느꼈고, 무기력했으며 불안해했다. 밖에서 겪었던 수모를 공동체 안에서 그대로 답습하려는 아이들도 있었다.

그러나 우리는 지적으로 떨어지는 아이들이 아니었다. 숱하게 마주치는 구조적 모순에 직격타를 맞은 운 나쁜 아이들이거나, 그 부작용들이 곧바로 증상으로 드러나 버리는, 조금 더 예민하고 조금 더 연약하고 조금 더 솔직한 아이들이었다. 누구에게나 보이는 멍청한 문제들을 해결해보려고 애쓰느라 다른 모든 값진 문제들을 전부 버리거나 조작해버리는 아이들이었다. 우리는 도덕적으로 타락했을지언정 윤리적으로는 숭고했다. 그 어린 붓다들을 어른들은 '양아치'라고 부른다.

잊을 수 없는 이야기

처음 내가 다녔던 일반 중학교는 엇나가는 아이들을 옷에 묻은 먼지처럼 툭툭 털어버리고 싶어 했다. 폭력의 가해자나 독특한 분위기를 선동하는 아이들뿐 아니라, 폭력의 피해자마저도. 나는 나와 친하지도 않았던 여자애들의 왕따 놀이에 의도치 않게 휩쓸려버렸다. 중학교에 갓 입학해 이제 막 제복을 입게 된 아이들은 희생양을 필요로 했다. 침을 찍찍 뱉으며 담배를 피우거나 약한 아이들을 재미있게 괴롭힐 줄 알면 그 아이는 괴롭힘을 당하지 않아도 되었다. 그게 다른 아이들의 괴롭힘을 피해 가는 가장 안전한 방법이었다.

우리들이 얼마나 잔인한 집단 속에서 자라났는지 어른들은 모른다. 그렇기 때문에 '네가 행동을 조심하면', '네가 똑바로 대처하면' 모든 게 해결될 것이라고 말하는 것이다. 그 아이들도 언젠가는 나를 괴롭히는 데 시들해지리라는 것을 알았지만, 그래도 하루하루는 똑같이 지옥이었다. 여자애들은 화장실에 나를 가두고 성인식을 치르듯 돌아가면서 세 대씩 때렸다. "나는 손등으로 때려 봐야지." 하고 한 여자애가 말하는 것을 나는 똑똑히 들었다. 나는 그때 그 여자애의 표정을 정확히 8년 후 거리에서 발견했다. 촛불집회에 가지고 갈 피켓의 재미있는 문구를 정하던 중학생들에게서 말이다. 깜짝 파티를 계획하는 천진난만한 소녀들처럼, 약간의 설렘까지 꼭 닮은 그 얼굴로 여자애들은 나를 때렸다.

그리고 얼마 후, 나는 긴 잠에 빠졌다. 하루 24시간 중 5시간도 깨어 있어 본 적이 없었다. 그런 패턴이 몇 주 동안 지속되다가 또 몇 주는 그럭저럭 학교에 나가면서, 그 주기가 성지송학중에 들어갈 때까지 2년 가까이 계속되었다. 그동안 나는 서울에 있는 예중으로 전학을 시도해보기도 했다. 그때부터 나는 담배를 피웠고 굳어 있는 표정을 사수했다. 친구 사귀는 건 애초부터 담을 쌓았고, 학우들의 작은 실수에도 그들이 나를 우습게 볼세라 날카롭게 반응했다. 과연 아무도 내게 시비를 걸지는 않았으나 나를 적대시하는 아이들은 있었다. 그런 애들은 때렸다. 수도 없이 우리 엄마가 학교에 오가며 용서를 구하는 걸 모든 아이들이 지켜봤다. 그럼에도 불구하고 그들이 내게 마음을 놓을 만한 틈새는 시시때때로 노출되는 법이라, 나는 자극적인 언행을 더 많이 할 필요를 느꼈다. 그리고 얼굴에 하나둘씩 박기 시작한 피어싱은 선생님들의 집중사격 대상이 되었다.

　그러나 내 의도가 불순(?)했을지언정, 피어싱은 누구도 도덕적으로 질타할 수는 없는 문제였다. 어느 날, 선생님은 나를 교실 중간에 세우고 불같이 화를 냈다. 나는 잠자코 있었다. 맹세컨대 그때까지 내가 그녀에게 불복종한 것은 빼라는 피어싱을 그날도 빼지 않은 것뿐이었다. 그러나 '너 같은 애 우리 학교엔 필요 없다'는 비난을 들었을 때 나는 더 이상 가만히 있을 수 없었다. 내가 참을 수 없었던 것은 그런 비난이 아니라 내 눈에서 뚝뚝 떨어지는 눈물이었다.

　나는 오고 싶어서 온 게 아니라는 대답으로 눈물을 옹졸하게 변명했다. 하지만 그건 말 그대로 변명이었다. 그 선생님은 어디서 함부로 말대답이냐면서 나를 교무실로 데려갔다. 동물원 원숭이처럼 선생님들에게 뺑 둘러싸여 있던 그 장면을 잊을 수가 없다. 선생님들은 맘에 들지 않는 드레스를 살펴보듯이 내 머리카락을 걷어 올려 귀의 피어싱을 보고 턱을 치켜들어 입술 피어싱을 보며 "어머, 어머!"를 연발했다. 그것이 교무실에서 담임을 기다리며 앉아 있다 의자를 박차고 그대로 가방을 챙겨 학교를 나와 버리고는 다시는 돌아가지 않았던 이유다.

우리가 만난 것들, 그래서 배운 것들

그렇게 나는 성지송학중에 왔고, 태어난 지 16년 만에 비로소 친구들을 사귀었다. 우리들은 아직도 종종 모여 교실 책상에 발을 올리고 샤프 꼭지로 발톱 때를 파던 일과 기숙사에 모여 바지를 가슴까지 추켜 입고 웃기기 게임을 하던 일을 얘기하며 배가 아프도록 웃는다. 어린 날을 회상하며 웃을 수 있는 이야깃거리는 누구에게나 있을 것이다. 그러나 우리들의 추억이 남다른 이유는 거기에 폭력의 미화가 없다는 데 있다.

나는 종종 교사에게 오지게 두들겨 맞던 기억을 "아, 그땐 좋았지." 하고 웃으면서 얘기하는 사람들을 볼 때마다 등골이 서늘해진다. 생각해보라. "아놔 존나, 그 몽둥이 대걸레 자루였잖아ㅋㅋ"라니! 무지막지하게 멍이 들고 피가 날 때까지 맞고 쓰러지면서도 소리 하나 지르지 않고 다시 일어나 맞을 자세를 취하는 학생들의 모습은 우리나라 청소년들이 얼마나 병들어 있는지를 단적으로 보여준다.

학생들은 거기서 자기 생명에 위협을 가하는 교사와 싸우지는 못할망정, 적어도 그 자리에서 피신이라도 했어야 했다. 매를 피해 도망이라도 가야 했다는 얘기다. 심지어 안 맞으면 말을 듣지 않는다며, 학생들 스스로 체벌금지 법제화를 반대하기도 한다. 맞아야만 말을 듣는다니, 학생들도 변태인가? 이렇듯 부조리에 항의하고 그것을 바꿔내는 주체가 되어야 할 교육자와 학생 모두가 심각한 자기비하와 도덕불감증에 시달리고 있다.

성지고에선 시험을 못 봐도, 학교에 늦어도, 무단으로 결석해도 체벌은 커녕 벌점도 받지 않았다. 그것은 점수로 돌아왔지만 우리들은 아무도 그 점수를 컨닝 같은 방법으로 조작할 생각을 하지 않았다. 시험에서 풀지 못한 문제는 틀리면 그만이었다. 내가 그 답을 모르기 때문에 틀리는 것은 당연한 것이었다. 우리에겐 모르는 답을 굳이 아는 척 해야 할 이유가 조금도 없었다.

우린 좋아하지 않는 과목 공부는 전혀 안 하다가도, 게임 퍼즐 맞추듯 시험공부를 할 때도 있었다. 문제부터 정답까지 영어단어 토씨 하나 틀리지 않고 달달 외우기 내기를 하기도 했고, 수학 시험지마다 꼭 하나씩 있는 일명 '노가다 문제'(백 개도 넘는 숫자들의 배열 규칙을 알아내 특정한 연산식을 사용해 푸는 문제)를 한 시간 내내 풀고 있기도 했다. 우리는 백 개의 숫자를 전부 일일이 쓴 다음 단순한 수작업만으로 그 문제를 풀었다. 순전히 재미 삼아. 시험 범위에 포함된 내용이 엉뚱한 토론으로 번져 밤새도록 공부 한 줄 못하고 핏대 세우며 논쟁만 계속한 적도 있다. 오픈북 테스트에서는 처음 보는 교과서를 뒤지며 답을 찾다가 나도 모르는 새 내가 즉석에서 공부를 하고 있다는 사실을 깨닫고 '당했다!' 싶은 생각이 들기도 했다.

종종 날씨가 좋으면 수업에 안 들어가기도 했는데, 읍내 나가는 차가 두 시간에 한 대씩 있던 시골에선 나가봤자 학교 앞 개울이나 풀밭이었다. 거기서 깜빡 낮잠에 빠지는 것은 점수와 바꿔도 상관없을 만큼 기분 좋은 일이었다. 그러나 낮잠을 너무 많이 좋아했던 친구들은 낙제를 하곤 했다. 너무 많은 과목에서 낙제한 친구들은 별 불만 없이 일 년을 더 다녔다. 그리하여 전설적인 고등학교 4학년이 꼭 한두 명씩은 있었던 것 같다. 나는 아직도 리포트를 쓰다가 선생님에게 종종 전화를 건다. "선생님, 과제하기 싫어 죽겠어요." 선생님은 대답한다. "그럼 하지 마라."

장기적인 무단 교출이나 폭력과 관련된 일에는 어김없이 장기 교외봉사가 내려졌다. 나 역시 먼 소록도로 교외봉사를 다녀온 적이 있다. 홀로 외딴 곳에 떨어져 내가 아닌 사람들에게 내 일과를 맞추며 그들을 위해 일해야 한다는 것은 당연히 힘들고 귀찮고 서럽고 무엇보다 외로운 일이었다. 그러나 우리 대부분은 비교적 봉사활동에 익숙했다. 벌로써 할당되는 봉사활동 외에도 수많은 봉사활동 프로그램이 커리큘럼에 포함되어 있었기 때문이다. 신기하게도 봉사를 나가는 날엔 결석생이 거의 없었다. 그 잠깐을 읍내, 그래봤자 병동 안에 발 디딘다고 멋까지 부리고 나가는 애들도 있을 정도였으니까.

나는 소록도에서 '이해할 수 없다고 고백하는 용기'를 배웠음을 꼭 밝혀두고자 한다. 다른 말로는 쉽게 표현을 할 수가 없다. 그때 쓴 감상문에야 어린 마음에 '베푸는 기쁨' 운운하며 당장 마더 테레사라도 될 것처럼 말해놨지만, 몇 박 며칠 동안 소록도에서 지내며 사실 우리는 할머니 할아버지들과 많이 싸웠다. 아이들은 뻔뻔하게 방바닥에 털썩 주저앉아 밤을 구워달라고 졸랐고, 마늘을 까는 둥 마는 둥 하며 할머니와 나란히 앉아 텔레비전을 보기도 했다. 찬스라는 듯 대청소라도 할 것 마냥 많은 일을 시키는 할아버지를 뒤에서 몰래 욕하기도 했고, 봉사보단 사탕이나 박카스 얻어먹는 재미에 이집 저집 넉살 좋게 돌아다니기도 했다. 처음에 나는 아이들의 그런 모습이 신기했다. 며칠 동안, 엄연히 따지면 봉사를 한 게 아니라 '공존'했던 것이다. 소록도를 떠나는 게 섭섭했던 이유도 정든 사람들을 떠나야만 하는 속상함 때문이었다.

많은 사람들이 쉽게 '이해한다'고 말한다. 타인의 얘기가 타당성이 있기 때문이 아니라, 그렇게 생각할 수도 있다고 생각하면서 타인을 정말 이해하기도 전에 '이해'라는 단어로 '그럴 수도 있는' 타인을 '용서'한다. 나는 용서를 구하고자 다른 의견을 말한 것이 아니었다. 그러나 귀찮은 논쟁이 시작될라치면 거의 모든 사람들은 손을 내저었다. "네 생각은 그렇고 내 생각은 이러니, 얘기 그만 하자니까." 이해라는 너그러운 이름을 내뱉음으로써 인정 넘치는 그들은 이미 나보다 우월한 위치에 자리하고, 함께 이해를 시도하기도 전에 너는 그렇게, 나는 이렇게, 우리는 단절되어 버리고 만다. 나는 그 사려 깊은 단절이 언제나 두렵다. 이해할 수 있다며 대화를 끝내버리는 폭력이 아니라 이해할 수 없다고 대화를 시작할 수 있는 용기, 할머니의 잘려나간 뭉툭한 팔 끝을 가만히 만져볼 수 있는 용기. 우리는 수도 없이 마주치게 되는 낯선 타자들에게 당신이 낯설다고 말걸 수 있는 용기를 천천히 배워가고 있었다.

학생들을 부디 따돌리지 마시라

우리는 파시즘적 한국 교육의 엄연한 피해자다. 피해자로서 기존에 받아오던 교육의 어디가 어떻게 잘못되어 있는지 스스로 평가해보지 않는 이상 그것을 극복해낼 수 없다. 이 평가가 제대로 되지 않고 있음을 보여주는 단적인 예가 대안학교의 '보수적인' 학생들이다. 자본과 권위, 경쟁의 논리 속에서 불평등을 겪고 낙오되었음에도 불구하고 결론은 '그러니 돈과 권력이 있어야 해'로 퇴행해버리는 친구들을 여럿 보았다. 이러한 상황을 개선하지 않는 한 대안학교는 '도피처' 내지는 '점진적 현실적응처'의 위치에서 벗어나지 못할 것이다.

그러지 않기 위해서는 학생들을 대하는 선생님의 태도가 중요하다고 본다. '넌 어리니까 몰라도 돼' 식의 대처는 우리를 수동적으로 만들 뿐이다. 물론 우리는 선생님들과 많은 것들을 공유했다. 대안학교에서도 문제학생과 비교적 조용한 학생이 나뉘긴 하지만, 너나 없이 선생님과 수다 떨기를 좋아했다. 가만히 살펴보면 문제 학생들이 더 적극적으로 선생님에게 다가 갔다. 기숙사 문이 잠기고 마음공부도 끝난 후, "상담하고 올게." 하고는 잠옷 바람으로 털레털레 선생님 방으로 건너가는 일은 우리에게 밥 먹는 일보다도 익숙한 일이었다.

우리는 진로 문제뿐만 아니라 거의 모든 이야기를, 다른 선생님에 대한 뒷담화, 가족에 대한 불만, 친구 이야기와 연애 이야기까지도 선생님과 공유했다. 선생님들도 마찬가지였다. 학생들과는 관심사가 다르긴 했지만, 주로 선생님의 아들딸들 이야기나 결혼생활, 교직원들 사이의 의견 대립, 지난 대학생활, 사회 문제에 관한 견해 등 다양한 것들에 대해 야단스럽지 않게 이야기했다. 이야기를 나누던 버릇은 그 뒤로도 길게 이어졌다.

지난해 한 학기 동안 대학에서 학내 항의활동을 하다가도 툭하면 선생님에게 전화를 걸었다. 때로는 조언을 구하기도 했고 때로는 하소연에 단순한 분풀이를 하기도 했다. 그런 나를 보고 종종 동료들은 신기해하며 웃었다. "너 또 선생님 동지랑 통화하냐?"

이처럼 친밀하고 신뢰하는 관계의 맥락에서 학교 운영상의 분규나 의견 대립에 대해서도 학생들에게 상황을 공개하고 참여를 요구해야 한다. 우리는 더 많은 모순들에 부딪혀야 하고, 그것들이 개선되어야 할 모순임을 시시각각 깨달아야 한다. 그런데 영산성지고 학생회의에서 학내 폭력사건의 해결방안 등 학생들끼리의 일을 의논했을 때 빼고는 학생들이 참여한 경우를 거의 알지 못한다. 얼핏 학생들 문제가 아닌 것처럼 보이나 사실은 학생들의 문제인 분규 내지는 논쟁이 있을 때마다 우리는 열외였다. 많은 학교가 비슷한 상황일 거라고 생각한다.

우리 학교는 평화롭고 너무 편했다. 하지만 학교 울타리만 넘으면 그때부터 우리는 결코 자유로울 수 없다. 공동체에서 시한부 자유를 만끽하고 만 있을 것이 아니라 바깥 세상에 나가서 자유를 누릴 수 있는 방법을 배워야만 했다. 오로지 한 조각의 은혜 충만한 추억만을 간직하기 위해 대안학교를 선택한 것은 아니기 때문이다.

우리는 도피자가 아니다. 우리들이 그동안 소극적이었던 것은 우리 요구가 관철된 적이 없었기 때문이다. 적극적인 이는 자신의 요구를 관철시킬 수 있다고 자신하는 사람인데, 왜 요구를 관철시킬 수 있는 기회도 주지 않고 적극적인 주체가 되기를 바라는가. 조금 더 긍정적이고 강인해지지기 위해서는 분규가 필요하고 싸움이 필요하다. 분규가 없으면 우리에게 분규를 만들어서라도 주어야 한다.

대안학교라는 존재는 대안교육이 '대안'교육만으로 그치지 않기를 목적으로 하는 투쟁이다. 그렇지 않으면 대안학교는 영원히 소수자로 남을 것이고, 대안학교 학생들은 '희생하고 노력하면 너도 될 수 있다'는 성공 신화의 희생양으로서 계속해서 이용당할 것이다. 대안교육의 목적을 이뤄나가는 실천은 대안교육 현장에 있는 선생님들만의 몫이 아니다. 학생들은 대안교육의 수혜자가 아니고 대안교육의 주체다. 바로 우리가 교육의 피해 당사자였기 때문이다.

사람들은 흔히 대안학교가 크나큰 인정으로 오갈 데 없는 가여운 청소년들을 거두어주는 쉼터라고 생각하지만, 대안학교 교육자들은 우리를 불쌍히 여겨 거두어주고 있는 것이 아니다. 왜 교육자들은 자꾸 기계적인 중립의 자세를 취하려고 하는가. 교육에 대한 스스로의 윤리가 정당하다면 왜 학생들을 설득해 함께 윤리적인 세상을 만들기를 주저하는가. 학생들을 따돌리는 한 대안교육은 없다. 학생들은 대안교육이 '대안'에서 그쳐버리지 않도록 기존 제도에 항의하고 요구하는, 교육자들의 동료이기 때문이다.

마지막으로, 전혀 상관 없는 이야기

사실 내가 성지송 학중학교로 전학해 졸업할 때까지 엄밀한 의미에서 적응에 실패했었다고 보면 된다. 우선 1회 졸업생 12명 중 나를 포함해 단 두 명만이 여학생이었다. 나머지 졸업생들과는 졸업 후에 친해졌으나, 막상 재학 중에는 친구가 하나도 없었다. 같이 기숙사를 쓰는 동생들은 있었지만, 그 아이들은 또래 무리가 있었던 데다가 성격이 무척 강해 오히려 내가 그들에게 기를 못 피는 상황이 종종 생겼다. 살면서 한 번도 여동생을 사귀어본 적 없던 나는 가끔씩 그들과의 관계에서 오는 트러블을 감당하기 힘들었다. 내가 폭행을 당하지도 욕설을 듣지도 않았지만 그렇게 힘들었던 것은, 난 이제 막 공동체에 들어왔고 그때까지도 독을 품고 잔뜩 부풀어 오른 복어처럼 한껏 예민해 있었기 때문이다.

어느 날 저녁, 소등 직전 나는 모든 게 다 싫어졌다. 옷을 갈아입으려다 말고 무작정 기숙사를 걸어 나왔다. 그러나 아무도 나를 못 찾을 것이 되레 두려웠는지 멀리 가지도 못하고 운동장 가운데 주저앉아 혼자서 훌쩍훌쩍 울고 있었다.

그 무렵 우리 1회 졸업생들은 선생님들 손으로 지은 컨테이너 박스나 다름없는 기숙사에서 살고 있었고, 소등을 하려면 선생님이 와서 직접 불을 꺼야만 했다. 불을 끄러 갔을 때 내가 보이지 않자 선생님 두 분이 나를 찾아서 나온 모양이었다. 인기척도 느끼지 못했는데, 무릎에 얼굴을 묻고 주저앉아 있는 나를 누군가 뒤에서 쓱 끌어안았다.

당시 학교에서 가장 젊었던 두 여선생님은 자기들끼리는커녕 내게도 말을 시키지 않고 가만히 내 곁에 앉아 있었다. 내가 머쓱해져 그 팔에서 나오려고 어깨를 비틀자, 선생님은 내 등에 등을 기대고 몸을 젖혀 운동을 하는 것처럼 꾹꾹 누르며 딱 한 마디 했다. "야, 괜찮나?" 선생님은 이제 늦었으니 들어가자는 말을 하지 않았다. 그리고 우리들은 거기서 오랫동안 앉아 있었다.

가을, 가로등 하나 없이도 온 운동장이 환하던 그 달밤의 찬 공기와 벌레 소리, 바람 소리, 그리고 세 사람이 아무 말 없이 나누던 이야기를 나는 아직도 기억한다.

풀무 시절, 내 영혼이 따뜻했던 날들

임들래 | 강원도에서 장애인들과 할머니, 쉴 곳이 필요한 사람들과 어울려 농사짓고 사는 시골교회에서 자랐다. 풀무농업고등기술학교를 졸업한 후 대학에서 사회복지를 공부했다. 지금은 엄마이자 직장인, 학교에 다시 복학한 학생으로 정신없는 하루를 살고 있다. wave-cool@hanmail.net

누구나 다 상처가 있다

내 나이 다섯 살에 시골교회에 입양이 되었고, 결혼하지 않은 두 분이 나의 아버지 어머니가 되어주셨다. 내 위로 세 명의 언니들이 있고, 아버지 어머니는 우리들뿐만 아니라 소외되고 약한 이들의 부모가 되어주셨다. 혈연이 아닐지라도 한 가족으로 여기고 서로를 사랑하며 사는 것이 아버지 어머니의 삶의 모습이었다.

나는 중학교를 다니다 자퇴를 하고 잠시 독일에 다녀온 적이 있다. 그때 부모님께서는 내가 유럽에 가서 혈연 문제로 상처받거나 두려워하지 않고 좀더 넓은 시야를 갖고 내 인생에서 그 문제가 결코 중요하지 않음을 깨닫길 원하셨다. 개인 사정으로 독일에 오래 있지는 못하고 한국에 돌아와서 검정고시를 보았다.

그 후 시골교회에서 마을의 유기농 콩을 사들여 메주를 만들고 된장을 담을 수 있는 집을 짓고 재래식 화장실 짓는 일을 적극적으로 도우면서 앞으로 내가 나아갈 길에 대해 진지하게 고민하게 되었다. 혈연중심의 내 가족보다 함께 사는 모든 사람들을 가족으로 여기고, 머리 쓰는 공부보다 몸으로 일하는 사람이 대접 받는 그런 곳에 가서 공부를 하고 싶었다. 그래서 여기저기 찾아보던 중에 아버지를 통해 알게 된 풀무학교에 가게 된 것이다.

처음에 풀무학교는 오래되어 낡고 허름해 보였지만 무언가 알 수 없는 것들로 풍성해 보였다. 주위엔 꽃과 나무들이 있고, 무엇보다 그곳을 거쳐 간 수많은 사람들의 소중한 꿈과 추억들이 곳곳에 묻어 있었다. 그곳에서 나는 다양한 사람들과 한데 어울려 살아가면서 공부를 하고 노동을 하고 축제를 여는 등, 모든 것들을 함께 나누었다. 그 과정에서 '나'란 존재는 수없이 깨어지고 깨어지면서 진정한 나를 새롭게 발견하게 되었고, 이제는 나 개인보다는 모두를 먼저 생각하는 마음이 조금씩 일어나게 되었다. 사람들과 진솔한 마음을 나누면서 나만 상처를 갖고 있는 것이 아니라 모두 한 가지씩은 상처를 안고 있다는 사실도 알게 되었다. 그 깨달음은 나의 상처난 마음을 자연스럽게 조금씩 치유하는 길로 이끌었고 서로가 함께 부대껴 살아가는 가운데 나는 점점 더 성장해갔다.

풀무학교에서의 경험을 통해 배우게 된 것들은 수도 없이 많지만 그중에서 가장 기억에 남는 몇 가지만 간추려 얘기하고자 한다.

스스로의 힘으로 문제를 풀어나가기까지

고등학교 시절 가장 오래 기억에 남는 사건 중 하나가 바로 '도난 사건'이다. 그 사건을 어떻게 풀어나갈지에 대한 처절한 몸부림은 결코 잊을 수 없다.

도난 사건은 풀무학교를 다니던 3년 동안 두 번 있었는데, 한 번은 지갑의 돈이 없어진 경우였고, 또 한 번은 마음의 병을 갖고 있는 한 친구의 조작된 도난 사건이었다.

두 번째 사건은 물건을 가져간 사람도 훔침을 당한 사람도 동일한 인물이었고, 중요한 건 본인조차도 그 사실을 잘 알지 못했다는 것이다. 이 사건에 대해 구체적으로 얘기하는 것이 매우 조심스럽다. 먼저 사건에 관련되었던 사람들에게 이해의 마음을 구하고 싶다. 서로의 얼굴과 성격까지도 모두 잘 아는 작은 공동체 속에서 이 '사건'은 그야말로 우리에게 독거미의 거미줄과 같았다. 서로가 서로를 의심하고 가장 가까운 친구까지도 믿지 못하게 되고 심지어 스스로 몽유병이 있는 건 아닌가 하는 무서운 상상들을 하기도 했다. 결국 우리는 저마다 외로움을 느끼기 시작했고 이 도난 사건이 우리에게 주는 의미가 무엇인지 고민하게 되었다.

사실 풀무학교에 들어가기 전에 다녔던 학교에서는 도난 사건이 일어나면 선생님이 모든 문제를 해결하곤 했다. 그 방법들은 언제나 굉장히 강압적이고 권위적이었기 때문에 아이들은 이유 모를 상처를 받기도 했다. 그런데 풀무학교 선생님들은 되도록 학생들 스스로 문제를 해결하도록 도와주셨다. 그렇기 때문에 우리는 이유를 아는 상처들 속에서 그 문제가 우리에게 던져주는 의미까지도 생각해보게 된 셈이다.

우리는 매일같이 모여서 이 문제가 해결될 때까지 회의를 했다. 문제가 해결된다는 것은 그 물건을 훔친 사람을 찾는다는 의미가 당연히 아니다. 우리는 그 회의를 통해서, 도난 사건이 왜 일어나게 되었는지 근본적인 원인에 초점을 맞추어갈 수 있었고, 무엇보다 물건을 훔칠 수밖에 없었던 사람의 입장에 대해서도 고려할 수 있었다. 그러면서 어떻게 하면 우리 모두가 정의롭고 따뜻한 마음으로 이 문제를 풀어갈 수 있을까 고민했다.

사실 우리 안에서 '도난' 혹은 '도둑'이라는 단어를 사용하는 것도 굉장히 신중한 일이었다. 그런 단어를 쓰는 순간 우리는 물건을 훔쳐간 사람을 동료이기 전에 쉽게 범죄자로 취급하는 경향이 생기기 때문이다. 이처럼 우리는 회의에서 쓰는 단어를 비롯해 문제를 해결하는 방법까지도 굉장히 신중하고 정성스럽게 풀어나가려고 애썼다.

그 방법 중 하나로 물건이나 돈을 가져간 사람을 존중하기 위해 아무도 보이지 않는 곳에 다시 되돌려 놓을 수 있는 장소를 마련하기도 했다. 그러나 우리 힘으로 도저히 잃어버린 물건을 되찾지 못하게 될 때는 간절한 마음으로 기도를 했다. 그것이 우리에게는 최선의 방법이었기 때문이다. 그리고 단순히 이 문제가 물건을 훔치고 훔침을 당한 사람만의 문제가 아니라 우리 모두의 마음속에 있었다는 사실도 깨닫게 되었다. 그래서 모두가 함께 밭에서 일을 한다거나 운동장을 몇 바퀴씩 돌거나 몇 시간이 걸리는 저수지까지 뛰어갔다 오는 등 거짓이 아닌 진정으로 내 안의 문제, 우리의 문제를 깨달을 때까지 그 벌을 받기로 선택했다. 그리고 우리는 그 과정을 통해서 스스로 생각하고 모두와 생각을 나눔으로써 더욱 발전된 생각으로, 우리 자신과 우리가 꾸려나가는 공동체의 모습에 대해 좀더 깊이 들여다볼 수 있었다.

사실 도난 문제뿐만 아니라 우리는 학교에서 일어나는 모든 크고 작은 일들을 우리 스스로 토론이나 회의를 통해서 풀어가려 노력했다. 처음 막 학교에 입학했을 때는 어떤 문제가 터지면 내 문제, 우리 문제로 보기가 어려웠고 무관심했으나, 학년이 올라갈수록 우리는 좀더 적극적으로 그 문제를 올바르게 직시하고 해결하기 위해 노력했다. 심지어 선생님께 미리 말씀을 드린 후 수업시간을 빼고 회의를 한 적도 종종 있었다. 사실 어떤 문제는 선생님들이 그냥 해답을 줘버리면 아주 쉽게 끝날 일이었지만, 시간에 관계없이 아주 특별한 사정을 제외하고는 우리 스스로 풀어가도록 선생님들께서 도와주셨다. 우리는 그 과정을 통해 스스로 생각하는 힘을 기르고 머리에서 가슴으로 받아들이고 행동으로 실천하게 되는 방법을 조금씩 터득하게 된 것이다.

그 다음으로 기억에 남는 건 땀 흘리는 노동의 경험이다. 우리는 3년 동안 체계적인 농사 실습을 했고 수업 시간을 통해 농촌과 농민 그리고 노동의 가치에 대해 깊이 생각할 수 있었다. 흙을 일구고 씨앗을 심고 매일같이 물을 주면서 우리가 가꾸는 생명이 자라나는 것을 보았다. 그리고 그것들이 우리의 맛있는 먹을거리가 되었을 때는 말로 설명할 수 없는 감동이 일어났고 우리는 그 음식을 정성스레 씹고 씹어 하나도 남김없이 먹었다.

가축의 똥을 거두어 경운기에 싣고 퇴비장에 쌓아두었던 일, 우리가 심고 거둔 배추로 김장을 했던 일, 해지는 노을 바라보며 물 주던 일, 밭의 풀 뽑으며 친구들과 도란도란 얘기하던 시간들… 모두가 너무나 소중한 경험이었다. 특히 2학년 여름방학 때 전라남도 진도로 실습을 갔었는데, 나는 그곳에서 농민들의 어려운 삶과 그 속에 숨어 있는 가치 있고 아름다운 삶의 뜻을 조금씩 깨닫게 되었다. 그리고 자연의 소중함을 일깨우면서 이제는 사람만이 잘 사는 세상이 아니라 자연과 사람이 함께 어우러져 하나님의 뜻을 발견하는 아름다운 세상을 꿈꾸게 되었다.

공동체에서 이성교제를 금지하는 까닭

마지막으로 공동체 생활에서 빼먹을 수 없는 것 중 하나가 이성교제이다. 우리 학교의 10가지 약속사항 중에 하나가 이성교제를 하지 않는 것이다. 하지만

풀무학교 쌀순이와 함께

나는 좋아하는 이성친구가 있었고 겉으로 드러내지는 않았지만 함께 얘기하고 감정을 나누는 시간을 많이 가졌다. 다른 사람들이 모르도록 서로 노력했음에도 실제로 모든 아이들이 알고 있었고 선생님들도 알고 계셨다. 그런 가운데서도 서로의 감정을 억제하기란 하늘의 별따기보다 어려웠고, 계속 교제를 하면서도 너무나 힘들었던 시간들이 많았다. 그러면서 우리는 왜 학교에서 이성교제를 하지 말라고 했을까 구체적으로 생각해보기 시작했는데, 사실 그 해답은 학교를 졸업한 뒤에 얻게 되었다.

먼저 공동체 생활 속에서의 이성교제는 '소외감'을 불러일으키는 데 가장 큰 문제가 있다고 생각한다. 이성교제를 하지 못하는, 아니 그다지 눈에 띄는 매력이 없어서 이성으로부터 사랑을 받지 못하는 아이들은 큰 소외감을 느끼고 스스로 비하하게 되는 경우가 있다. 그리고 이성교제를 하는 당사자들도 다른 아이들로부터 소외되고 우습게도 그들 역시 다른 아이들을 소외시킨다. 이렇게 되면 공동체 생활은 원만하게 돌아갈 수가 없게 된다.

그 다음으로 어떤 목표를 지향하는 공동체 속에서 이성교제를 하는 두 사람은 함께 살아가는 사람들과 그 목표점을 향해 나아가는 것이 아니라 서로만 바라보고 있기에 서로에 대한 생각들로 가득 차게 된다. 그러므로 모두가 함께 생각해보고 경험할 수 있는 일들을 많이 놓치게 되는 것이다. 그렇게 될 때 처음에 우리 모두가 함께 탔던 배에서 이성교제를 하는 당사자들은 각자의 책임을 완수하지 못하고 둘만 탈 수 있는 나룻배에 몸을 실어 어디론가 떠나게 된다.

중요한 건 이 둘이 나룻배를 타고 유유히 떠날 수는 있겠지만 처음에 함께 탔던 큰 배는 위기를 맞게 된다는 것이다. 또한 그 둘의 관계가 정신적으로보다 육체적으로 더욱 깊어지게 되면 순식간에 소용돌이 속에 빠져들고 만다. 때에 맞지 않은 경험은 그 본인들이 감당할 수 없는 일을 낳고, 그것은 단순히 둘만의 문제로 끝나는 것이 아니라 공동체에 아주 커다란 혼란을 가져온다는 사실을 위기에 처한 큰 배에 비유하고 싶었다. 그밖에도 공동체 속에서의 이성교제로 평생을 함께할 친구들을 잃게 될 수도 있고, 그 친구들과 공유할 수 있는 추억들을 잃게 되기도 한다.

어쨌든 이외에도 이성교제를 금지하는 데는 많은 이유들이 있겠지만 이 사실을 깨닫기까지는 너무나 오랜 시간이 걸렸다. 그래서 나는 학교에서 아이들의 이성교제를 단순히 '약속사항'으로 획일화해서 무조건 금지시킬 것이 아니라 이성끼리의 호감, 좋아하는 감정들을 이해해주고 존중해주며 언제든지 마음을 털어놓고 상담할 수 있는 장을 만들어줘야 한다고 생각한다. 아이들이 편안하게 이성간의 문제에 대한 고민들을 털어놓고 함께 풀어갈 수 있는 어떤 장이 필요하다고 생각하게 된 것이다. 그래서 아이들이 건전한 마음으로 이성간의 감정을 자연스럽게 받아들이되 공동체 속에서 지켜야 할 것들을 이해하고 받아들임으로써 건강한 공동체를 이어나갈 수 있기를 바란다.

이외에도 풀무학교에서 내 마음을 곧게 다지고 풍부하게 가꾸어준 수많은 경험들과 배운 것들이 많지만 그 얘기들은 평생을 살면서 하나하나 소중하게 풀어가고 싶다.

무엇보다 풀무학교 생활에서 나에게 소중하게 남는 것은 선생님들과의 만남이다. 잔디밭, 운동장에서 통기타 치며 노래 부르며 수업하셨던 선생님, 한 친구가 방황하고 돌아올 때 맨발로 뛰어 나오셨던 선생님, 매일같이 자전거 타고 출퇴근하시던 선생님, 내가 힘들 때 조용히 편지를 건네주시던 선생님, 아이들 생일을 일일이 다 기억하시고 선물을 주시던 선생님들, 그 푸근하고 따뜻했던 선생님들의 뒷모습을 나는 결코 잊지 못할 것이다. 그리고 풀무학교에서의 수많은 만남과 경험들을 통해 진정으로 '더불어 사는 평민'에 대해 깊이 생각하게 되었다. 가장 낮은 곳에서 높은 정신을 가지고, 사람과 사람, 자연과 사람이 함께 더불어 사는 세상, 참으로 아름다운 세상을 꿈꾸는 정신이라고 생각한다.

삶은 치열한 사랑

풀무학교를 졸업한 지금, 나는 풀무학교에서 배운 가치들을 머리로 받아들이고 가슴으로 숙성시켜서 몸으로 실천할 줄 아는 사람으로 흔들림 없이 실현해 나가길 원했던 지난날의 내 모습을 다시 떠올려본다. 그러나 창업(다시 새롭게 시작한다는 의미로 풀무학교는 졸업 대신 창업이란 말을 쓴다)한 지 몇 년이 지난 지금 내 모습을 솔직하게 고백하자면 풀무학교를 나와 좀더 큰 세상에서 수많은 가치와 지식을 접하면서 여전히 끊임없이 흔들리고 있다는 것이다. 때론 내 자신을 변명하고 합리화하면서 진실을 외면하고 싶을 때도 많음을 고백한다.

인스턴트 음식, 성, 텔레비전, 소비문화 같은 자극적인 요소들에 수없이 노출되며 과학주의, 자본주의적인 가치와 사고가 사람과 사물을 진실하게 바라보는 눈을 멀게 한다. 머리를 많이 쓰게 되니 몸이 게을러지고 그러면서 근본적으로 내가 부딪쳐야 할 문제는 내 안의 교만함이라는 사실을 깨닫기 시작했다. 나의 얄팍한 지식으로 사람과 사회를 판단하는 교만함, 풀무학교의 특별한 교육을 받았다고 하는 교만함, 다른 사람들에게 의지할 줄 모르는 교만함, 나의 지식과 가치가 하나님보다 높은 줄 아는 교만함 등등…. 내 안에 근본적인 문제인 이 교만함을 바로 직시하고 부서뜨리지 않는 이상 나는 언제까지나 머리로 사는 사람이 될 것이다.

나는 너무나 연약한 사람이다. 그러기 때문에 너무도 쉽게 흔들릴 수 있다. 문제는 나의 연약함이 아니라 연약함을 숨기는 것이다. 우리 모두가 이 사회에서, 역사 속에서 진실을 바로 볼 줄 안다면 자비가 있는 정의로움, 사랑이 있는 용서가 이루어지고 모두가 따뜻한 마음으로 살아갈 수 있으리라 꿈꾼다. 그리고 몸으로 가슴으로 사는 사람은 겸손한 사람이고 겸손한 사람이 '위대한 평민'이라는 사실을 다시 한번 되새겨본다.

지난 한 학기 동안 일본과 캐나다를 다녀오면서 내 자신을 돌아보는 시간을 많이 갖게 되었다. 그리고 앞으로 내 삶에서 이상을 추구하면서도 현실적으로 이루어가야 할 부분들을 깊이 고민하는 계기가 되었다.

삶은 치열한 싸움이다. 대신에 정의로운 싸움이어야 한다. 그리고 삶은 사랑이다. 사랑 없는 사회와 이웃을 위한 선이 결국은 아무런 의미가 없음을 끊임없이 되새기며 다시 한번 굳게 일어서련다.

갈등을 끝까지 마주할 수 있는 힘

최민유 | '대안학교의 따?'라는 글을 쓴 뒤 간디학교를 자퇴했고 그 시절을 돌아보며 다시 글을 썼다. 몇 년이 지난 지금에서야 스스로를 '영원한 간디인'이라고 불러도 좋단다. 현재 인문 서적을 내는 출판사에서 열심히 텍스트와 씨름하고 있는 중이다. kuntakinte9@hanmail.net

대안학교의 '따'?

나는 왕따다. 누군가 부정하더라도 스스로 외롭고 소외되어 어떤 형식으로든 폭력을 당하고 있다고 느끼는 나는 왕따다. 스스로 '따'라 칭하는 나는 '자따'일지도 모르고, 잘 웃고 떠들고 가깝게 지내는 친구도 있는, 겉보기에 아무 문제도 없는 나는 은근히 무시당하고 미움 받는 '은따'인지도 모른다. 그렇담 나와 같은 '따' 종족은 우리 간디학교에도 많이 있을 것이다. 이렇게 광범위하게 규정짓지 않아도 공공연히 알려진 소외되고 폭력을 당하는 친구들은 엄연히 존재한다.

공동체에선 신체적, 언어적 가해만이 폭력이 아니다. 상대방의 존재를 무시하거나 마음이 아닌 가식으로, 거짓으로 대하는 것은 표면적인 아무런 피해를 주지 않는다지만 무엇보다 더 가혹한 폭력이라 생각한다. 그렇담 나는 피해자 '왕따'가 아니라 같은 가해자로서, 우리 모두는 상처를 주고받는 어리석은 '따'들일 것이다.

눈치챘겠지만 나는 간디학교에 냉소적인 시각을 가지고 있다. 간디학교에서의 내 처지를 이미 밝혔다시피 나는 개인적이고 정적인 생활을 하고 있다. 이런 내가 간디인의 입장에서 학교생활에 관해 말하기란 무척 미안하고도 당혹스런 일이지만, 어디까지나 하나의 의견으로서 목적 없이 얘기하고자 한다.

일반 제도권 중학교를 다니던 시절에도 나는 친구가 없었다. 늘 뒷자리에 앉아 귀엔 이어폰을 꽂고 책을 읽거나 엎드려 잤다. 교실에는 얘기를 나누고픈 친구도 없었고 누구도 내게 말을 걸어주지 않으면 했다. 나는 혼자 음악을 듣고 책을 읽는 것이 즐거웠다. 수업시간에도 나는 소설책을 읽거나 엎드려 잤다. 책을 읽노라면 매가 날아오고 책을 빼앗겨야 했고 엎드려 자노라면 역시 맞으며 벌을 서야 했지만 나의 꾸준한 독서와 수면에 선생들은 두 손 두 발을 들었고 그 후 나는 편안한 생활을 누릴 수 있었다. 그래도 수업시간에 딴 짓 하는 것만 빼면 나무랄 데가 없는 모범생이었다. 단정하고 성적도 고만고만하고 매년 백일장에서 장원을 타는 문제없는, 가끔 이쁨도 받는 학생이었다.

이러한 나의 입장을 이용하여 날씨가 을씨년스럽거나 보고 싶던 영화가 개봉하면 나는 자다가 일어난 부스스한 얼굴로 담임을 찾아가 아픈 척 조퇴신청을 했다. 조퇴증을 내밀고 교문을 나설 때마다 마주치는 녀석이 있었는데 그녀는 뒷반에서 나와 흡사한 생활을 하고 있었다. 그 친구는 나와 취미가 비슷했고 얘기가 잘 통했으며 무엇보다 거만한 것이 제일 맘에 들었다. 그 후로 우린 함께 조퇴하여 도서관에 가서 책을 나눠 읽거나 해변의 시네마테크로 가서 고전영화를 봤다. 나는 나름대로 아름다운 중학시절을 보냈다.

대안학교 진학을 늘 마음에 두고 계셨던 부모님이 여러 대안학교를 답사한 끝에 간디학교를 권유하셨다. 나의 비행 행위(?)를 전혀 모르셨지만 민주화운동을 하셨던 부모님은 교육문제에 관심이 많으셨고 자유로운 환경에서 바른 교육을 시키고 싶어 하셨다. 나 또한 간디 진학을 원했다. 독창적이고 열성적인 친구들과 선생님들을 만나고 싶었고 자유롭게 책을 읽고 내가 원하는 공부를 하고 싶었다. 그때 내가 막연히 알고 있던 간디학교는 푸른 산에 둘러싸인, 사랑과 자발성의 이념 아래 자유롭고 창의적인 교육을 하는 파라다이스였다.

사소한 다툼과 신경전에 지쳐 타협을 선택하다

우리 학교가 방영된 어느 텔레비전 프로에서 "천국이죠. 우리는 행복해요." 하고 말한 친구가 있는데, 그 친구를 만난 입학 첫 날 나는 집으로 돌아가고 싶었다.

늘 기대가 문제다. 기숙사 입소 첫 날 함께 입학한 친구들과 언니들의 대화 속에서 나는 기대했던 개성과 지성을 찾아볼 수 없었다. 오히려 과거 화려했던 비행행위를 자랑하는 친구와 시시껄렁한 얘기만 해대는 언니들을 보며 나는 속았다고 생각했다. 어딜 가나 애들은 애들이고, 그런 구성원들로 이루어진 집단 간에 특별히 큰 차이는 없다고 한탄했다. 그렇게 생각한 나도 애이고, 이런 나의 기숙사 생활이 조용할 리 만무했다. 생활 속의 사소한 다툼부터 시작해 장기간의 신경전까지…. 나는 지쳤고 그러한 관계가 귀찮았다.

그 결과 나는 타협을 했다. 내가 노력했다면 많은 다툼 끝에 이해와 애정을 끌어낼 수 있었을 테지만 그러기에 나는 크나큰 실망에 슬펐고 너무 거만했다. 이제야 하는 얘기지만 그 '타협'이란 것이 가장 나빴다. 내가 타협함으로써 서로 간의 벽은 더욱 두꺼워졌을 뿐 아니라 내 근성 자체가 순간적 안이에 머무르려는 비겁함에 물들어 버린 것이다.

며칠 전 친하게 지내던 동생이 학교를 나갔다. 아마도 학교생활에 불만이 많고 개인적 욕심도 많아 나갔으리라. 그 동생과 친하게 지내게 된 계기는 기숙사의 '1호방'이었다. 거기서 다른 두 언니와 모두 넷이서 지냈는데 우리는 사이가 무척 좋았다. 늘 새로운 이벤트를 열며 웃고 떠들고 놀았는데, 그 셋을 내가 진정으로 아끼고 좋아했느냐, 실은 그렇지 않다. 그들 개인 개인은 나와 잘 맞지도 않았고 살다보면 화가 나거나 답답할 때도 많았다.

하지만 그때의 내 행동들 역시 1호방의 분위기를 망치지 않으려는 일종의 타협이고 노력이었다. 수백 명이 모여 있는 일반학교에서도 맘 맞는 친구 하나 만나기 어려운데 학년당 20명 있는 작은 공동체는 어떻겠는가. 장기간에 걸친 노력과 이해 없이는 좋은 관계를 맺기란 어려운 일일 것이다. 그것도 각자 개성이 있다고 주장하는 하나하나가 다른 아이들 속에서는.

내게 가장 절망적이었던 것은 주위에서 열정적인 자세로 생에 임하는 이를 찾을 수 없다는 것이었다. 쌤들도, 학생들도 안정지향적인 나날을 보내는, 변화를 두려워하는 이들처럼 보였다. 그로 인해 내가 열정에 전염될 수 없고 이러한 내 욕구를 학교는 지리적 위치, 재정이나 체제 같은 현실적인 문제로 채워줄 수 없으며, 고로 나는 역동적이고 생산적인 생활을 할 수 없다는 것에 절망했다. 오히려 내 상상력에 자극을 줄 수 있는 것은 미지근한 바람을 일으키며 밀려오는 지하철, 커다란 레코드 가게와 웅장한 도서관, 어깨를 치고 지나가는 낯선 사람들이었는지도 모른다.

기숙사방에서 나누는 수다

　주말마다 있는 기숙사 회의나 금요일마다 전교생이 함께 하는 식구총회 때마다 간디학교는 '대안'이 아닌 '기성'이란 생각을 한다. 큰 틀의 교칙에서부터 자잘한 규칙들까지 이미 규정되어진 질서를 유지하고 체계화시키는 과정에서 우리들의 회의는 규격화되어 버린 것이다. 반면 학교철학에서 비롯된 큰 교칙들과 작은 규칙들이 없다면 공동체 유지가 힘들어질 것이므로 작은 약속들은 간디의 한 문화로 정착되고 안정되어야 할 필요도 있다.

　늘 같은 교실에서 매일 같은 자리에 앉아 오후 수업까지 문제집이나 파고 있는 우리나, 같이 진도 빼기에 바쁜 쌤들을 보아도 지겹고 답답한 마음이 드는 건 마찬가지다. 창밖에 지리산 자락이 보인들, 새가 울어댄들 우리랑 무슨 상관이란 말인가. 하지만 이것 역시 고3인 우리들이 택한 방법이고 이 점에서 안타까운 건 쌤들도 마찬가지다.

　제도권 공교육 아래 오랫동안 길들여져 지내다 보면 많은 이들이 뭐가 부당한지, 내 권리가 뭔지도 모르고 억압과 폭력을 당연시 여기게 된다. 하지만 이 시대에 '대안교육'이란 대단한 이름으로 자유를 맛본 이상 끊임없는 문제인식과 대안의 필요가 꼬리에 꼬릴 물고 늘어진다. 대안교육에 임하는 우리는 당연히 느끼는 바를 실천에 옮기는 투쟁적 자세를 취해야할 의무를 지닌 것이다. 이러한 책임과 의무를 일찍이 알았더라면, 내가 얻을 상처를 예견했더라면 나는 학교를 다니지 않았을 것이다. 이런 소리를 하면서도 간디인이라는 소속으로 박혀 있는 내가, 이 기회를 누리지 못한 친구들에게, 행복한 간디인들에게 미안하고 스스로에게 부끄럽다.

간디학교에 환상과 기대를 품고 계시는 분들, 그렇다고 해서 암담해할 필요는 없다. 이건 나의 경험과 감상이다. 개인의 목표와 의지에 따라 학교생활은 달라지고 그것마저 없더라도 마냥 만족하며 지낼 수도 있다. 간디는 대안이고 대안은 변화한다. 내가 이렇게 말하는 것도 다 대안교육의 결과가 아니겠는가. 밤식빵을 먹노라면 싱거운 식빵 속에 듬성듬성 박혀있는 밤 한 조각의 달콤함을 잊지 못해 그 밤 조각 한 번 더 씹어보겠다고 불러오는 배를 누르며 지겹게 싱거운 맨 빵조각을 먹게 된다. 간디에도 때론 그 밤 한 조각 같은 날들이 있다. 산다는 건 결국 밤식빵을 먹는 일 같은 것이 아닐까.

간디는 때론 내게 지옥 같았고 지금은 지겹고 정적인 생활이 오히려 감사할 지경이지만, 때죽나무 꽃이 흐드러지게 핀 기숙사로 가는 길을 오르며 '훗날 간혹 떠오르는 간디시절은 결국 이러한 때죽나무 향기가 아닐까' 하는 생각을 했다. 내가 불행한 탓은 내가 즐기지 않았기 때문이고, 나의 불행에 내가 만족했기 때문이다. 이러한 나의 천성은 어딜 가나 마찬가지였을 테고 시련이 없었다면 그것은 내게 또 다른 고통이었을 게다. 어찌되었건 나는 쉽게 체험할 수 없는 이지매도 당해보았고 위액의 쓰디쓴 맛도

보았으니 모든 것을 다 경험해 보고픈 내 욕심의 한 부분은 채운 것이다.

아름다운 것은 안타깝게 쓰러져가는 것에 있다고, 내 불행은 불행이 아닌 감상으로 모두 잊혀지고 진실로 남는 건 후두둑 떨어지는 때죽나무 향기 같은 것, 그런 것이라 생각한다.

십 년이 지나 다시 자퇴서를 쓰다

앞의 글을 쓰고 몇 개월 뒤 난 학교를 자퇴했다. 자퇴 서류를 작성하면서 자퇴 사유에 '지속적인 폭력에 대한 최선의 선택'이라고 적었던 게 기억난다. 자퇴 사유기입란이 있는지 몰랐기에 급조한 이유이긴 했지만 그 문장이 불충분하다고 느꼈고 언젠가는 '학교를 그만둘 수밖에 없는 이유'를 다시 명료하게 써야겠다고 생각했다.

학교를 나온 난 제 발로 입시학원에 들어갔고, 대학에서 문학을 전공한 뒤 인문 출판사에서 편집자로 일하고 있다. 스물여덟 살이 되어 열아홉에 썼던 글을 다시 마주하니 몹시 불편하다. 자신의 미숙한 글 앞에서 느끼는 부끄러움이 아니고, 자신의 글에 동의하지 못해 느끼는 불편함이다.

몇 년 전 간디학교를 방문한 일이 있었다. 아이들의 재잘거림과 자연스럽게 오가는 스킨십이 달콤하게 학교를 감싸고 있었다. 시설이 더 좋아진 학교는 새로운 학생·교사·학부모로 구성되어 있었다.

'꿈꾸지 않으면 사는 게 아니라고'를 부르고 식구총회를 진행하는 그 자리에 앉아 지난날을 떠올려봤다. 십 년 전과 다를 게 없었다. 흡연과 무단외출, 급식당번 문제가 안건에 올랐고 내가 다닐 때보다 좀더 여유롭게 사안을 다루고 있었다. 아이들은 내가 학교를 다닐 때의 친구들과 비슷한 꿈을 꾸고 비슷한 행로를 걷고 있었다. 처음 보는 얼굴들이었지만 왠지 낯설지 않았다.

간디학교는 여전히 학생 개개인을 중심에 두고 그 개인에게서 나오는 자발성, 독립성, 선택과 책임 같은 자유주의 덕목을 가르치고 있었다. 선생님들은 창조적 지성으로 성장할 능력이 잠재돼 있는 아이들을 사랑하고, 아이들은 먼 내일을 불안해하면서도 멋지게 성장할 것임을 의심치 않고 있었다. 마치 내가 그랬던 것처럼. 학교는 자유로운 시간과 손만 뻗으면 잡힐 것 같은 기회들로 꽉 차 있었다. '사랑과 자발성의 교육'이란 빛 아래 행복이 아지랑이처럼 피어오르고 있었다. 마치 비디오를 돌려보는 느낌이었다. 달콤했던 간디 생활을 추억하던 난 갑자기 지겨워졌고, 결국 그 자리에 앉아 있는 게 몹시 불편해졌다. 결국 또 불편함이다. 그렇다면 다시 만난 간디학교, 다시 읽은 내 글에서 그 불편함의 정체를 밝혀야 할 테다.

앞서 내가 쓴 글은 이렇게 끝맺고 있다. "아름다운 것은 안타깝게 쓰러져가는 것에 있다고, 내 불행은 불행이 아닌 감상으로 모두 잊혀지고 진실로 남는 건 후두둑 떨어지는 때죽나무 향기 같은 것, 그런 것이라 생각한다." 유치하기도 하지만 이렇게 조로한 문장을 썼다는 사실에 부끄러움을 느낀다. 지금 나에겐 "때죽나무가 뭐야?"라고 물을 정도로 향기는커녕 낭만적인 그 무엇도 남지 않았다. 지금 내게 간디학교는 몇 가지 사건들로 기억될 뿐이다.

습관적인 반성은 본질에의 성찰을 가로막는다

내가 왕따임을 고백했을 때 한 선생님은 눈물을 흘렸다고 하셨다. 그런데 나는 전혀 슬프지 않았다. 이건 슬픈 일이 아니라 분노할 일이었기 때문이다. 그리고 그 선생님은 폭력 근절을 위해 단식을 하겠노라 하셨다. 나는 이해할 수가 없었다. 지금 이 순간에 선생님이 자신의 건강을 생각하시는 건 아닐 테고, 선생님의 수척한 모습을 보고 아이들이 반성하고 착해지길 바라는 건가? 아니면 단식이라는 행위가 기적처럼 우리에게 평화를 가져다주나? 왜 선생님은 갈등을 은폐하고 문제를 덮어버리려는 걸까.

학교에서의 생활이 '때죽나무 향기'로 기억되길 바랐던 내가 '단식'으로 아이들의 평화를 기원하겠다는 선생님을 왜 비난했을까. 누구보다 선생님의 결정을 이해하고 함께 단식해야 했던 게 아닌가. 그랬다면 지금쯤 어디선가 풍겨오는 꽃향기를 맡고 있었을 텐데. 여기가 바로 내 불편함의 지점이다.

선생님의 단식은 사실 그리 황당한 일이 아니었다. 간디학교를 간디학교답게 만드는 요소들은 모두 '단식'과 어딘지 닮아 있다. 사람들 앞에서 죄를 고백하고, 다들 숙연해지고, 모두 함께 반성하고, 서로 위로하고, 결국 서로 죄를 사하는 일은 간디학교의 규범이자 일상이다. 대표적으로 간디학교의 의사결정기구인 식구총회가 그러하다. 간디학교는 원래 사사로운 규칙들이 없었다. '법으로 금지되어 있고 청소년의 건강에 치명적이므로 음주와 흡연을 하지 말 것', '서로 폭력을 행사하지 말 것' 정도가 규칙이었다.

그러나 함께 살면서 생기는 갈등과 불편 때문에 규칙들이 생기기 시작했고 결국엔 그것을 위반할 때 우리는 함께 반성하고 앞으로 더 잘할 것을 다짐했다. 누군가는 이런 것들이 아이들에게 필요한 배움의 덕목이라고 할지도 모르겠다. 글쎄, 이런 건 간디가 아니라도 이미 다들 잘 하고 있지 않나? 멋지게 승리하지 못했던 것, 프로답지 못한 날 꾸짖고 더 몸값 높은 사람이 되고자 다짐하는 것. 텔레비전 드라마가 주는 교훈도 마찬가지다.

내게 주어진 것에 감사하고 욕심 부리지 말고 나누고 베풀며 아름답게 살고자 하는 것. 이러한 규칙적이고 습관적인 반성은 기존의 질서와 규범을 고착시키는 게 아닐까. 문제를 직시하고 성찰하지 못하게 하는 것, 사고불능 상태로 만들어 버리는 게 이곳에서의 반성이라는 것을, 나는 선생님의 단식을 통해 느꼈다.

내가 학교를 나간다고 했을 때 많은 분들이 걱정하고, 말리고, 위로했다. 나는 상처받지 않았기에 그러한 위로가 몹시 불쾌했다. 그렇다고, '그래, 너 잘했다'는 칭찬도 듣고 싶지 않았다. 내가 바랐던 것은 나의 감각적인 불편함을 문제의식으로 발전시켜줄 대화와 내 선택에 대한 존중이었다. 나는 태어나 처음으로 정치적인 선택을 내렸고, 그것 외에는 아무것도 중요하지 않았다. 다시 말해 '지속적인 폭력'도 아니고 '때죽나무 향기'도 아니었다. 난 단지 전에 없던 틈을 직시하고 그 경계에 서는 체험이 필요했을 뿐이다.

때로 자녀의 간디 진학을 희망하는 부모를 만날 때 강남 8학군의 학부모를 만난 듯한 느낌이 든다. 간디 학부모와 강남 학부모 모두 자녀의 행복을 바라고 있다. 남다른 삶 또는 남다른 부를 통한 기회의 획득과 그 때문에 얻을지도 모르는 행복. 개성을 누구보다 추구했던 사람으로서 내리는 결론인데 남과 차별되는 개성이 삶을 구분 짓는다는 발상 자체가 허구인 것 같다. 간디학교와 강남의 고등학교를 구분 짓는 것이 무엇인가? 경쟁 구도로 갈등을 조성하지 않는다는 것? 자발적 인간을 양성한다는 것? 사랑과 우정의 교육 공간이라는 것? 일단 대안학교 입학 경쟁도 만만치 않다는 것을 알아두자. 우리가 대안학교를 선택하는 것 같지만 결국 진학자는 학교의 선택을 받아야 한다.

그리고 무한한 잠재력을 지니고 대안교육을 통해 창조적 삶을 실현하고 있다는 그 특권 의식이 입시 경쟁력을 키우는 데 탁월하다는 강남 8학군의 특권 의식과 무엇이 다른지 난 잘 모르겠다. 인정하기 힘들겠지만 남들과는 다르다는 그 개성에 대한 확신과 추구, 욕망과 의지가 결국 교육에 대한 정치적 공간을 재구성하게 된다. 강남의 학부모가 지금의 서울시장을 만들었듯이 나는 간디의 친구들이 어떤 정치적 결과를 불러일으킬지 우려가 된다.

얼마 전에 한 출판사에서 출간된 대안학교 졸업생의 이야기를 담은 책을 보면 더 그러하다. 남들과 다른 가치를 추구하며 행복한 삶을 살고 있다는 확신은 권력과 질서로부터 배제된 사람이 부딪히기 마련인 혼돈과 무질서, 그로부터 파생되는 의심과 적의의 힘을 사라지게 만든다. 불복종의 정신이 진정 발휘되어야 할 정치적 순간에 눈을 감고 질서와 규범을 내면화할 뿐이다. 그들이 일반 시민보다 더 위험한 것은 자신이 소수이고, 다수로부터 배제되고 억압받는다는 불안과 피해 의식을 지녔다는 것이다.

난 그 피해 의식이 도덕적인 반성과 위로의 시간을 재생산하고 있다고 본다. 그것을 식구총회, 나아가 대안교육 포럼이나 기타 등등의 제도를 통해 집단으로 공유하고 있는 현실은 날 더 좌절케 한다. 이건 정말 한국사회다운 일이지 않는가.

긴장감을 유지하기

난 내가 무엇이 될지, 언제쯤 내 안의 가능성이 밖으로 터져 나올지 궁금하던 아이였다. 그리고 간디학교의 친구들도 그런 가능성으로 가득 찬 이들이라고 믿었다. 그러나 보이지 않는 재능에 지루했고 느낄 수 없는 우정에 슬펐다. 간디학교는 전보다 더 활기차 보이지만 분명 지쳤으리라. 아이들의 잠재력과 개성을 믿고 기다린다는 것은 한없이 낭만적이고 비정치적인 일이며, 결국 아이들을 단일한 존재로 만드는 일이기 때문이다. 내가 참을 수 없었던 점은 바로 내가 개성이 없는 존재였으며 겨우 집단의 개인이란 사실, 그 단일성을 은폐하고 아이들을 격려하는 간디학교였다.

갈등을 끝까지 밀고 나갈 수 있는 시간과 에너지를 가졌다는 것, 그것은 대안교육의 가장 중요한 자산이다. 갈등을 도덕적인 반성과 위로로 덮지 않고 혹독하게 직시하는 순간 진정한 교육 행위가 일어나지 않을까. 그리고 그 지점에서 대안의 가능성이 발견되는 게 아닐까. 그 일의 시작은 누구도 강요할 수 없고, 그 방법은 아무도 가르쳐 줄 수 없다. 또한 간디학교의 식구 모두가 참여해야만 하는 어려운 일이다.

내가 진로를 선택하는 일에서 우선시했던 것은 '질문과 갈등, 그리고 긴장감을 유지할 수 있는 일인가' 하는 것이었다. 간디학교 자퇴는 간디학교 진학과 똑같은 수준의 선택과 행위이다. 그리고 그 선택은 대학과 직업 선택보다 더 중요한 것이라 생각한다. 왜냐하면 정치적 인간이 되기 위한 첫걸음이었기 때문이다. 내가 직장에서 주로 하는 일은 원고지를 마주하고 더 적확한 단어와 더 나은 문장을 선택하고 재구성하는 것이다. 이는 자퇴를 결정할 때의 일과 같다. 결국 자퇴는 내게 영광도 상처도 아닌 일상적 과제가 됐다. 그리고 일상의 갈등과 분열을 텍스트로 만들고, 그것을 텍스트로 다시 읽게 됐다.

지리산의 간디학교는 사랑과 자발성이 실현되는 특별한 공간이 아니라 재현된 한국사회이다. 그래서 나는 학교에서 보이지 않는 사랑을 말하고 행복한 제스처를 취하는 게 내내 불편했다. 학교는 살균, 봉인된 판타지 공간이 아니기 때문이다. 아이러니하게도 학교를 벗어나기 위해 했던 일들을 통해 진정한 대안교육의 학생이 될 수 있었다. 내가 영원히 몸담고 투쟁해야 할 사회와 간디학교는 동일한 공간이다. 나는 여전히 지루하고 폭력적인 질서와 제도에 둘러싸여 있고, 때때로 다른 모습을 한 '단식 선언' 앞에서 화가 난다. 쉽게 바뀌지 않을 삶의 조건 속에 주저앉지 않고 경계에서 그 균열의 지점을 바라보기 위해 언젠가 난 또 다시 자퇴서를 쓰게 될 것이다. 이만하면 내가 거부했던 말, 그리고 공식적으로 얻지 못했던 말, 간디학교의 영예, '영원한 간디인'이라 불릴 수 있지 않을까.

침묵하지 않고
나를 드러내는 일

코코 | 고2때 학교를 그만두고 '공간민들레'에 왔다. 글쓰는 걸 좋아하고, 생각이 많은 스무 살. 고민하는 만큼 행동이 따라주지 못해도 늘 자기 모습을 정확히 자각하려고 노력하는 중이란다.

내겐 너무 추웠던 겨울

고3을 앞두고 있던 열여덟 살 겨울 어느 날. 나는 횡단보도 앞에 서서 건너편에 있는 네모나고 커다란 학교를 바라보고 있었다. 초록불이 켜지자마자 나를 지나쳐 정문을 향해 걸어가고 있는 똑같은 교복의 친구들을 바라보면서 오늘은 이들 틈에 섞일 수 없겠다는 생각이 들었다. 그 즉시 발걸음을 옮겨 집으로 향했다.

집으로 돌아와서 공책 한 권과 펜을 들고 온 동네를 돌아다니다가 결국 예전에 다녔던 중학교의 운동장 벤치에 앉아 엄마에게 긴 편지를 썼다. 간간히 울리는 핸드폰을 끄고 가방 속에서 화이트를 몇 번씩 꺼내 다시 쓰기를 반복하며 완성한 편지를 읽고 엄마는 기절을 하셨다. 편지에 "나 얼마 전에 성폭행을 당했어요"라는 내용이 있었기 때문이다.

끙끙 앓다가 일어난 엄마는 나를 구해줄 방법으로 경찰과 친척에게 의논하며 여러 가지 방법을 찾았지만 결국 아무 도움이 되질 못했다. 그 후 학교에서 내 문제를 알고 있는 친구가 마음에 걸려서 도저히 등교를 할 수 없어 자퇴를 했고 내가 속할 곳을 찾아 대안학교를 알아보던 중 '공간민들레'(학교 밖에서 배움을 찾는 청소년과 어른들이 함께하는 커뮤니티 공간)라는 곳을 알게 되었다.

민들레를 다닌 지 얼마 안 되었을 때는 모든 게 평화로웠다. 민들레에 와서 만나는 사람들은 모두 처음 만나는 사람들이었고 내가 겪은 일에 대해 아무것도 모르는 사람들만 있었기 때문이었다. 그렇지만 그것도 잠시였다. 민들레에서 수업을 듣고 다른 관계들을 만들어 갈수록 무언가 잘못되었다는 생각을 떨쳐버릴 수가 없었다. 어디서부터 올라오는지 모르는, 가족과 친척에 대한 분노 때문이었다. 그 상황에서 왜 소리를 안 지르고 멍청하게 가만히 있었냐, 너 때문에 뼈 빠지게 일하는 엄마를 생각해서 좀더 똑똑하게 행동할 수 없었냐, 정말은 자고 싶어서 잔 게 아니냐, 심지어는 너무 뾰족하고 짙은 '미친년'이라는 욕까지.

물론 그 말을 직접 들었을 때는 잘못된 말인지 틀린 말인지 분간이 안 갔는데 민들레를 다니면서 무언가 잘못되었다는 자각과 억울한 감정이 올라왔다. 계속 그런 자신에게 신경이 쓰일수록 분노가 들끓었고 그 분노로 생겨나는 오기가 살아갈 힘을 주었다. 그 힘은 내게 이렇게 말했다.

"더욱 열심히 살아서 그들에게 그게 아니라는 걸 보여줘야 해."

하루는 민들레 수업이 끝난 후 베란다에서 담배를 피우고 나오는데 옆방에 계시는 경옥 선생님이 "코코야, 잠깐 이리로 와볼래?" 하며 나를 부르셨다. 방 안에 들어가자 선생님은 의자에 앉아 계셨고 나는 그 옆에 앉아 혹시 담배 피는 걸 혼내려고 부르셨나 하며 조마조마해 하고 있었다.

그렇지만 내게 날아온 말은 "너 담배 피우지 마!"가 아닌 뜻밖의 질문이었다. "코코는 왜 담배를 피우는 거야?" 이상하게도 나는 그때 내 이야기를 하고 싶은 기분이 들었다. 물론 이 사람에게 진짜 내 이야기를 해도 되는가 안 되는가 몇 번이고 망설였다. 하지만 내 앞에서 나와 같은 눈높이를 맞추며 무엇 때문이냐고 묻는 이 사람에게 왜 담배를 피우는지 말하고 싶었다.

그 강렬한 욕구에 모든 걸 털어놓는 순간 내 볼을 어루만지는 감촉 때문에 놀랐다. "진짜 힘들었겠다. 그리고 그건 니 잘못이 아니야, 너를 그렇게 욕하는 그 사람들이 이상한 거지." 나 대신 친척의 말이 틀렸다고 말해주는 선생님을 보면서 내 안에서 무언가가 잘못되었다고 아우성치는 아이가 깊은 겨울잠에서 깨어나는 느낌을 받았다.

그렇지만 겨울잠에서 깨어난 아이는 계속해서 물음표를 던지면서 나를 자꾸만 괴롭혔다. '왜 가족과 친척은 나에게 잘잘못만 따진 거지?'라는 질문을 던지면서 내 이야기를 들어주는 사람들을 더욱 찾아 헤맸다. 엄마는 내가 민들레를 잘 다니고 있는 것 같아 다행이다 싶었겠지만 사실 나는 하루하루 엄마에 대한 미움이 커져가고 있었다.

분노를 풀어내고 함께하는 힘 기르기

내 마음이 그렇다 보니 민들레에서 수업을 받으면서도 그런 마음이 반영되곤 했다. 시 수업을 할 때면 뱀과 침대 같은 단어들이 시에서 나왔고, 시나리오를 쓸 때면 가족 문제를 다뤄서 내 고민을 표현하곤 했다. 그런 과정들 속에서 내가 영화와 시를 무진장 좋아한다는 사실도 깨달았고 시나리오를 구상하고 쓸 때마다 머리는 아프지만 쾌감이 든다는 것도 알았다.

그래서 내 고민을 반영해 시나리오와 콘티를 짜고 여러 사람의 도움을 받아 영화도 찍었다.

처음 영화 시나리오를 짤 때 나는 민들레 시 수업에서 지은 '당신과 나의 거리'를 떠올렸다. 자신의 슬픔을 너무 많이 먹어서 상대방이 안 보일 만큼 배가 부른 복부비만들은 다른 누구도 안아줄 수 없고 안아주려 하면 부른 배 때문에 상대방이 튕겨져 나간다는 내용의 시다. 내 주변에서 가장 복부비만스러운 사람은 누구일까 생각하다가 서로를 안아주지 못하는 아빠와 나 자신을 떠올렸다.

시나리오는 갖가지 변수에 의해서 여러 번 수정되었다. 장소부터 시작해서 심지어는 연기자가 이해하기 쉽게 지문을 바꿔야 할 때도 있었다. 그 과정에서 솔직히 화도 많이 냈고 내가 이렇게 찌질했나 싶을 정도로 울기도 많이 울었다.

그렇게 완성된 시나리오로 영화를 준비하고 찍으면서 나는 영화를 같이 준비하는 사람들에 대해 생각해보게 되었다. 시나리오를 쓸 때는 나의 어려움만 생각했다면 공동 작업을 하면서 다른 사람의 어려움에도 눈이 가기 시작했다. 딸 역할을 맡은 연습벌레 하윤도 자신의 역할에 몰입할 수 없어 힘들어했고, 아버지 역할을 맡은 '눈사람'도 촬영할 때만 되면 대사를 자꾸 까먹는 어려움이 있었다. 뿐만 아니라 장비를 옮기는 것에서부터 추위를 이겨내는 것까지 여러 가지 힘들고 어려운 일들이 정말 많았다. 촬영을 하면서 나는 비로소 나 말고도 다른 사람의 힘듦과 어려움이 눈에 들어오기 시작했다. 한마디로 촬영 작업은 그것을 볼 줄 아는 눈을 길러주었다.

영화 작업 외에 '잡지 만들기' 활동도 했다. 그때 잡지를 만들다 말고 얼마 동안 집에서 쉰 적이 있었다. 잡지 작업이 어떻게 될 것인가는 생각하지 않은 채 다른 팀원들과 상의도 하지 않고 내 임의로 민들레에 나가지 않은 것이다. 다시 나간 날 누구도 모임에 나오지 않았고 무슨 일인가 싶어 전화를 해보니 아파서 안 갔다는 아이들이 대부분이었다. 그것을 보고 다른 팀원들도 내가 안 왔을 때 제대로 된 이유도 모르고 답답했겠구나 싶었다. 물론 내 나름대로는 정말 말 못할 사정이 있어서 그런 거였지만 그것 또한 내 책임이었고 모두에게 곤란을 겪게 했던 건 사실이었다.

공동 작업은 혼자만의 일이 아니기 때문에 그만큼 전체의 상황을 볼 줄 알아야 한다는 걸 배운 순간이었다. 정말 어쩔 수 없이 공동 작업에서 손을 놓아야 하는 일이 생긴다면 다른 팀원들에게 내 상황을 정확히 설명하고 책임져야 할 일은 내가 감수해야 한다.

물론 아직 나에겐 낯선 일이긴 하지만 앞으로 공동 작업을 할 일이 또 생긴다면 '전체와 개인'에 대해서 더 배우게 될 것이다. 이번에도 '한 수 배우다'라는 책 만들기 프로젝트를 하는데 지난 학기 때의 배움이 효과가 있을지 걱정스럽기도 하고 기대되기도 한다.

우리는 왜 다들 침묵하고만 있었던 걸까

영화작업과 잡지 만들기가 끝난 후 민들레 길잡이교사 혜숙 선생님에게 방학 동안 민들레출판사에서 인턴십을 해보지 않겠냐는 제안을 받았다. 이 인턴십은 서울시대안교육센터에서 네트워크 현장에 있는 학생들에게 직업체험 기회를 주는 과정이다. 마침 방학 동안 뭘 하면 좋을지 고민하던 중이라 혜숙선생님의 도움을 받아 자기소개서와 신청서를 썼다. 그리고 12월 중순부터 출판사에서 인턴십을 하게 되었다.

민들레출판사는 '공간민들레' 바로 위층에 있어서 나에게는 '2층 출판사'이기도 했지만 '경옥 선생님이 계신 곳'이라는 의미도 있었다. 그리고 평소

자신의 상황을 정확하게 이야기하지 않으면
모두가 힘들어지는 공동작업

에 민들레 고양이 꽃네를 보러 자주 가던 곳이라 매우 안정감이 들고 포근
한 공간이었다.

첫 출근을 하던 날 나는 멘토인 정민 선생님과 인턴십에 관해 오리엔테
이션을 했다. 민들레출판사에 대해 여러 가지 이야기를 들었지만 가장 기
억에 남는 것은 이곳은 교육이 건강해졌으면 좋겠다는 마음에서 책을 낸
다는 것이었다. 그날부터 나는 민들레 책에 관심이 생겼다. 출판사에 있으
면서 그들이 왜 그렇게 사람들에게 교육에 관해 물음표를 던지는지 알고
싶어졌다. 단순히 기획하고 책 만드는 일이 좋아서 출판일을 하는 사람들
도 있을 테지만 매일 고민하고 회의하는 민들레출판사 분들은 그런 것 같
아 보이진 않았다.

하루는 인턴십을 마치고 집에서 인터넷을 하다가 어떤 영화제 개막 인
사 글을 읽게 되었는데 거기서 '올리비아 클라우스'라는 감독을 알게 되었

다. 그녀는 영화 〈침묵을 말하라〉를 통해 "침묵하는 것에 대해 자꾸 대화를 시작하고 도움을 청할 수 있는 환경을 만드는 것은 우리의 의무입니다."라고 말한다. 그것을 보고 나는 '어쩌면 민들레출판사도 교육에 관한 침묵을 깨고자 아이들과 부모의 이야기를 들으려고 하는 건지도 모르겠다'는 것과 '나도 침묵하지 말고 이야기해야만 한다'는 생각을 했다.

그렇지만 내가 무엇을 이야기해야 하는지 정확히 표현할 수가 없었다. 또한 자신이 추구하는 바를 위해 열심히 노력하는 출판사 사람들과 하루하루 함께 지내며 내 안에서 한없이 답답한 무언가가 있다는 걸 느끼겠는데 그게 뭔지 찾지 못해 또 답답했다.

그런 나의 답답함은 엄마의 겉모습이 아닌 다른 모습을 만났을 때 깨졌다. 우연히 엄마의 일기장을 보게 된 것이다. "나에게 일어난 일이 너무 무섭다." 이 짧은 문장을 읽는 순간 나는 뭐라 말할 수 없는 감정이 들었다. 내가 그렇게나 미워하면서도 사랑받고 싶었던 엄마의 또 다른 면을 알아버린 순간이었다. 그것은 엄마에게 분노하지만 침묵했던 내 모습이었고 내가 똑바로 바라봐야 할 엄마의 모습이었다.

나는 이제 분노 때문에 보지 못했던 가족의 모습을 봐야 한다고 생각했다. 그렇지만 그 과정은 정말 쉽지 않았다. 친척과 가족을 이해해보고 싶다는 생각이 들면서 분노는 사그라졌지만 그만큼의 무기력이 찾아왔다. 허리케인이 휩쓸고 지나간 마을처럼 내 마음은 분노가 휩쓸고 간 폐허 같았던 것이다.

그 마음을 인턴십을 열심히 하는 것으로 채우려 했지만 좀처럼 채워지질 않았다. 열심히 하면 할수록 출판사 사람들이 던지는 물음표에 대해서 생각하고 출판사에 있는 책들을 읽으면 읽을수록 나는 여전히 '침묵'에 대해서 생각하게 되었다. 게다가 잠자리에 드는 순간이면 출판사 사람들을 지켜보면서 올리비아 클라우스가 생각나고, 내가 엄마에 대해 침묵했던 것, 어쩌면 다른 침묵도 있을 수 있다는 생각들이 나를 혼란스럽게 뒤덮었다.

그렇게 복잡한 생각의 나날들이 지나가던 와중 출판사 책을 팔러 성공회대에 가게 되었다. 출판사 식구인 진한 씨와 이런저런 이야기를 하다가 부모와 자식에 대해 이야기를 나누게 되었다. 어떤 아빠가 되고 싶냐는 질문에 친구 같은 아빠가 되고 싶다는 진한 씨의 대답을 들으며 나는 우리 아빠를 떠올렸다. 어쩌면 아빠 또한 나에게 '친구' 같은 존재가 되고 싶었을 거라는 생각이 들었다.

아빠는 무슨 이유인지는 몰라도 회사가 집에서 몇 정거장 안 떨어졌는데도 기숙사에 살면서 일주일에 한 번씩 집에 오신다. 집에 오는 날이면 내내 어느 방에도 들어가질 못하고 거실에서만 서성이고 계신다. 집이 어색한 거다. 그 모습이 안타까워서 "아빠 나 요즘 이런 거 하고 있는데…." 하고 말이라도 꺼내면 관심을 보이다가도 금세 들은 척도 안 한다. 아마도 딸이 너무 어색하거나 얼마 전에 내가 겪은 일을 알아버려서인 게 아닌가 싶다. 물론 나는 그 모습이 참 밉고 싫었다. 지금도 싫지만 아빠에게도 엄마의 일기장처럼 내가 보지 못한 다른 모습, 아빠의 다른 침묵이 있을 거라고 생각한다.

바꾸고 싶다면 용기 내어 말해야 한다

성공회대에 책을 팔러 간 그날, 다른 장소에서 독립영화배급소 '달'이 영화 전단지를 나눠주고 있었다. 예쁜 보라색 전단지에 눈이 갔는데 거기에는 여성의 성기를 묘사한 그림들이 그려져 있었다. 〈버라이어티 생존 토크쇼〉라는 제목의 영화였다. 제목 옆에는 '대한민국 최초 성폭력 생존자 다큐'라고 적혀 있었다. 심장이 벌렁거렸다. 그 자리에서 멈춰 선 채로 전단지의 내용을 읽을까 말까 한참이나 망설였다. '벌거벗고 세상과 마주하기. 피해자가 아닌 독립적 생존자로서의 목소리'라고 적힌 전단지의 내용. 집에 오자마자 영화 예고편을 보면서 한참 동안 충격에 빠졌다.

보호가 아니라 자유를 원한다고 외치며 거리에서 팻말을 들고 운동하는 그녀들의 모습에, 발랄하고 유쾌하게 진행되는 그녀들의 수다에 나는 이상하게 피가 끓었다. 그것은 뭐랄까, 성범죄에 대해 침묵하고 있는 사회에게 자신의 이야기를 꺼내면서 소통하려는 시도이자 "우리는 당신과 남이 될 수 없어요." 하고 외치는 목소리였다.

얼마나 울었을까. 나는 일기장에 내가 지금 순간 뜨겁게 느끼고 있는 것들을 또박또박 한 글자씩 적어 내려갔다. "바꾸고 싶다면 용기를 내어 말해야 한다. 바꾸고 싶은 게 있다면 내 이야기를 먼저 꺼내고 내 생각을 전해야 한다."

이틀 뒤 출판사에서 희망제작소라는 곳에서 일하는 '안녕'이라는 분을 만났다. 거실 책상에서 봉투 정리를 하고 있었는데 경옥 선생님이 소개를 시켜주셨다. 옆에서 봉투를 하나하나 정리하면서 희망제작소가 무엇을 하는 곳인지 그리고 그곳에서 일할 때 안녕이 겪는 어려움을 듣게 되었다. 희망제작소는 국회의원들의 일을 대신 해주기도 하고 그들이 이야기하는 '희망'에 대해서 알리는 일을 하는 것 같았다.

얼마 전에 본 버라이어티 생존 토크쇼를 찍은 감독, 그 영화 속에서 자신의 이야기를 하는 그녀들, 희망제작소에서 일하는 안녕, 그런 안녕의 이야기를 들어주는 경옥 선생님. 아마도 그들의 공통점은 자신이 추구하는 것을 지켜나가는 사람들이 아닐까 싶었다. 경옥 선생님은 안녕의 일을 큰 숲에서 한 그루 나무를 지키는 일이라고 표현하셨다.

"코코는 이런 일에 대해 어떻게 생각해?"

"음… 모르겠어요. 근데 저도 아까 선생님이 말씀하신 것처럼 큰 숲에서 한 그루 나무를 지키는 일에 대해 생각하고 있어요. 그리고….."

지금 생각해도 참 이상하다. 선생님의 질문에 대답을 하고 있었는데 갑자기 눈물이 터진 것이다. 두 손으로 얼굴을 틀어막고 울던 나는 손을 떼고 다시금 말을 이어갔다.

"제가 겪은 일에 대해서 생각하고 있어요. 그러니까 나도 혹시 나와 같은 사람이 있다면 좀더 떳떳해도 괜찮다고 말하고 싶어요. 아니, 그런 일을 하고 싶어요."

벌개진 얼굴로 뚝뚝 떨어지는 눈물을 닦으며 뭐라 말하는지도 모르는 채 말을 뱉어내는 내 자신이 왜 그런 말을 했는지 지금도 모르겠다. 확실한 건 내 안에 그런 말들이 어느 순간부터 자리 잡고 있었다는 것이다.

선생님은 "코코가 자기 길을 찾았구나. 앞으로 시나리오든 글이든 어떤 방법이든 너의 그 마음을 지켜가면서 표현해내는 일만 남은 거야." 하고 말해주셨다.

이제 나는 힘이 세다

엄마는 울면서 나를 하얀 백지장이라고 했지만 나는 분명 하얀 백짓장이 아니다. 그렇다고 깨끗하거나 더럽지도 않다. 나라는 종이에는 수많은 기록들이 적혀 있으며 나는 이제부터 그 기록을 읽어가야 한다. 가슴에 단단히 새기고 자꾸 내 이야기를 해야 한다. 아무리 아프고 억울하고 분노스러워도 나를 똑바로 봐야 한다. 더 이상 피해자로만이 아니라 사람으로서, 여성으로서 성폭행에 대한 내 생각을 사람들에게 이야기하려면 어떤 방법을 써야 하는지, 어떻게 세상에 다가가야 하는지 자꾸 연습하고 끊임없이 부딪혀야 한다. 그게 내 길이라고 자꾸만 생각되었기 때문이다.

얼마 뒤 나는 정민 선생님에게 현재 진행중인 단행본의 한 꼭지를 쓰면 어떨까 하는 제안을 받았다. 인턴십에 관한 이야기를 하려면 분명히 내 이야기를 해야 하는데 정말 괜찮을까 한참을 고민했다. 글을 쓰는 내내 힘들었다. 인턴십 내내 내가 겪은 일을 고민했지만 내 이야기를 쓰는 게 용기가 나지 않았기 때문이었다.

그래도 나는 내 이야기를 하고 싶었기에 자판을 두드리기 시작했다. 몇 번이고 감정이 격해져서 글쓰기를 멈추었지만 꼭 이 글을 다 완성해야겠다고 생각했다. 대안교육을 선택하면서 만난 수많은 이들이 떠올랐고 내 이야기를 들어준 사람들이 고마웠다.

언젠가 누군가가 들려주었던 말, '사람은 사람이 구하는 거야'라는 말이 글을 쓰는 내내 생각났다. 그들이 나를 구했듯이 나 또한 사람을 구하는 사람이 되고 싶었다. 나와 같은 여성이나 다른 사람들에 대한 이야기를 들어주며 시나리오를 쓰고 싶다고 생각했다.

생각하니 막막하다. 용기도 안 나고 한없이 내가 작아 보인다. 그렇지만 괜찮다. 이유는 모르겠지만 괜찮을 것 같은 기분이 든다. 끊임없이 배우고 알아갈 것들이 한참이나 남았으니 말이다.

이제 새 학기가 시작됨과 동시에 인턴십이 끝난다. 나는 인턴십을 하면서 세상엔 침묵하고 있는 게 많다는 걸 알았고 할 수만 있다면 민들레출판사가 책으로 교육에 대해 침묵하고 있는 걸 자꾸 얘기하는 것처럼 나도 시나리오든 글이든 나만의 방법으로 나의 침묵을 깨고 싶다고 생각했다. 나의 침묵이란 엄마의 일기장이기도 하고, 거실을 서성이며 어느 방에도 들어가지 못하고 있는 아빠의 뒷모습이기도 하고, 가족들이 내게 했던 말이기도 하고, 자신감을 잃어버린 나이기도 하다.

　내 이야기를 글로 풀어내면서 여태까지 민들레에서 내가 어떻게 살아왔는지를 떠올려봤다. 공간민들레는 내게 나 자신을 돌아볼 수 있는 시간을 주었고 주변을 돌아볼 수 있는 공간을 주었다. 시나리오를 쓰고 영화를 만들면서 다른 사람을 보는 눈을 키우게 되었고 새로운 관계를 만들어가면서 여러 사람들에게 내 이야기를 하고 분노를 풀어내게 되었다. 그러면서 다른 사람들의 이야기도 들어주고 싶다는 마음이 생겼다. 이 마음이 지금 한순간으로 끝나지 않게 앞으로도 힘을 키우는 내가 되었으면 좋겠다.

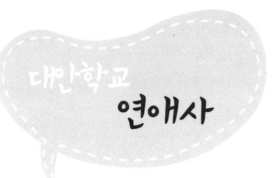

대안학교 연애사

Lookout | 내면에 남아 있는 마초 근성을 뽑아버리고 싶다는 이십대 남자. 시골에 있는 작은 대안학교를 졸업했다. 이 이야기는 약간의 픽션을 가미한 경험담으로, 글 속 이름들은 가명이다.

난 도대체 애인이 언제 생기나

점심시간에 맛있는 콩나물밥이 나와 신나게 먹어치웠다. "어, 잘 먹었네." 배를 두들기며 도서관에 가니 마이 베스트프렌드 광수의 표정이 좋지 않다. 평소같이 장난도 치고 해야 하는데 축 처져 있다. 안 봐도 뻔하다. 여자친구와 트러블이 생긴 거다. 이유를 들어보니 좀 어이가 없다. 지수가 자기를 두고 같은 학년 성호랑 읍내에 가서 밥을 먹었기 때문이란다.

밥 한 번 먹는다고 없던 마음이 생길지도 모르지만 둘이 그렇게 떨어져선 못 살듯이 좋아하면서도 뭘 그리 의심하는지 모르겠다. 잔뜩 열 받아 있는 광수에게 일개 친구가 뭐라 한들 무슨 소용이 있겠나 싶으면서도 한편으로는 늘 이렇게 사소한 일로 기분이 좌지우지되는 게 걱정스러워 무슨 말이라도 해야 되나 싶었다.

교실문 잠근다고 연애질을 막을 수 있을까?

"어떻게 해서든 간지와 품격을 유지해야 한다. 이건 비단 나를 위한 것만이 아니다"며 머리와 옷에 지나치게 시간을 쏟느라 광수가 아침모임에 일찍 오는 걸 못 봤다. 광수는 지수가 너무 좋아 견딜 수가 없어 언제나 함께 있고 싶어 했다. 녀석은 이번 학기에 엄청 빡빡하게 수강 계획을 세워 놓고선 제대로 듣는 수업은 손에 꼽을 지경이다. 그 때문에 개강을 한 지 얼마 되지도 않았는데 벌써 미이수 위기에 빠진 과목들이 제법 있다. 광수의 이번 학기 수강 과목은 지수인 거 같다. 아니 지수다!

광수 걱정을 하다가 오후 수업을 듣고 운동장으로 나와 보니, 녀석이 싱글벙글하면서 지수랑 둘이서 축구를 하고 있다. 말 안 하길 잘했지 싶다. 가라앉아 있는 것보다 낫지 싶어 마음이 놓인다. 피곤해서 어딘가 잠깐 누워 쉴까 싶어 다시 도서관에 갔는데 같은 학년 커플인 소민이랑 희진이가 팔베개를 하고 나란히 누워 자고 있다. 며칠 전엔 헤어질지도 모르겠다더니 아까 땡볕에서 같이 농사수업을 듣고 와서 이러고 있는 걸 보니 다 말뿐이다. 그 옆에는 선배 커플 두 명도 자고 있다. 아, 정녕 나 같은 싱글이 갈 곳은 없단 말인가, 대체 난 언제 애인이 생기나 생각하며 그들과 약간 떨어진 곳에서 살짝 서글픈 마음을 안고 낮잠을 청했다. 파리는 왠지 나한테만 왱왱거리는 것 같다.

파란만장 연애질

동진이는 연애한 지 6개월이 지났는데, 내가 볼 땐 정말 바보 같다. 학교를 늦게 들어온 동진이는 6개월 전 한 학년 아래인 후배 보영이에게 고백을 받았다. 처음에 동진이는 학교에서 연애 같은 걸 할 생각이 전혀 없다고 했다. 시간도 없고 할 일이 너무 많다는 이유에서였다. 그런데 어느 날 갑자기 둘이 사귄다는 거다. 왜 나한테 했던 말이랑 다르냐고 물었더니 "그냥 어쩌다 그렇게 됐어." 그런다. "내 이럴 줄 알았다." 하며 뭐 사람 마음이야 알 수 없는 것 아니겠냐고 잘됐다고 축하해줬다. 둘 다 내가 좋아하는 친구, 동생이라서 정말 축하해주고 싶었다.

그런데 동진이는 어찌된 일인지 보영이가 화났을 때면 안절부절 못하고 계속 미안하다면서 쫓아다녔다. 그 이유가 동진이 때문이 아니어도 그랬다. 보영이가 화내는 이유는 매우 다양했는데, 나로서는 도무지 이해가 안 되는 것들이다. '샤워하러 가서 문자 답장이 늦거나 전화를 안 받은 것', '자기보다 밥 빨리 먹고 기다려주지도 않고 설거지하고 수업하러 올라가 버려서' 같은 것도 포함됐다. 그래도 동진이는 보영이가 너무 좋단다. 바보다 바보.

민혜는 며칠째 얼빠진 표정을 한 채 패닉 상태로 학교를 돌아다니고 있다. 최근 들어 학교에서 민혜를 보기조차 쉽지 않은데 하루 종일 어디에 있는지 모르겠다. 공강 시간이 많던 며칠 전 학교에서 몇 킬로미터나 떨어진 호수에 혼자 산책을 갔다가 민혜가 혼자 앉아 있는 걸 봤다. 울고 있었던 게 틀림없다. 민혜는 동진이를 좋아했다. 그런데 동진이가 한 학년 위인 보영이와 사귀게 되면서 지독하게 가슴앓이를 하는 중이다. 다 같이 사는 기숙사라 밤에는 마음 놓고 울 수도 없어 화장실에 가서 울었다고 하니 듣기만 해도 딱하기 그지없었다.

학교에는 민혜처럼 패닉 상태에 빠진 사람이 또 한 명 있는데, 얼마 전에 유리에게 고백했다가 거절당해 죽어가는 노진이다. 노진이는 앞으로도 계속 유리를 봐야 하는데 도저히 그렇게 못하겠고 너무 힘들다며 자퇴까지 생각하고 있었다. 그 옆에는 좋아한다고 고백하는 대상이 월간지 표지처럼 다달이 바뀌는 인호가 위로를 하는 건지 뭘 하는 건지 함께 앉아 있다.

하루는 신나게 축구를 하고 방에 들어오니 원영이가 큰 고민이 있다는 거다. 근래 연애를 시작해 표정이 천국의 아이들 같던 녀석이기에 무슨 일이냐고 물었다. 유진이랑 스킨십을 할 때 너무 좋단다. 손만 잡아도 미칠 것 같단다. 느닷없는 염장질에 싱글인 나는 그만 머리가 돌아버릴 것 같았는데, 그때 원영이가 말을 이었다. "흥분이 돼서 자꾸만 발기가 되다가 정액 같은 게 나와. 너도 그래? 나 진짜 이거 때문에 돌아버릴 거 같애." 음 참나. 나는 너 같진 않지만 그럴 수도 있다고 말해줬다. 그러니 쓸데없는 고민 말고 속옷이나 자주 갈아입으라고 말하고는 재빨리 빨래통에 섞여 있는 내 옷들을 꺼냈다. "으악, 그러면 내 옷에…." 나도 모르게 소리를 지르며 욕이 튀어나왔다.

양원이는 최근 들어 자기에 대한 무성한 소문 때문에 학교에 있는 게 너무 불편하단다. 다름이 아니라 유리가 자기를 좋아한다는 소문이 퍼져서

다. 애들이 자기 이야기를 수군거리는 게 영 불편한데, 선생님들까지 가세해서 "양원이 드디어 여자친구 생기나요!" 하니 미쳐버릴 것 같단다. 결국 참다 못한 양원이는 선생님들에게 화를 내고야 말았다.

하지만 소문은 어느 정도 진실인 것 같다. 학교 일정 중 며칠 집에 가 있기로 한 날이었다. 양원이가 출발하려는데 유리기 뭔가를 들고 나타났다. 유리는 편지와 함께 예쁜 토끼 모양 잔디 화분을 건네주면서 "집에 잘 다녀오세요." 하고는 저만치 뛰어갔다. 양원이는 유리를 좋아하지도 싫어하지도 않았기 때문에 무신경하게 대했다. 그런데 선물까지 주는 유리를 보니 마음이 살짝 동하는지 기침을 하면서 일부러 딴 곳을 쳐다봤다. 그리고 무뚝뚝하고 짧게 "어… 그래. 고마워." 했지만 이미 유리는 저만치 가버린 뒤였다.

그때 좀더 큰 소리로 반응했더라면 좋았을까. 양원이가 집에서 며칠 쉬다 오자 유리는 자기에게 고백한 같은 학년 남자애랑 사귀고 있었다. 양원이는 졸업 작품에 전념하기로 마음먹었다.

어느 날 밤, 기숙사 방에 들어와 자려고 누웠는데 룸메이트인 수화가 능청부릴 때나 하는 어투로 나를 부르는 게 아닌가.

"이보게, 잘 생긴 청년."

"이 밤에 잘 생긴 청년 불러다 뭐하게."

"아, 자네가 필요한 건 아니고 자네 지갑이 필요하단 말이지."

녀석은 밤에 야식을 하도 자주 시켜 먹으니 돈이 필요한가 싶었다.

"썩을 놈. 얼마 필요한데?"

"아니 돈이 필요한 게 아니라… 지갑에 고무장갑 있나? 손에 끼는 장갑 말고 있잖아."

녀석이 웃는다.

"얼마 전에 내 지갑 열어보더니 노렸나 보네."

"고맙네, 청년. 내 언젠가 장갑 한 트럭으로 보답하겠네."

"으이구 됐네요. 어차피 나는 쓸 일도 없으니까."

녀석은 "잘 쓸게"라는 말을 남기고 방을 나갔고, 나는 학교에서 일을 치를지도 모른다는 생각이 들자 조금 불안하긴 했지만 다시 잠이 들었다. 며칠 뒤 나는 "가져간 장갑에 하자는 없었냐?"고 물었다. 그러자 처음엔 "무슨 장갑?" 이러더니 한참 킬킬대며 "철갑으로 되어 있던데." 했다. 그리고 몇 달이 지나도 별일은 일어나지 않았다. 그 후로도 수화는 내가 잊어버릴 만하면 장갑을 빌려 갔다. 나중엔 뻔뻔하게 "장갑 조공을 바쳐라." 하며 내 장갑을 가져갔다. 어차피 나는 학교에서 쓸 일이 없었으니 상관없었다.

나의 연애 실패담

나는 매주 책과 영화를 보고 이야기 나누는 세미나에 나가다가 그곳에서 여자친구를 사귀게 됐다. 나보다 한 살 어린 친구였는데 조용하다가도 말할 때가 되면 거침없이 자기 생각을 표현하는 아이였다. 처음 친해지게 된 계기는 작품 해석을 놓고 견해가 갈렸을 때였는데, 같은 장면을 비슷하면서도 다르게 보는 시각 때문에 서로 놀라서 친해졌다.

그 뒤로 무슨 배짱이 생겨서인지 내가 먼저 같이 밥을 먹자고 했다. 왠지 그 예쁜 얼굴로 "아니, 싫어." 그러진 않을 것 같아서였다. 기쁨에 겨웠다. 굳이 사귀자는 말 없이도, 손을 잡지 않아도 함께 무엇을 하면 기쁘기 그지없었다. 그런데도 왜 난 더 많은 것을 바랐을까. 관계가 발전해서 영화도 보러 가고, 같이 술도 마시고, 뽀뽀도 하고, 침대에 누워 서로 몸을 만지는 단계까지 갔다. 그렇게 세 달쯤 만나던 어느 날 내가 여자친구에게 말했다.

"우리… 할래?"

"그럴까?"

만나기 전에 내가 콘돔을 꼭 사오기로 했다. 일방적이지 않은 즐거운 합의였다. 그런데 막상 하루 전으로 다가오자 머리가 굉장히 복잡해졌다. 잠이 안 왔다. 좋아서가 아니다. 왜 이럴까. 괜히 하자고 했나 하는 생각이 들었다. 너무 성급하게 말했나? 왜 난 즐겁지 않을까? 소설이나 영화 같은 데서 보면 남자들은 여자가 좋다고 하면 들떠서 어쩔 줄 모르고 당장이라도 하려고 난리를 치던데 난 왜 이럴까. 여자친구는 좋다고 했는데… 에이 모르겠다. 하자고 해놓고 하지 말자 하기도 그렇잖아. 내가 해본 적이 없어서인가 보다. 막상 하면 즐겁겠지. 다들 좋아하잖아. 이런 생각을 하다가 잠들었다.

시간은 틱톡틱톡 흘러 내일이 오늘이 되어버렸다. 나는 약속한 대로 콘돔을 샀다. 편의점에서 사려니까 왠지 낯이 뜨거워 약국에 가서 샀다. 섹스가 나쁜 것도 아닌데 왜 부끄러웠을까. 영화에서처럼 여자친구를 안고 데려가 침대에 누웠다. 긴장이 되기 시작했다. 갑자기 머리가 멍했다.

생각해보니 섹스를 어떻게 해야 하는지도 모르고 있었다. 사실 섹스가 뭔지도 몰랐다. 겨우 생각나는 거라곤 영화나 포르노에서 본 정사신뿐이었다. 그런 것만 있을 리 없잖아. 나는 내가 모른다는 사실도 모르고 있었다. 어떻게 하지? 어쩌면 좋지? 몸은 굳어지고 정작 굳어져야 할 부분은 늘어져 있다. 평소에 하던 키스나 서로 몸을 만지며 놀 때보다도 재미없고 실망스러운 시간이 지나갔다. 우린 뭘 해보려다 아무것도 못하고 잠들었다.

"미안해."

"뭐가."

"그냥."

"나 지금 일 있어서 가봐야 돼."

"알았어. 미안."

"뭐가 미안한데?"

"나도 잘 모르겠어."

"나 씻고 나가볼게."

내가 미안하다고 말한 까닭은 당황스러움과 준비 부족에 대한 미안함이라는 것을 그땐 미처 알지 못했다.

커플들 때문에 교실 문을 잠그다니

"야, 솔직히 이거 커플들 스킨십 때문 아니가? 학교에서 애들 스킨십 때문에 교실 문을 잠근다는 게 말이 되나? 연애 안 하는 내가 들어도 어이없는데 연애하는 애들은 얼마나 어이없겠노? 안 그래도 좁은 학교에서 갈 데도 마땅찮구만."

친구인 혜연이와 오늘 아침에 있었던 공지에 대한 불만을 이야기했다. 학교에서는 오늘부로 특별한 일이 없으면 저녁시간부터 교실 문을 모두 잠가 놓겠다고 공지했다.

"이렇게 한다고 막을 수 있는 것도 아닐 텐데 꼭 이래야 하는 건지 잘 모르겠네."

"내 생각엔 아무래도 부모님들 때문인 것 같은데."

"아마 그럴 걸? 내 생각에도 선생님들 의견이 이번 결정과 크게 관련 있는 것 같진 않거든. 그렇다 해도 당장 이렇게 결정하진 않았을 거야. 우리보단 걱정을 많이 하겠지만… 부모님들이 늘 불안해 하시니까."

"그래도 할 사람들은 다 안 하나?"

"그러니까 말이야. 내가 알기론 아예 부모님들에게 말하고 하는 친구도 있는 걸로 알거든."

"와, 그런 일도 있나. 부모님한테 그런 이야기를 할 수 있다는 거, 또 부모님이 수긍하셨다는 것도 충격인데."

"그렇지?"

"우리가 성관계를 그렇게 가볍게 하는 것도 아니고 다 준비도 많이 하고 하는데 대체 왜들 그렇게 걱정하는지."

"부모님들이니까 아무리 완벽해도 그러실 거야."

부모님들은 우리가 연애하는 것을 많이 걱정하신다. 사실은 연애보다 우리 삶 자체를 걱정하신다는 게 더 정확한 표현일 것이다. 이해가 안 되는 것도 아니지만 그래도 좀 믿어주시면 안 될까?

들자하니 요즘은 다시 교실 문을 열었다고 해서 학교 분위기가 성에 좀 더 개방적으로 변했나 했는데, 알고 보니 연애하는 커플 중에 그렇게 심각한 커플이 없는데다가 밤에 학교에서 활동하는 애들이 많아져서란다. 그럼 우리가 학교 다닐 땐 뭔 사고라도 칠까 봐 걱정되는 아이들이 많아서였단 말인가? 어쨌거나 닫힌 것보다 열린 것이 좋으니까, 이게 다 우리가 열어 달라고 싸워온 덕이라는 말을 하고 싶지만 그래선 안 되겠다. 우리는 교실을 나가기 전에 창문을 미리 열어 놨다가 몰래 들어가곤 했으니까.

연애는 물 건너갔어도 우리는 짱짱하다

여자친구가 다른 남자친구랑 시내에 밥 먹으러 갔다고 세상 끝난 것처럼 굴던 광수는 여전히 지수랑 잘 사귀고 있다. 지금은 좀더 가벼운 마음으로 연애

중인 걸로 안다. "다른 남자들과 만나는 게 질투가 안 나는 건 아니지만 우리가 서로를 믿는 정도는 그 이상"이란다. 참나, 그래 좋겠다. 올 초부터 광수는 복수전공을 결심했는지 자원봉사도 다니고 책도 읽고 사회인야구단에도 들어가고 글을 쓰는 등 '자기계발'에도 열심이다. 최근엔 나한테 "이 책 읽어봤냐?"는 전화까지 한다.

동진이는 보영이랑 헤어졌다. 즐겁긴 했지만 평등한 관계로 연애를 추구해야겠다는 생각이 들었단다. 아무리 좋아해도 쫓아다니기만 하니 지치더란다. 그래도 다시 연애를 하면서 더 좋아하는 위치가 되면 또 그럴지 모르겠단다. 내가 "바보 아냐?" 하자, "많이 좋아하는 쪽이 늘 지는 게 연애 아니겠냐"며 실실 웃는다. 듣고 보니 틀린 말이 아니라 고개를 끄덕거렸다.

동진이를 좋아하는 바람에 가슴앓이를 해야 했던 민혜는 자신을 하얗게 불태우더니 연극에 몰두하는 차가운 여자가 됐다. 덕분에 연극 동아리는 학교에서 자취를 감춘 지 3년 만에 다시 축제에 등장했다. 이번 졸업논문에도 연기와 관련된 공연과 논문을 준비 중이다. 연기하는 모습에 반한 남자애들이 민혜를 쫓아다녔다. 그리고 얼마 전 후배 한 명과 연애를 시작해 많은 남자애들이 충격에 빠졌다고…. 최근에 만났을 땐 "어린애와 연애하는 게 쉽진 않더군." 하며 능청까지 떠는 게 아닌가. 자기감정에 충실한데다 즐기기까지 하는 것 같아 잘됐구나 싶었다. 더 이상 사람 때문에 우는 일이 없었으면 했는데, 이젠 누구를 울리고 있는 게 아닌지 모르겠다.

스킨십할 때마다 고추에서 뭔가가 나온다던 원영이는 이제 나와 같은 싱글이다. 가끔씩 "외롭다!" 푸념하긴 하지만 "연애하면 할 일을 못해! 그러니 연애는 부질없는 짓이야!" 소리치며 자신을 다잡고 작곡과 악기 연습에 여념이 없다. 부질없다면서 외롭다는 건 또 뭔지 이해가 안 되면서도 수긍이 간다. 다들 그러하듯 나도 원영이도 연애할 때의 애틋함, 가슴에

차오르던 말 못할 뭔가를 그리워하는 것일 테다. 그러면서 "더 나은 사람이 되면 또 생기겠지." 한다. 원영이는 상경하면 서울에서 같이 살지 않겠냐고 하는데, 일단 생각해보겠다고 해놓은 상태다. 하지만 원영이가 나랑 같은 방을 쓰는 동안은 연애를 안 했으면 좋겠다. 질투가 아니라 빨래통에 원영이 팬티가 들어 있는지 일일이 확인하는 게 귀찮기 때문이다.

유리와 그렇게 된 이후로 양원이는 자기 일에만 열심이다. 연락이 한참 안 되다가 얼마 전 겨우 연락이 닿았는데 논문 쓰느라 바빠서 전화 받을 겨를이 없었단다. 학교를 같이 다닐 때도 양원이만큼 꾸준하게 아침에 일찍 일어나고, 수업 들어가고, 과제를 해오는 친구가 없었다. 그런데 같은 학년인 노진이가 전해주는 소식에 따르면 요즘은 더하단다. 학기 말에 분야별로 열심히 노력한 학생들에게 주는 '성실상'은 이미 따놓은 당상이라고 한다. 친환경 에너지에 관심이 많은 양원이는 졸업 작품으로 태양 에너지를 기반으로 하는 발명품들을 준비 중이라는데 새벽부터 밤까지 쉬지를 않는단다. 엄청난 집중력을 보여주는 양원이를 볼 땐 졸업 작품 우수자에게 주는 상도 받을 것 같다.

앞으로 만날 사랑을 위해

나는 그 일이 있은 후 여자 친구와 시들한 관계를 유지하다 헤어지고 말았다. 그때 내가 솔직하게 "내가 잘 몰라서 그래. 우리 어떻게 하지?" 했더라면 어땠을까. 나는 무조건 잘해야 된다는 생각에만 골몰한 나머지 아무 것도 할 줄 모르면서 포르노 영화에서 본 장면들을 떠올리며 몸을 움직였다. 물론 그마저도 엉망이었다.

나는 여자 친구를 너무 좋아한 나머지 나를 잊어버리는 실수를 하고 말았다. 상황에 직면하고 나서야 내가 얼마나 자신에 대해 모르는 사람인지 알았다. 섹스를 하고 싶은 게 아니라 섹스하고 싶다는 생각에 사로잡혀 있었다. 성뿐만 아니라 삶의 전반적인 부분에 걸쳐 내 생각보다 타인의 생각들로 가득 차 있었는데, 그걸 내가 많이 아는 걸로 착각하고 있었다. 아는 척만 해서 정말 미안하다고 말하고 싶은데 그러기엔 너무 많은 시간이 흘러버렸다. 지금이라도 알게 됐으니 다행이지만 그때만 생각하면 미안하다는 말조차 하지 못하겠다.

"더 나은 사람이 되면 좋은 사람 만나겠지!"라던 원영이처럼 나도 지금보단 나은 사람이 돼야겠다고 곱씹을 뿐이다. 책도 읽고, 영화도 보고, 이렇게 글도 써보고, 춤도 배우고, 자신의 감정과 생각을 명확하게 볼 줄 아는 사람이 되기 위해 노력을 게을리 하지 않으려 하고 있다. 꼭 그렇게 된다는 보장은 없지만 이런 노력이 감수성이 풍부한 사람이 되는 데 도움이 되길 바랄 뿐이다. 그게 내가 앞으로 만날 사람을 위해, 또 나를 위해 할 수 있는 최선이 아닐까.

다른 방식으로
배우고 자라는 아이들

강제노동이라고요?
일하는 참맛을 모르시는군요

안혜인 | 3년 동안 산청에 있는 민들레학교에서 지내면서 흙에서 일하는 참맛을 알게 되었다고. 지금은 특성화학교인 공동체비전고등학교에 다니고 있다. 나름 철든 내색 하고 다니지만 아직도 앞날에 대해 고민이 많단다. ojah@naver.com

새로운 학교가 간절했던 나

가방을 메고 무의미하게 학교와 학원을 오가던 중1 시절. 패스트푸드점에서 햄버거를 씹어 먹으며 한숨 쉬던 생활을 이어가던 어느 날이었다. 대안학교를 가보지 않겠냐고 아버지가 제안하셨다. 순간 나는 초등학교부터 같이 어울려 지내던 친구들 얼굴이 가장 먼저 떠올랐다. 정이 많고 관계를 중요하게 생각하는 나에게 새로운 학교란 새로운 만남을 뜻했다. 한 살 많은 나이로 다시 입학하고, 전혀 다른 학교에서 기숙사 생활을 하며 공동체로 살아간다는 것은 두렵기도 한 선택이었다.

하지만 난 이미 공교육에서 몸도 마음도 지칠 대로 지친 상태였다. 아니 어쩌면 도망치다시피 벗어나고 싶었는지도 모른다. 마음은 이미 아버지가 말씀 꺼내실 때부터 확고해졌고 학교 캠프와 결정, 입학까지 눈 깜짝할 사이에 일사천리로 진행되었다.

2007년 3월, 나를 포함하여 열네 명의 친구들이 민들레학교에 입학했는데 같은 나이 친구들이 네 명 더 있었다. 우리가 1기 입학생이었다. 1기는 어디에서든 새로운 개척자다. 모든 것을 처음부터 새롭게 시작해야 한다는 사실을 큰 거부감 없이 숙명처럼 받아들였다. 아직 학교 건물이 완성되지 않아 흙먼지가 날리고 볏짚과 각종 공사에 사용되는 기구들이 듬성듬성 놓인 공사장에서 우리는 입학식을 했다.

그리고 입학하자마자 한 달간 제주도로 이동학습을 떠났다. 돌아와서도 우리는 학교에서 3분 거리에 있는 공동체에서 한동안 수업을 받아야 했다. 물론 여느 학교처럼 싸움도 일어나고 관계 때문에 힘들기도 했으며 선생님과 트러블도 있었다. 같이 살다 보니 서로에 대해 더욱 적나라하게 알아갔고 그러면 그럴수록 상대방의 단점이 두드러져 보이기도 했다. 운 적도 많았고 학교 일정에 대한 불만도 있었고, 다른 세계(?)에 사는 친구들과 부모님에 대한 그리움도 많았다. 하지만 그래도 행복했다. 학교는 내가 아팠던 만큼 얼마나 행복한 사람인지 알게 해주었기 때문이다.

강제노동학교?

민들레학교는 선생님들과 학생들 모두가 동의하고 심지어 공동체의 모든 식구들까지 인정하는 말이 있다. 바로 민들레학교는 '강제노동학교'라는 것이다. 우리 학교는 손으로 하는 노작과 자립을 굉장히 강조하는데, 민들레학교 중학 3년 과정 동안 농사짓기, 텃밭 가꾸기, 양계·양돈·양식, 생태건축 및 각종 건축, 옷 짓기 등의 노작수업을 주로 많이 한다. 노작교육을 통해 생산적인 삶을 지지하며 그런 삶의 방식으로 살아갈 수 있는 사람을 키우는 데 중점을 두고 있다고 보면 된다.

학교의 노작 선생님은 바로 교장선생님이다. 노작하라 시켜놓고 차라리 교장선생님이 다른 일을 하시면 우리도 마음 편하게 이런저런 이유로 농땡이 피울 수 있을 텐데 이건 뭐, 교장선생님이 두 손 다 걷어 부치고 일을 하시니 그 다음 상황은 불 보듯 뻔하다. 그냥 멀뚱멀뚱 서 있다가는 어디서 날아들지 모르는 불호령을 듣기 십상이다.

민들레학교의 풍경은 이렇다. 학생들이 부스스 눈을 뜨고 일어나 체조를 하는 둥 마는 둥 하고 나와 밥을 먹을 때 교장선생님은 홀연히 나오셔서 이곳저곳 밭을 살피시고 학교 정원에 나 있는 풀들을 살피신다. 낡아빠진 골덴 바지에 시골에서만 볼 수 있는 털신을 신고(심지어 여름에도) 부지런히 돌아다니시며 하루 종일 흙과 사신다. 상황이 이러니 우리는 입학 때부터 노작에 길이 들어버렸다. "우리 학교는 강제노동의 학교야, 알겠나! 다들 ~" 입버릇처럼 말씀하시던 교장선생님한테 세뇌(?)가 되어버린 건지 모르겠지만 노작이 힘들다고 불평은 했어도 자연스럽게 정말 이상할 만큼 자연스럽게 노작을 받아들였던 것 같다.

노작의 경지에 오르다

아스팔트를 밟고 매연을 마시고 자란 도시인이었던 나는 당연히 처음 겪어보는 생활이 어리둥절할 수밖에 없었다. 어렸을 때부터 뱀이 무서워 아빠를 따라 뒷산에도 오르기 무서워했던 터라 농촌의 삶은 신선한 충격으로 다가왔다. 처음 모내기 하는 날이었다. 봄의 단내와 여름의 싱그러움이 서로 겹치던 따뜻한 날. 사실 벼르고 벼르던 모내기를 한다는 게 크게 실레지는 않았다. 약간이나마 있던 기대감보다는 고된 노작을 피하고픈 마음이 더 컸던 탓이리라. 4년이 지난 지금도 처음 논에 들어가던 그날을 잊을 수가 없다.

맨발로 들어갈 때 그 차갑고도 까슬까슬한 느낌, 질퍽한 흙 사이로 밟히던 아직 덜 자란 풀들, 무릎 사이로 스멀스멀 올라오는 조그만 벌레들을 떨치며 천천히 발걸음을 옮기노라면 여기저기서 "발이 빠져 나오질 않아요!" "거머리 있어요!"라는 친구들 소리와 모를 가져오라는 교장선생님의 소리가 귓등을 스치고 지나간다. 그렇게 자리를 잡고 던져주는 모를 받아 줄 맞춰 한 모 한 모 정성스럽게 심는다. 한 시간, 두 시간…. 허리가 뻐근해질 정도로 모를 심다가 하늘을 올려다보면 따뜻했던 봄 햇살은 이내 뜨거운 태양빛이 되어 허리를 덥히고 있었다.

점심 먹을 쯤에야 논에서 나와 발과 손만 씻고 먹었던 밥은 그렇게 꿀맛일 수가 없었다. 그날 아무 말도 않고 조용히 밥만 긁어먹는 우리들을 보시며 교장선생님은 말씀하셨다. "우리가 먹는 이 현미가 아까 우리가 흘린 땀의 결실이야." 결실이란 것, 무언가를 내 손으로 이루어낸 소중한 것이라는 생각에 굉장히 감동을 받았었다. 그 후 2년을 더 모내기를 했는데 그때마다 모내기의 느낌은 달랐다.

우리는 이렇듯 직접 몸을 움직여 노작을 많이 했는데 우리 학교 노작의 종류는 참 많다. 자기만의 소중한 밭을 일구기도 했는데 이 일은 자신이 직접 토마토나, 상추나 고추 등을 키워 수확물을 집에도 갖고 가는 행복한 프로젝트였다. 또 밭을 일구고 배추를 심어서 수확한 배추로 김치 담그기, 감잼 만들기, 메주 만들기, 모내기 따위도 있었다. 또 노작수업 중에는 집 짓기도 있었는데 이 일 역시 굉장한 일이다. 학교가 지어질 때 시멘트를 섞고 황토를 바르고 볏짚을 지붕에 얹는 일도 직접 했고, 건축수업이 따로 있었기 때문에 학교에 필요한 건축물을 만들기도 하고, 해외이동학습을 가

모내기

서는 돼지들이 사는 축사 고치는 일도 도왔다.

　그밖에 풀 줍기, 닭 모이 만들기, 화단 가꾸기, 나무하기도 노작수업 중 하나였는데, 이처럼 딱히 일거리가 없어 보여도 교장선생님과 농업선생님은 어떻게든 일을 잘~ 만들어내신다. 하기 싫은 적도 정말 많았지만 몸으로 하는 노동이 끝나고 나면 나는 항상 놀랍고 새로운 체험을 한 듯했다. 노작의 경지에 올랐다고나 할까, 땀을 흘려 뭔가를 이루어 내는 것이 얼마나 행복한 일인지 알게 되었기 때문이다.

　졸업할 때쯤 되니 서당개 삼 년이면 풍월을 읊는다고 흙을 만지는 것이 좋고 여름이면 땀이 비 오듯 흘러 내려서 좋고 겨울이면 겨울대로 입김을 불어가며 일하는 것이 좋았다. 우리들의 결실은 항상 대단했으니까! 나도 내 친구들도 그리고 후배들도 이따금 한번씩 몰려오는 불량식품(슈퍼에서 파는 과자와 탄산음료수, 피자 등)에 대한 유혹 외에는 농촌에서 사는 것을 좋아했다. 인간은 적응의 동물이라던가? 막상 어떤 상황에 맞닥뜨리면 그 속에서 가장 재미있는 일들을 찾아낸다. 그것이 청춘의 특권이기도 한가 보다.

학교에서 직접 일을 하며 곡식을 길러 먹다 보니 우리들의 간식도 특별했다. 초코파이, 과자, 탄산음료는 간식 축에 끼시도 못했다. 계란, 고구마, 매실차, 솔잎효소, 딸기효소, 과일, 감자, 옥수수, 장떡 따위 농촌에서만 먹을 수 있는 것이 우리의 황금간식이다. 달려갈 매점이 없었던 우리는 배를 채우고 입을 심심하지 않게 해줄 먹을거리를 찾아 나섰고, 여름이 오기 전 햇볕만 따가운 5월에는 산으로 들로 오디나무를 찾으러 전교생이 007작전을 펼쳤다. 달콤하고 맛있는 오디가 주렁주렁 열린 나무를 알게 될라치면 자기랑 친한 몇 아이들에게만 가르쳐주곤 아껴 먹기도 하고, 앵두가 너무 먹고 싶어 학교 공동체 앞에 있는 나무를 무작정 흔들어대다가 나무를 다치게 만들기도 했다.

여름에는 땀 뻘뻘 흘리며 수업하고 노작을 한 후 시원한 매실차 한 잔과 수박을 먹을 때는 그렇게 맛있을 수가 없다. 가을에는 노작시간에 고추를 한 소쿠리 부지런히 따서 오는 길에 달려 있는 감을 따먹으면서 다녔다. 그 맛은 둘이 먹다 하나가 죽어도 모를 만큼 달고 맛있었다. 학교 다닌 지 1년차 되는 후배들은 색깔만 주황색이면 다 익은 감인 줄 알고 한입에 덥석 베어 물기도 한다. 하지만 졸업할 때쯤 되면 우리는 나름대로 감을 고르는 요령을 터득하게 된다. 그 중 가장 고난이도는 맛있는 홍시를 고르는 법이다.(3년을 살아도 나는 맛있는 홍시 고르는 데는 소질이 없다.) 잘 익은 홍시를 주방선생님께 부탁해서 냉동실에 얼려놨다가 다음날에 꺼내 먹기도 했는데, 그때 맛본 그 달달함은 아직도 잊지 못할 그리운 맛이다.

사람 냄새 나는 현장에서 사람답게 자라다

난 그렇게 조용한 농촌에서 행복을 알아가고 있었다. 나뿐만 아니라 나와 같이 입학했던 1기 친구들이나 새로 들어오는 후배들 역시 그렇게 조금씩 농촌에 물들어갔다. 내 생각에는 1기들이 만들어 놓은 분위기가 한몫했다고 생각한다. 물론 새벽 3시만 되면 울어재끼는 부지런한 닭들이 시계 알람 소리마냥 3년 내내 나를 괴롭혔지만 말이다.

앞서 말했듯이 농촌은 매우 조용하다. 밤 8시만 되어도 깜깜해진 논길을 가로지르다 보면 달빛이 없었으면 어쩔 뻔했나 싶을 정도로 으스스하기도 하고 그만큼 고요하다. 아침 일찍부터 일을 시작해야 하기 때문에 모두가 일찍 잠드는 까닭도 있지만, 농촌에는 젊은 사람이 그다지 없어 더 그렇다. 그런데 난 그 조용함이 굉장히 좋았다. 시끄러운 도시에서 돌아왔을 때나 또는 학교가 어수선할 때 무조건 우리 마을의 논길을 조용히 걸었다.

봄에는 따뜻한 햇살과 향긋한 풀냄새, 그리고 새순이 돋아나는 땅에 새싹들을 보며 생각에 잠겼고, 여름에는 학교 사이로 흐르는 시원한 계곡물 사이의 바위에 누워 햇볕에 살갗이 타는 것도 신경 쓰지 않고 낮잠을 자기도 했다. 시골이라 계곡물 소리와 매미소리 외에는 조용하다는 말마저 무색할 만큼 조용했다. 가을에는 떨어지는 불그스름한 낙엽들 사이를 바스락거리며 걷는 것을 굉장히 좋아했다. 가을이라 하늘은 높고 논은 황금빛으로 익어갔고 잘 익은 주황색 감나무의 조화는 일품이었기 때문이다. 그리고 마지막으로 겨울! 나는 겨울에 조용히 사색에 빠질 때 가장 행복했다. 날씨는 추워도 입김 나는 겨울 길은 충분히 내 마음에 깊은 감명을 주었고, 이따금씩 휘날리는 하얀 눈발도, 살을 에는 듯 차가운 바람도 내 곁을 지나갈 때마다 답답한 마음을 시원하게 뚫리게 해주었다.

지금 생각해보면 우리는 몸과 마음으로 겪은 온갖 체험들을 통해 이만큼 자란 것 같다. 우리가 경험한 것은 '사람 냄새 나는 삶의 현장'이라고나 할까? 9박10일 동안 국토순례를 하면서 사람 냄새 나는 길을 하염없이 걸었고, 해외이동학습 중에는 더위와 싸워가며 끊임없이 일했고 다른 나라 사람들과 서로 공감하면서 교류했다. 그 온갖 경험을 했던 3년을 돌아보니 나는 어느덧 결실을 맺는 감동을 알고, 손으로 하는 일에 익숙해지면서 그것이 주는 참맛과 값짐을 아는 사람으로 자랐다.

두려움이 엄습해올 때쯤 노작도 열심히 하고 해외이동학습도 5개월 다녀오고 3년 동안 세 번의 국토순례와 수많은 등산을 하고 체험학습을 하면서 정말 행복하고 좋았다. 하지만 졸업할 때가 다가오니 슬슬 겁나기 시작했다. 나와 비교해보았을 때 현재 공교육에 다니는 애들은 외관상 나보다 훨씬 잘나 보였기 때문이다. 점점 답답해지고 현실적인 생각도 했다.

'학교에서 내가 좋아하는 공부를 중점으로 하며 맘껏 체험하고 즐기고 있을 때 내 또래들은? 24시간을 공부만 생각하고 새우잠을 자면서 소위 좋은 대학을 목표로 하고 있잖아. 걔네들은 이미 준비가 되어가고 있는 애들일지도 몰라. 난 어떻게 해야 하지?'

전혀 생각지도 못한 고민에 이르게 되자 무척 당황스러웠다. 내 주위의 1기 친구들도 거의 마찬가지였다. 고등학교를 가든 검정고시를 치든 우리는 이제 민들레학교를 벗어나 전혀 민들레스럽지 않은 정말 진짜 세상과 맞닥뜨리게 되는 것이었다. 지금 생각해보면 그 두려움이 당연한 것일지도 모르는데, 그때는 마냥 내 인생의 가치관이 폭풍을 맞아 흔들리듯 힘겹고 두려웠다.

그래서 농촌에 있는 공동체비전고등학교에 입학했다. 지난 3년 동안 살아왔던 민들레학교와는 또 다른 학교다. 성향도 다르고 추구하는 목표도 다르다. 게다가 나와 전혀 다른 삶을 살았던 친구들과 다시 한 곳에서 살을 부대끼며 살아가고 있다. 일 년 남짓 생활하면서 새삼 학교는 역시 사회의 축소판이라는 걸 깨닫는다. 어디를 가든지 도난 사건이 있고 관계 때문에 씨름하고 각자의 고민들이 흐름을 타고 난무한다.

그 속에서 나는 민들레학교에서 배웠던 그 수많은 배움을 지금 생활에서 풀어내지 못한 어쩔 수 없는 10대가 된 것 같아 불안하다. 하지만 나는 나를 믿는다. 내가 민들레학교에서 발견한 숨은 역량을 믿고, 민들레학교를 경험하지 못한 사람들 속에서 그동안 내가 배웠던 것을 꽃피울 수 있을 것이라고 말이다.

민들레 홀씨는 작고 볼품없고 연약하다. 게다가 힘이 없어 이 바람 저 바람에 날려 다닌다. 하지만 땅에 정착하면 홀씨는 악착같이 뿌리를 내리고 화려하진 않지만 아름다운 꽃을 피워낸다. 그리고 그 노란 내음이 깃들어 있는 새로운 홀씨들을 다시 내보낸다. 단순소박하고 뿌리 깊은 민들레 꽃처럼 민들레학교가 지향하는 삶도 그러했다. 화려한 장미가 되지는 못하나 어디서 꽃을 피워도 민들레만의 작은 역량을 뽐어내는 것 말이다. 이제 그 홀씨는 지금 다니는 학교의 틈으로 들어가 내 비전을 찾으며 싹을 틔우려고 한다. 그리고 내가 고등학교를 졸업하면 새로운 홀씨가 되어 또 다른 곳에 안착하게 될 것이다.

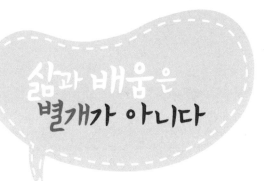

삶과 배움은 별개가 아니다

이수빈 | 꽃피는학교 11학년에 재학 중이다. 한때 학교를 뛰쳐나가고 싶은 마음도 있었지만 자신이 서있는 곳에 대해 더 치열하게 고민하고, 더 많이 부딪혀 보겠다고 새로 마음먹었다. sbin0825@hanmail.net

이사를 간다고 했다. 그것은 그동안 내가 다녔던 학교가 아닌 새로운 학교에 다녀야 하고, 지금까지 함께했던 친구들과 헤어지는 것을 의미했다. 하지만 당시 초등학교 2학년이었던 나는 슬프지도 기쁘지도 않았다.

어느 날, 가족과 함께 어떤 가정집을 찾아갔는데 그곳에는 어른 두 분이 계셨고, 나와 내 동생을 그 두 분께 맡기신 부모님은 안쪽 방으로 들어가셨다. 두 분은 자신을 선생님이라 소개했고, 나와 동생에게 아무거나 만들어 보라며 찰흙을 주셨다. 나는 토끼를 만들었고 내 동생은 종을 만들었던 것 같다. 그렇게 찰흙을 만지다가 부모님이 나오셔서 집으로 돌아갔다.

어느 이른 새벽, 부모님은 잠에서 덜 깬 나와 동생을 데리고 앞으로 우리가 다닐 학교에 가서(알고 보니 전에 갔던 그 학교는 '예비학교'였다) 입학식을 했다. 그렇게 해서 3학년이 되던 해 나는 꽃피는학교 학생이 되었다.

놀이와 수업의 경계 없이

몇 시부터 몇 시까지가 수업이었고, 하루에 몇 교시를 했는지 기억은 희미하지만 '힘껏 걷기'로 하루를 시작했던 것은 선명하게 떠오른다. 선생님, 친구들과 함께 매일 같은 장소를 걸었다. 선생님께선 힘껏 걷기가 친구들과 얘기하는 시간이 아니고 산책이 아니라고 강조하셨지만, 우리에겐 아침에 만나 서로의 안부를 묻고 어제 못 다한 얘기를 하는 산책이나 다름없었다. 그렇게 산책 아닌 산책, 힘껏 걷기를 마치고 돌아오면 강당에 모여 모두 원을 그리며 노래를 불렀다.

우리는 일상에서 늘 노래를 불렀다. 수업을 마칠 때도 노래를 부르고, 그날 하루를 마무리할 때도 역시 마찬가지였다. 그밖에도 교장선생님과 함께 합창연습을 하기도 했다. 특히 초등학교 때는 악보를 받지 않았기 때문에 노래를 다 외워서 불렀는데, 늘 부르다 보니 어느새 노래가 자연스럽게 내 안에 스며들었다.(악보를 나눠주는 중등과 고등에서는 노래 외우기가 오히려 더 힘들고 노래가 내 안에 자연스럽게 스며드는 것을 가로막는 느낌이었다.)

악보를 받지는 않았지만 노랫말을 공책에 적었다. 공책을 보면서 노래를 부르지는 않았지만 노랫말을 글자로 옮기고 음미한 덕분에 노래 부르는 게 훨씬 더 자연스럽게 내 안에 자리하게 된 게 아닐까 생각한다. 그 전부터 피아노를 좋아했던 것도 있지만 노래를 좋아하고 내 삶의 일부로 받아들이게 된 것은 학교의 영향이 컸던 게 분명하다. 노래 부르기뿐만 아니라 우리는 시를 암송하고, '발놀이'도 했다. 발놀이는 구구단을 외며 발로 자리를 옮겨가는 놀이다. 이렇게 아침열기가 끝나고는 그 밖의 수업과 쉬는 시간, 점심시간이 이어졌다.

초등과정 때는 수업과 놀이에 대한 경계가 없었다. 수업 시간도 그렇고 쉬는 시간에도 주로 몸을 움직이고 밖에서 뛰놀며 보냈다. 밖에서 뭘 하면서 놀았냐고? 놀 건 많았다. 사방이 자연이었기 때문이다. 비교적 찰지고 색깔 좋은 흙을 모아 쿠키를 만들고 꽃잎 장식을 하기도 했고, 학교 근처에 돌아다니는 나무판자를 주워 고운 모래를 만들기도 했다. 그리고 이것들을 사고팔았다. 돈은 분필돌에 붙어 있는 반짝이는 뭔가였다. 학교 근처에 많은 계곡이 있어서, 도롱뇽이 한창 알을 낳을 무렵에는 도롱뇽 알을 채집하기도 했고, 개미를 잡기도 하면서 그곳에서 실컷 놀았다.

노작수업이 꾸준히 이어지지는 못했지만 어떤 때는 한 사람당 밭을 배정 받아 농작물을 기른 적도 있었다. 그때 나는 토마토밭을, 한 친구는 딸기밭과 땅콩밭을 배정받았는데 그 친구가 어찌나 열심히 밭을 가꾸던지 마치 화원처럼 가꿔놓아 놀라기도 했다. 학교 축제 때 모두 모여 고구마를 캔 적도 있고, 밭에서 난 배추로 김장을 하기도 했다.

변산공동체학교의 윤구병 선생님은 훌륭한 교사이자 가장 획일적이지 않은 교과서가 바로 자연이라고 말씀하셨다. 내게도 그랬던 것 같다. 꽃피는학교를 통해 자연 속에서 이렇게 놀아야 할지 친구들과 자연스럽게 알게 되었고 나와 친구들은 자연 속에서 거리낌 없이 놀이를 만들어 놀았다. 놀 줄 안다는 것은 배울 줄 아는 것과 같다고 생각한다. 어린아이일수록 놀이를 통해 배우기 때문이다.

그리고 교실 안에서 이루어지는 수업에서 가장 내 안에 남는 건 배우는 방식이 독특했다는 것이다. 수업에서는 교과서를 전혀 사용하지 않았기에 공책에 뭔가를 쓰는 게 배움의 유일한 흔적이었다. 노랫말을 적고 글씨를 쓰는 것은 내게 그림 그리기와 같았다.

초등과정에서는 글씨를 네 가지 색으로 나누어 썼다. 우선 노란 줄을 긋고, 초성은 빨간색, 중성은 초록색, 종성은 파란색으로 나누어 초성과 중성은 노란 줄 위에, 종성은 밑에 써넣었다. 이렇게 색을 사용하여 글씨를

교과서를 쓰지 않는 수업

써서인지, 나는 마치 그림을 그리는 것처럼 글씨를 썼다. 거기에다 네모 크레용과 코끼리 색연필을 이용해 공책을 매우 정성 들여 꾸몄다.

나는 수업을 들을 때도 수업보다 오히려 공책에 신경 썼을 정도로 공책 꾸미기에 엄청난 열정을 쏟았다. 수학이든 국어든 영어든 내가 배움을 접하는 첫 걸음은 '공책 꾸미기'였다. 그리고 흐름꼴 그리기가 있었다. 우리는 그것을 포르멘이라고 불렀는데 직선만 그리기도 했고, 삐죽삐죽 곡선과 예쁜 꽃문양을 그리기도 했다. 이 역시 엄청 정성 들여 했던 기억이 있다.

다른 또래 문화 속에서 겪은 혼란들

이렇게 하루하루를 보내고 있을 무렵, 어느새 초등과정을 수료할 날이 다가오고 있었다. 간간이 들려오는 소리로는 중등과정을 기숙사 형태로 만든다는 말도 있었다. 나는 그 말을 듣고 '설마' 싶었는데 그 말이 그대로 실현됐고, 나는 6학년(꽃피는학교 중등과정은 4년제로, 6학년부터 9학년까지이다) 때 기숙생활을 해야 하는 제천의 중등과정으로 진급했다. 당시 꽃피는학교에는 중등과정인 제천과 유치·초등과정인 하남, 대전 이렇게 3개 학사가 있었고(2007년에는 부산학사도 생겼다), 초등과정 동안 각자 자기가 사는 지역에서 공부하던 아이들이 중등과정에서 모였다.

나는 2005년 꽃피는학교 하남학사의 유일한 5학년이었다. 그래서 한 학년 아래 아이들과 함께 수업했었는데, 중등과정으로 진급하고서야 비로소 '같은 학년' 아이들을 만났다. 사실 유일한 5학년이었다고 해서 크게 힘들었던 건 아니지만 지금 생각해보면 초등과정에서 '학년에 대한 소속감'이 없었다는 게 많이 아쉽기는 하다.

같은 학년이라는 그 애들은 대부분 대전학사에서 올라온 아이들이었는데, 그 분위기가 하남과는 사뭇 달랐다. 대전학사 친구들은 초등과정 때 연극수업이 있었다고 했고, 그래서인지 연극을 많이 하는 분위기였다. 제천에서도 그것은 변함없었고, 따라서 나도 자연히 연극을 접하게 됐다. 그 전에는 선생님이 지도하셔야만 하던 연극이었는데, 선생님 도움 없이 우리끼리 연극을 한다는 건 또 다른 느낌이었다. 재미가 있었다.

초등에서는 마냥 놀기만 했다면, 중등에는 학구적인 느낌의 무언가가 있었다. 오죽하면 초등 동생들이 중등에 가서는 형들처럼 열심히 공부하겠다는 말을 했을까. 그 밖에도, 시골에 있었음에도 많은 문화혜택을 주시려 노력하셨던 선생님 덕분에 제천에서 보낸 4년 중 가장 문화생활을 많이 했던 해가 아닌가 싶다. 그렇게 첫 해를 보내고 중등과정 두 해째에 접어들었을 때, 많은 신입생이 새로 입학했고, 특히 우리 학년에 새로 들어온 아이들은 재학생보다 그 수가 더 많았다. 그 전까지만 해도 전교생이 20명 안팎이었는데, 이제는 우리 학년만 해도 20명 정도가 된 것이다. 그렇게 되니 혼란이 일어나지 않을 수가 없었다.

제일 큰 혼란은 문화적인 것들이었다. 나만의 오해일지도 모르나, 소박함을 지향하며 몸에 좋은 음식을 먹는 '생태적인 생활'은 그 아이들로서는 당황스러웠나 보다. 나는 그들의 문화가 이해되지 않았다. 그 애들은 내가 생전 생각해본 적이 없는 것들을 말하고, 학교에서 하지 말라는 건 다 했다.(물론 나중엔 나도 합세했지만.) 서로 다른 환경과 문화가 겹치면서 그 전의 '학구적인' 분위기는 사라졌다.

우리 학년 여자애들을 모두 합쳐 기껏해야 12명 정도였음에도, 그 안에서 두세 모둠으로 패가 나뉘었고, 보이지 않는 서열의식이 존재했다. 그것을 깨려고 나름대로 노력도 했다. 모든 여자애들이 모여 '풀기(서로에게 속상했던 점들을 툭 터놓고 얘기하는 시간)'도 하고, 임의로 지정된 짝과 함께 다니기도 했다. 그렇게 일 년을 보내며 서로 다른 문화에 익숙해졌고 관계 또한 호전되었다 싶었을 때쯤(우리 관계는 많이 잠잠해졌지만 학교는 그렇지 않았다), 학교 사정으로 많은 아이들, 선생님이 학교를 떠나게 됐다.

그전에도 비슷한 일이 있었지만 그때는 아무렇지도 않았던 반면, 이번에는 타격이 컸다. 내가 많이 의지했던 담임선생님이 떠나셨기 때문이다. 우리 학년은 절반 정도가 남았고, 선생님들 대부분이 나가셨기에 많은 선생님들이 새로 오셨다. 나는 불안했다. 그리고 나를 표현하는 그 모든 것이 너무나도 싫었다. 남 앞에서 의견을 말하기도 싫었고, 아주 짧은 글이라 하더라도 내 생각을 요구하는 것들은 질색이었다. 심지어는 사진 찍히는 것도 싫었다. 하지만 이 기간에 얻은 것이 있다면, 바로 '학년간의 유대감'이다. 지금 생각했을 때 그 정도의 유대감은 다들 가질 법한 그것이지만, 그 당시로서는 놀라운 일이었다. 나는 그전까지 한 번도 우리 학년이 '하나'라고 생각해본 적이 없었기 때문이다. 여자애들과도 남자애들과도 더욱 가까워졌다.

그 다음해 우리는 수료반이 됐다. 수료반이 되자 내가 이 공간에서 지낼 시간이 일 년밖에 남지 않았다는 생각이 들었고, 이곳을 떠나야 한다고 생각하니 모든 것이 애틋하게 보이기 시작했다. 수료를 앞두고 나는 학교 주위의 모든 것들을 눈여겨보았다. 늘 걷는 길도 다시 한번 보면서 걷고, 찬찬하게 살피며 걸었다. 그 중에 기억나는 건 여름에 한가득 피어났던 개망초다.(나는 개망초꽃을 참 좋아한다.)

내가 9학년이 되던 해, 항상 우리보다 앞서 길을 나서며 우리를 이끌어주었던 언니들이 중등을 수료했다. 물론 언니들은 여전히 우리보다 앞서 길을 열어주고 있기는 하지만 더 이상 같은 공간에 있지는 않았다. 그래서 우리 학년은 처음으로 맏이가 되었다. 그와 동시에 '학생회'가 생겼다. 어찌어찌 하다 보니 부장을 맡게 됐고, 그런 과정 속에서 전보다 더욱 내 의견을 말해야 할 때가 많이 왔다. 여전히 나를 표현하는 게 힘들었지만, 이제는 그 낯설음이 가시고 있었다. 그러면서 중등수료 논문인 '온맺음글'을 쓰게 됐다. 내가 태어나서 써본 글 중 가장 긴 글이었기 때문에 부담이 됐고, 또 수료를 하기 위한 절차였으므로 잘하고 싶은 마음도 있었다.

중등과정을 수료하면서 거쳐야 하는 또 하나의 단계는 바로 한 해 마지막에 있는 '동지제 기획'이다. 그 준비 과정과 중등수료 논문이 겹쳐서 갑작스럽게 여유를 잃은 우리들은 예민해졌고, 싸우기도 많이 싸웠다. 진행이 빨리 안 된다고 서로 다그치고, 마음에 안 든다고 짜증내곤 했다. 다른 애들은 어떨지 모르겠지만, 이전에 나는 그만큼 내 의견을 말하고 또 다른 애들의 의견을 수용하기 위해 많은 대화를 나눠본 적이 없었다.

나는 우리가 동지제를 통해 '우리'를 표현하고 우리만의 특색을 드러냈다고 생각한다. 동지제는 그 해의 수료반이 기획하기 때문에 각 동지제마다 학년의 특색을 지니고 있기 마련이다. 바쁨 속에 준비한 중등수료 논문과 동지제를 마치고, 그렇게 중등을 수료했다. 그리고 두 명의 친구를 제외하고 모두가 고등과정에 진급했다.

배운 것과 삶 사이에서 느끼는 괴리감

고등과정은 초등과 중등, 지난 7년과 너무나도 달랐다. 일단 학사가 서울 시내에 있었기 때문에 지난 7년간 나를 감싸주던 자연이 사라졌고, 내가 그동안 '꽃피는학교다움'이라고 생각했던 그 모든 것들을 부정하고 있는 것만 같았다.

부드러웠던 명칭이 그곳에서는 딱딱했고, 늘 만들어 썼던 공책도 자기가 알아서 구입하라고 했다. 중등에서는 환경을 생각해 거의 틀지도 않았던 에어컨을 고등에서는 등교하자마자 틀었다. 아침마다 해맞이 기도는 보이지도 않는 해를 향해, 연둣빛 벽지를 보고 외워야 했다. 의식주 자생에 대해 배우면서 아이스크림이 간식으로 나왔고, 그 때문에 집에 가서 엉엉 울기도 했던 내가 그 다음날 아이스크림을 사달라고 조르기도 했다. 내가 이제까지 믿어왔고 중요한 가치라고 생각했던 것들이 흔들렸다.

아침 9시까지 등교해서 저녁 7시까지 내가 하는 일이라곤 하루 종일 책상에 앉아 있는 게 전부였고, 점점 학교가 의미 없는 공간으로 변해갔다. 초등과 중등 때는 그저 '좋다'는 생각이었는데 이제는 좋지도 않았고, 학교를 다니는 이유를 찾을 수 없었다. 이렇게까지 학교가 미워보긴 처음이었다. 나를 더 혼란스럽게 하는 건 강사선생님들이었다. 일부 선생님을 제외

한 모든 선생님들이 함께 생활했던 초등, 중등과는 달리 고등은 세 분 선생님을 제외하고는 모두 강사선생님들이셨다. 예전에는 선생님들이 먼저 중심 잡는 것을 도와주셨지만 이제는 오히려 우리가 강사선생님들께 학교를 설명해야 했다.

그동안 내 중심을 차지하고 있던 것들을 지키기가 어려웠다. 그곳에서의 배움과 내 삶 간의 괴리감이 크게 느껴졌다. 내가 꽃피는학교에서 배운 게 과연 뭘까? 내가 고등과정으로 진급한 것이 올바른 선택일까? 같은 학교를 너무 오래 다닌 건 아닐까? 끝없는 고민이 이어지는 가운데 자퇴를 고려하기도 했다. 그런데 과연 내가 학교를 벗어나서 할 수 있는 게 있기나 한 걸까? 나는 학교가 없으면 어찌할 줄 모르는 내 모습을 발견했다. 그래서 내가 그동안 아무 생각도 없이 학교에 다녔다는 것을 알았다. 내가 습관적으로 학교를 다녔다는 것을 깨닫자 또 다시 의문이 들기 시작했다. 내가 학교에서 스스로 해나간 건 무엇이 있을까? 과연 나는 내 배움의 주체인 걸까?

그래서 나는 이런 고민을 올해 학년수료 논문에 담았다. 작년에 쓴 온맺음글(중등수료 논문)은 아무 것도 아니라고 해도 될 만큼 힘들었고, 울기도 많이 울었다. 그리고 무엇보다 솔직한 내 마음을 털어놓는 것이 많이 힘들었다. 하지만 이를 통해 나를 표현하고, 내가 몰랐던 내 생각과 느낌을 알 수 있었다. 더불어 그동안 내가 꽃피는학교에서 배운 게 과연 무엇인지에 대한 의문도 풀렸다. 특히 내 배움을 돌아보는 과정에서 말이다.

생각해보니 고등과정에 진급하기 전까지는 이런 고민을 해본 적이 없었다. 어렸을 때부터 다녀서인지 학교 철학을 머리로 이해하기보다는 몸으로 받아들여 왔다. 늘 같은 환경에 같은 사람들. 학교는 내게 너무나도 익숙하고 편안한 곳이었다. 마치 집처럼.

그리고 나는 고등 진급에 대해서도 별다른 고민이 없었다. 이 때문에 한 친구가 고민하며 힘들어할 때도 나는 별다른 고민 없이 고등 진급 면담 때 '꽃피는학교가 좋아서'라고 말할 정도였으니 말이다. 이때까지 내가 고민을 하지 않았던 것은 아마도 너무 편안해서일 것이다. 고등에 진급하고서야 그런 고민을 한 걸 보면. 어쩌면 그동안 하지 않았던 고민을 올해야 하게 된 건지도 모른다.

이런 고민 때문에 많이 힘들긴 했지만 괜한 고민은 아니라고 생각한다. 이런 고민 없이 계속 편안하기만 했다면 앞으로도 나는 계속 학교를 습관적으로 다녔을 테니까. 올 한 해, 고등과정의 배움은 이 고민이라고 말하고 싶다. 한 대안학교 졸업생 선배는 내가 밟고 있는 곳에 대해 끊임없이 고민하고 생각하게 하는 것이 대안학교의 희망이라고 했다. 나도 이 고민이 내 희망이라고 생각하며 앞으로 나아갈 힘으로 삼고 계속 나아가보려 한다.

이제는 새로운 도전이 무섭지 않다

김장규 | 도시형 대안학교인 '꿈꾸는아이들의학교'를 졸업하고 진로탐색 프로젝트를 하며 새로운 도전을 준비하고 있다. jajang12@hanmail.net

내가 '꿈꾸는아이들의학교'(이하 꿈학교)에 입학한 지 어언 2년이 지났다. 사람 몸의 세포들은 2초에 한 번씩 분열하기 때문에 우리 몸은 2초마다 완전히 새로운 몸으로 탈바꿈한다고 한다. 그렇다면 2년 전의 내 모습과 지금의 내 모습 사이에는 얼마나 많은 '2초'가 있었을까? 그 2초마다 생각과 마음도 그만큼씩 자라났을까?

꿈학교에서 생활하는 동안 정말 많은 사람들을 만나고 많은 경험들을 했다. 이런 것들이 내게 어떤 영향을 주었는지는 아직 잘 모르겠지만 한 가지 확실한 건 꿈학교에서 보낸 2년의 생활은 앞으로 나에게 절대로 잊지 못할 보물 같은 추억이 될 거라는 것이다.

학교를 다시 선택하다

시골에서 태어나서 열심히 놀고 열심히 공부하던 나는 일반학교에서도 지극히 평범한 학생이었다. 그러다가 학교가 가기 싫어졌고 학교를 그만두고 서울로 올라왔다. 지금 생각해보면 그냥 단순히 땡깡과 어리광을 부려 학교를 나왔던 것 같다. 학교에 가기 싫은 이유도, 학교에서 나와서 어떻게 할지도 전혀 설명하지 못했으니까.

하지만 그때는 설명하지 못했어도 학교에 가기 싫었던 데에는 분명한 이유가 있었다. 나는 평가받는 입장인 게 싫었다. 학교에서는 집에서처럼 게임과 만화를 좋아하고 조용한 정서를 지닌 아이 그 자체로 인정받지 못했고, 어느새 1학년 5반 2번의 시험 점수 80점 정도, 영어는 잘하는 편이지만 미술과 체육은 좀 부족한 아이로 위치해 있었다. 학교에 나 같은 사람들은 여럿 있었고 나는 교복을 입은 그 수많은 학생들 중 하나로 살아가는 걸 견디기가 싫었다.

2년 전, 그렇게 시골에서 다니던 학교를 때려치우고 대책 없이 올라와서 뒹굴기만 하던 반 년 정도의 생활. 이제 노는 것도 질려버렸는지 언제부턴가 나도 모르게 뭔가를 하고 싶은 마음이 들기 시작했다. 새로운 사람들을 만나고 새로운 것을 시작하는 것을 그토록 싫어하던 내가 말이다. 어느 날, 엄마가 꿈학교에 대해 이야기해주었을 때 어렴풋하게 뭔가 새로운 시작의 가능성을 발견했던 것 같다. 그래서인지 이전에는 별로 다니고 싶지 않았던 대안학교를 별 거부감 없이 받아들였다.

2년 전, 꽤 추웠던 2월 어느 날 엄마 손을 잡고 면접을 보러 쫄래쫄래 난곡(서울 관악구 지역)에 갔었다. 그때까지만 해도 숫기도 장난기도 없었던 나는 그냥 조용히 난곡의 작은 건물로 들어갔다. 뭔가 생소한 분위기. 내가 생각하던 대안학교와는 사뭇 다른 느낌이었다. 어쨌든 그곳에서 처음으로 선정쌤과 은임쌤을 만났다. 그리고 학교에 대한 설명이나 내 소개 같은 걸 했다.

사실 그때는 '내가 마음에 안 들어서 입학을 안 시켜주시면 어떡하지?'라는 생각도 들었다. 지금 생각해보면 그때의 나는 소속감이 절실했기에 그저 어딘가에라도 들어가고 싶었던 것 같다. 좀 이상하기는 하다. 그런 소속감이나 규칙 같은 것들, 혹은 내가 싫어하는 사람들을 피해서 서울까지 와놓고는 결국 또 그런 곳을 선택했으니 말이다. 어쨌든 나는 대안학교에 입학했고 남들과는 조금 다른 청소년기를 보내게 되었다.

회의를 통해 학교의 문화를 만들어나가는 어려움

4월 7일이 입학식이었다. 얇은 점퍼 하나만 걸쳤으니 날씨는 꽤나 풀렸을 때였나 보다. 마구 날아다니는 풍선과 한 열 명 정도 사람들이 모여 있었다. 가만히 앉아 있으려니 할 일이 없어서 학교를 이리저리 둘러보았다. 작고 가정집 같은 학교여서 그런지 따뜻하고 아담한 느낌이었다. 친구 류지가 우리 학교의 첫인상을 '노란색'이라고 표현한 건 이런 느낌 때문이었을 거다.

학교생활이 시작되었을 때 시간표는 참 인상적이었다. 오카리나, 철학, 힙합… 쉽게 접할 수 없는 프로그램들이 일주일에 2~3시간씩 시간표에 있었기 때문이다. 나는 오카리나 수업을 좋아했는데 오카리나를 꽤 잘 불어서 나 자신도 많이 놀랐다. 특이한 시간표만큼이나 1학기 학교생활도 특이하고 재밌었다.

하지만 내가 입학했던 꿈학교가 결코 완벽했던 건 아니었다. 그 안에서도 많은 문제들이 생겼다. 우리 학교에서 가장 먼저 두드러진 문제는 출석 문제였다. 내가 처음 학교에 들어갔을 때, 등교 시간이 오전 10시까지였음에도 대부분의 학생들이 일주일에 반은 지각을 했다. 결석도 정말 많았다.

1학기를 마칠 때에는 처음보다 사람도 훨씬 줄었고 멤버도 바뀌어 있었다. 중간에 갑자기 사라지는 사람들도 있었고 얼렁뚱땅 학기 중간부터 함께하게 되는 사람들도 있었다. 물론 일반학교에서도 지각이나 결석은 아주 많지만 우리 학교에서 더 심각하게 두드러져 보였던 이유는 학교가 워낙 작은 규모였기 때문이다.

처음 학기를 시작했을 때 우리 학교 전교생은 15명 정도였다. 그렇기 때문에 한 사람의 지각, 결석은 다른 사람들에게 많은 영향을 줬다. 학기가 계속되고 다양한 사람들이 학교로 오면서 점점 학교 틀이 갖추어져갈 즈음. 우리 학교에서는 지각 문제를 비롯해서 많은 문제들을 해결하기 위한 '위원회'를 결성했다. 어쩌면 사소한 일까지 전교생이 모여서 몇 시간 동안 토론한다는 것이 시간낭비처럼 보일지도 모르겠지만 그 과정에서 나와 꿈 학생들은 조금씩 학교의 주체로서 책임감을 갖게 되었다.

물론 어려운 점도 많이 있었다. 모두가 적극적으로 나서서 의견을 공유하는 데도 한계가 있었고 토론 자체에 동의하지 못하는 사람들도 있었다. 회의가 그저 형식적이라고 느껴져서 의욕이 떨어질 때도 있었다. 아직까지도 그 문제들은 우리를 괴롭힌다. 여전히 우리 학교에서 회의는 어렵고 지겨운 시간이다.

하지만 우리는 위원회에서 우리 이야기를 했고 우리 문제에 대해서 토론했다. 그렇게 내린 결정을 지키는 것도 우리들이었다. 그것을 지켜나가는 과정에서 지각하는 사람에게 어떤 책임을 물을 것인가가 아니라 어떤 도움을 줄 것인지 찾아나가고, 학교의 문화를 만들어나가는 것이 아주 중요하다는 사실들을 머리가 아니라 몸으로 배울 수 있었다.

꿈학교는 공동체적 생활을 추구하고 우리가 모두 공동체라는 점을 강조하며 다른 사람들과 나누며 사는 삶을 가르친다. 하지만 꿈학교에 다니는 모든 학생들이 그 가치관에 동의하는 것도 아니고 그렇게 살지도 못한다. 나만 해도 지역사회라는 주제로 한 학기를 공부했다고 해서 꿈을 사회복지사로 정하지도 않았고 동물보호를 주제로 한 학기를 공부했다고 해서 채식주의자가 된 것도 아니니 말이다. 다만 꿈학교에서의 여러 경험을 통해 수많은 가치관을 접하고 또 많은 사람들의 이야기를 들으면서 그 안에서 생각을 키우고 신념을 세우는 일에 도움을 받은 건 분명하다.

꿈학교는 내게 어떤 결과물을 요구하지도, 시험이나 테스트로 나를 평가하려고도 하지 않았다. 어떤 활동을 통해 어떤 것을 얻을지도 오직 나에게 달렸다. 심지어는 학교에서 그냥 시간만 때우고 있어도 잔소리 몇 마디 듣고 말 뿐이다. 당연히 숙제를 안 하고 놀다가 다음날 혼나기도 하고 학교에서 배우는 것들이 지겹고 짜증나면 그저 친구들과 놀 목적으로 학교를 가기도 했다. 가기 싫은 여행을 투덜거리면서 가기도 하고 귀차니즘에 빠져서 대충대충 살기도 했다.

그렇지만 나는 그런 시간들 역시 나에게 필요한 시간이었다고 믿는다. 또 아무리 게을러져도 다시 시작할 것임을 믿고 그 믿음이 나태해진 생활을 이겨내는 힘이 되었다. 그리고 한 번 그 고비를 넘기고 나면 또 한층 내가 성장했구나 하는 뿌듯한 생각이 들곤 했다.

나를 변화시킨 여행학습

학교생활을 하면서 여러 가지 활동을 많이 했지만 그 중에서도 특히 여행은 나를 변화시킨 큰 요인 중 하나이다. 나에게 여행은 단지 또 하나의 가치관을 경험하는 것 이상의 의미가 있다. 여행은 지겹고 나태해진 일상에서 벗어나 또 다른 시작을 할 수 있게 해주는 에너지이며 새로운 많은 것들과 만나게 해주는 사건

꿈학교 모둠 수업

이었다. 여행을 통해 삶의 보람을 느껴보기도 했고 나를 돌아볼 수 있었다. 모든 여행이 나에게 다른 의미를 갖고, 또 일상을 살아갈 때에 매 순간 다른 의미로 다가온다. 그래서 나는 여행은 이미 다녀온 여행의 기억이든, 앞으로 할 여행이든 너무나도 소중하다.

꿈학교에서 가장 고생한 여행을 꼽으라면 단연 석모도 여행이다. 안 해본 사람은 모른다. 밤중에 잠도 안 자고 걷는다는 게 얼마나 혹독한 일인지. 설마 아무도 없겠지만 혹시 이 글을 읽는 사람들 중에 '밤에 걷는다는 게 얼마나 아름다운 일이냐. 별빛도 환하게 비추고 달빛에 반사되는 바다를 보며 조용히 걷는다는 게 얼마나 로맨틱해? 한 번쯤 해볼 만하지. 게다가 고작 20킬로미터 정도 걸은 걸 가지고…'라고 생각하는 사람이 있다면 현실을 일깨워주고 싶다.

일단 별빛 따위는 없다. 칙칙한 구름만 잔뜩 비를 내릴 준비를 하고 있을 뿐이다. 그리고 달빛이 비치는 바다 따위도 없다. 야생동물 시체가 듬성듬성 있는 시멘트 바닥에 지금 내가 걷고 있는 곳이 어디인지도 모를 정도로 우거진 숲, 그리고 주위에는 우리를 끊임없이 유혹하는 편안하고 아늑한 펜션만이 있을 뿐이다. 번개를 맞을 뻔하고 비에 홀딱 젖고, 길바닥에서 누워 자고, 새벽 3시에 먹은 달걀에 체하고, 뭐 이런 것들은 오히려 별 일 아닌 일에 속한다.

사실 정말 어려운 것은 그런 게 아니다. 그냥 졸리고 속은 안 좋고 추운 상황에서 계속 걷는다는 게 어려울 뿐이다. 그리고 끝이 어딘지 모르는 절망감? 뭐 그런 것들. 하지만 그렇게 힘들어서 기억에 남는 게 아닐까? 내가 힘든 여행을 좋아하는 이유 중 한 가지가 바로 이 때문이다.

당시 도보여행의 시작은 이랬다. 일단은 무슨 전망대 같은 곳에서 북쪽을 보고 솟대를 주제로 시를 한 편씩 적어서 김포대학에 걸어놓고 도보를 시작했다. 낮에 걷는 것은 밤에 걷는 것보다야 훨씬 편한 일이다. 최소한 내가 지금 어디를 걷고 있는지는 알 수 있으니까. 좀 다리가 아프다는 점을 빼면 일단은 할 만하다. 걸으면서 태준이 형과 비트박스나 원피스 얘기 등을 하면서 쫄래쫄래 걸어갔다. 한참을 걷다 보니 어느새 꽤 어둑어둑해져 있었지만 이때까지는 그다지 불안하지 않았다. 어둑어둑할 때 걷다 보니 좀 피곤하긴 하지만 강화도 선착장에 도착할 수 있었다. 선착장에 도착했을 때 이미 해는 없어져 버린 상태였다. 현숙 쌤이 그 자리에 기다리고 계셨다.

아침이랑은 비교도 안 될 정도로 추웠는데 조끼와 점퍼 하나를 더 걸쳐도 꽤 추웠다. 배를 타고 석모도로 들어갔을 때는 뭐가 뭔지 분간이 안 갈 정도로 어둡고 추웠다. 우리는 석모도를 찍자마자 쉴 새도 없이 바로 걷기 시작했다. 겨우 하루만에 벌어진 일인데 아침에 있었던 전망대의 일이 아주 오래전 일처럼 느껴졌다. 다시 걷기 시작하면서 2학기 때부터 길잡이 선생님으로 들어오신 소라쌤과 여행 오기 전에 내가 직접 만든 '100문 100답'을 했다.

얼마나 걸었는지 잘 모르겠는데 한동안 무서운 이야기도 하고 우연히 내가 다른 사람들도 놀래키고… 여러 에피소드가 생겼다. 새벽 1시 30분 정도 되면서 서서히 졸음이 오더니, 2시부터는 꾸벅꾸벅 졸면서 걷고, 2시 30분이 됐을 때쯤에는 다 길바닥에 너부러져 배낭을 베개 삼아 자는 사람들이 생겨났다. 결국 선생님들은 특단의 조치로 절 같은 곳에서 삶은 달걀을 먹고 30분 정도 취침을 할 수 있게 해주셨다. 하지만 30분을 자고 나니 일어나 걷는 것은 더욱더 어려웠다. 게다가 엎친 데 덮친 격으로 새벽 3시에 먹은 삶은 달걀이 체해 버려서 반쯤 죽은 상태로 걷기 시작했다. 재앙은 여기서 끝나지 않았다. 가면서 쏟아지는 엄청난 빗줄기는 석모도를 가라앉힐 작정이라도 한 듯이 내렸고 미친 듯 내리치는 번개에 우리는 떨리는 마음을 부여잡고 마구 걷기 시작했다. 그야말로 '생존'을 위해서 걸었다. 결국 먼저 뛰어간 선생님이 차를 몰고 오셨는데 그 봉고차 한 대가 어쩜 그렇게 구세주 같은지… 결국 우리의 파란만장한 무(無)박 2일의 석모도 여행은 그렇게 끝났다.

지금도 석모도 여행은 정말 힘든 여행으로 기억된다. 그리고 그렇기 때문에 정말 의미 깊은 여행이다. 한밤중에 함께 걸으며 했던 농담들, 모두 팔짱끼고 서로에게 의지하면서 걸었던 것, 쏟아지는 비와 번개에 다 같이 가슴 졸이며 걱정했던 일 모두 3년이 넘게 지난 일이지만 모두가 의미 있는 추억으로 기억 속에 남아 있다. 이 추억이 소중한 이유는 언제든지 다른 사람들과 즐겁게 그 이야기를 하면서 웃을 수 있기 때문이다. 정말 지겨운 이야기지만 뭐 어떤가, 그것이 내 이야기가 되면 세상에서 가장 재밌는 이야기가 되는 걸.

도전이 두렵지 않다

여행에 익숙해졌다고 생각했을 때, 나 혼자만의 여행을 계획했던 적이 있다. 지금도 기억에 생생히 남아 있는 여행이다. 여행 가기 한두 달쯤 전에는 돈만 있으면 자신 있게 다녀올 수 있을 거라고 확신했지만 여행이 코앞으로 다가왔을 때는 '정말 내가 할 수 있을까?'라는 불안과 공포가 엄습했다. 여행을 하면서도 그런 두려움은 계속됐다. 새로운 사람을 만날 때, 잠을 잘 때, 뭔가를 결정할 때도. 그저 배낭을 메고 돌아다니면서 내가 하고 싶은 여행이었는데도 매 순간 낯선 세상에 혼자 떨어진 어린아이가 된 것 같았다.

사람들은 누구나 새로운 일에 도전하는 것을 두려워한다. 일반학교를 나와 대안학교에 입학하면서 누구보다도 많이 두려워했던 사람은 바로 나였다. 꿈학교에 입학하고 난 뒤로도 나에게는 모든 새로운 것들이 도전이었다. 학기말 발표회, 나눔여행, 졸업, 그리고 지금 내 꿈을 찾아가는 이 시간도 나에게는 중요한 도전이다.

도전의 과정에서 마주친 많은 어려움을 해결해나가는 과정이 나에게는 배움의 시간이었다. 뿌듯한 성취감에 빠져보기도 하고 두려움과 부담감에 주저앉고 도망치기도 한다. 그렇지만 그런 도전들을 했다는 것, 또 다시 도전할 수 있다는 것에 감사한다. 새로운 도전 앞에서 소심해지고 우유부단해지곤 하지만 도전해서 실패하는 것과 지레 겁을 먹고 포기하는 건 다르다는 걸 이제는 안다. 특히 나 자신의 꿈, 진로를 찾아 계속해서 도전해야 한다고 스스로를 다그친다. 겁먹지 말고 나를 굳게 믿자고 마음먹으면서 말이다.

공동체 안에서
우리는 무엇을 학습했을까

이은수 | 하자작업장 학교에서 비로소 타인과 관계를 맺고 함께 일하는 소중함을 알게 되었다고, 왜 영상을 만들고 싶은지, 어떤 영상을 만들어야 할지 하자를 통해 찾게 되었다. 지금은 홍콩에서 문화에 대해 공부하고 있다. totototo27@gmail.com

피디가 되고 싶어 선택한 하자작업장학교

누구나 처음 새로운 공간에 발을 들일 때는 적응 기간을 거친다. 적응기를 마치고 나면 다시 이곳에 붙어 있을지, 아니면 다른 곳을 찾아 떠날지 고민하곤 한다. 초등학교 3학년 때 영국으로 갔다가 2004년 다시 한국으로 돌아온 나에게는 제도권 중학교의 3년 과정이 한국생활과 학교라는 곳에 적응하는 기간이었다. 3년을 그럭저럭 보낸 후 다른 곳을 찾아 떠나겠다는 선택을 했고 그렇게 해서 찾은 공간이 하자였다.

중학교 졸업을 앞두고 나름 진로에 대해 고민을 시작하면서 영화 같은 영상물을 좋아했던 나는 피디가 되겠다고 결심했다. 무척이나 막연하고 단순무식하게 내린 결정이었지만 그게 가장 편한 선택이었던 것 같다. 내용과 의미는 비어 있지만 방송국 피디라는 구체적인 이름을 가진 장래 희망은, 적어도 현재 내 앞에 놓은 수많은 길 중에서 하자작업장학교를 선택할 동기가 되었다. 어딜 가나 깊이 관계를 맺지 못했던 나는 보이진 않지만 항상 떠날 채비를 한 채 하자작업장학교의 길찾기 과정을 보냈다. 그때까진 오로지 나를 기준에 두고 무엇을 선택했고 외부의 어떤 것이 내 선택에 영향을 끼칠 거라곤 생각하지 않았다.

하자작업장학교의 길찾기 과정은 일종의 기초 코스이다. 6개월간 워크숍을 통해 영상, 디자인, 음악 등의 작업을 짧게 경험하며, 자신이 계속 해보고 싶은 영역이 무엇인지 알아보는, 말 그대로 '길찾기'를 도와주는 과정이라 보면 되겠다. 누구나 이 6개월 과정을 마치면 수료증을 받고 다음 과정인 주니어로서의 학습을 계속할지, 하자가 아닌 다른 곳에서 길을 찾을지 결정하는 순간이 온다. 나는 생각보다 빨리 길찾기 과정을 끝냈는데, 처음 하자에 와서 하려고 했던 영상 작업을 미처 다 해보지 못한 것 같아 주니어 과정을 시작하기로 마음먹었다.

동료들과 미친 일정들을 같이 소화하며

2007년 9월, 새롭게 만들어진 '캐치스코프'라는 영상 팀의 멤버가 되었다. 캐치스코프 활동을 하면서 나는 진정 팀의 구성원이 된다는 것이 무엇을 의미하는지, 팀 작업을 하려면 스스로에게 어떤 요구를 해야 하는지 알게 되었다.

첫 번째 팀 작업이었던 'Focus on: interview'는 우리가 직접 인터뷰하고 싶은 사람들을 선정해서 그들을 조사하고, 실제 이 영상을 보게 될 10대들에게 영감을 줄 질문 항목을 만들고 직접 인터뷰까지 하는 과정을 담고 있었다. 영상은 찍기만 하면 된다고 생각했던 초짜인 나에게 한 편의 영상을

하자작업장학교 모둠 작업

만들기까지 필요한 기획(수많은 회의와 토론), 촬영(세트 제작까지), 편집(보여줄 대상을 생각하며 전달하고자 하는 말을 명확히 하는 것) 과정은, 하고 싶다는 마음 하나 가지고 영상을 만만하게 봐서는 안된다는 것을 깨닫게 해주었다. 또한 이 만만치 않은 과정에는 끊임없이 코멘트를 던져주는 작업동료들이 필요하고 나도 그런 작업동료가 될 수 있도록 함께하는 작업에 자신을 던져 책임을 다해야 한다는 것을 배웠다.

주니어로서 첫 학기를 보내면서 나의 키워드는 책임과 소속감이었다. 하자에서 만난 '팀'이라는 공동체는 이전에 내가 겪어왔던 학교, 가족과는 굉장히 달랐고 낯설었다. 아침 10시부터 밤 10시까지 같은 방에서 매일 함께 시간을 보낸다는 점에서 가족, 가장 친한 친구와도 같은 친밀감이 존재했고, 무언가를 함께 탐구하고 공부하고 구체적인 결과물을 만들어내는 작업·학습 동료와도 같았다.

영상 팀으로서의 작업 이외에 하자에서 진행되는 갖가지 이벤트, 전교생이 참여하는 인문학 수업, 워크숍, 언어수업 등 미친 일정을 소화하면서 한편으론 개인 학습을 스스로 모니터하고, 서로 쓴말도 주고받는 작업동료로서의 역할에도 충실해야 했다. 이렇게 한 공간에서 같은 시간을 보내고, 함께 계속 생각하고 무언가 만들어내는 역동적인 한 한기를 지낸 후 나는 처음으로 소속감을 가진다는 게 어떤 건지, 그 안에서 내 역할, 책임, 열정을 알아가기 시작했다.

자신을 드러내기, 공동체에 나를 깊숙이 던져보기

첫 번째 모둠 작업을 무사히 끝내고 주니어 1학기를 마무리하는 시간이 다가왔다. 이때 영상방판돌(하자센터의 교사)이셨던 유리는 우리 각자가 개인 작업을 해보는 것이 좋겠다고 제안하셨다. 그래서 나는 첫 개인 영상작업으로 '그리고 문을 열었다'를 만들게 되었다. 이유는 잘 알 수 없지만 대개 처음 자기 영화를 찍거나 그림을 그리는 죽돌(하자에서 배우는 아이들)들을 보면 약간은 알 수 없는 추상적인 언어로 자신을 표현하고, '표현했다'는 것에 굉장히 큰 의미를 둔다. 나 또한 첫 개인 작업의 주제를 '표현'으로 정했고 그때 카메라는 나 자신을 들여다볼 수 있는 도구, 이전까지 무심했던 자기자신에게 다시 집중하며 스스로를 치유하는 하나의 도구였다.

주니어 수료와 더불어 8번째 개교기념을 준비하며 당시 수료생들과 이 '치유의 도구'에 대해 얘기를 나눴던 적이 있다. 그때 우리는 매체를 접하면서 자신을 표현할 수 있는 문을 열게 되었다는 점에 동의했었다. 하자작업장학교가 개교한 지 8년이 되었고 첫 졸업생들과 우리는 약 십 년의 나이 차가 있다.

나는 그들의 목소리와 경험이 담긴 10년 전 영상과 글들을 보면서 마치 하나의 투쟁 같다고 생각했고 한편으론 '어떻게 저렇게 대담하게 자신의 문제를 10대의 문제, 나아가서 사회의 문제로 인식하고 발표할 수 있을까?' 하는 생각이 들기도 했다. 나는 제도권을 나올 때 그것이 나 이외의 누군가를 대변하는 움직임이라든가 제도에 대한 고발이라는 따위의 생각은 하지 않았다. 중학교를 졸업하는 시점에 내 앞에는 여러 가지 길들이 놓여 있었고 그 중 하나가 대안학교에 진학하는 것이라고 생각했다.

학교에 다닐 때 나는 스스로를 어느 부분에서 특별하다고 생각했지만 그 특별함을 겉으로 드러내지 않았고 특이한 인간으로 보이고 싶지도 않았다. 약간 쿨한 척 하면서 누군가 말을 시키면 할 말이 있어도 격렬히 반응한다기보다는 그 말을 일부러 삼키며 '좀 내버려둬'라는 태도를 취했고 이것이 바로 나의 시크함을 유지하는 것이라고 생각했다. 이때 하자에서 접한 매체는 다시 한번 나에게 "너의 이야기가 뭐니? 표현해봐." 하고 말하는 것 같았다. 나는 그냥 내가 말을 안 할 뿐이지 한 번도 내 이야기가 없다고 생각해본 적은 없었다. 그런데 정작 하자에서 말을 시작하려고 하니 그게 뜻대로 되지 않았다. 일목요연하게 말하는 것도 안 됐고 내 말이 남들에게 잘 전달되지 않는 것 같았다. 말하지 않았던 지난 시간 동안 내 언어와 말하는 법을 잊었던 것이다.

나와 함께 2007년 3월에 들어온 친구들의 개인 작업들을 살펴보면 유난히 '내 방에서 나오다', '나 자신을 맞닥뜨리다'라는 말을 많이 했다. 우리는 '표현할 수 있기까지'의 시간을 중요하게 여겼던 것 같다. 다시 자신의 이야기에 집중해보고, 그것을 매체를 통해 표현하면서 우리는 각자가 겪고 있던, 일종의 '실어증 상태'를 치유했다고 말하려고 한 것 같다. 나 또한 첫 영상에 '그리고 문을 열었다'라는 제목을 붙이면서 스스로를 방 안에 고립시켰던 시간들에 대해 성찰하고 영상을 통해 그 방문을 열었다는 말을 하고 싶었다.

이전에는 늘 떠날 채비를 하고 있었기에 내가 시작한 일이나 관계 맺는 사람들에 대해 책임감 같은 것은 없었다. 영상을 접하고 팀을 만났던 주니어 1학기에 나는 비로소 어떤 공간과 사람들 속에 나를 연관시키기 시작했고 처음으로 관계 맺기를 경험했다.

캐치스코프와 보냈던 6개월이라는 시간 동안 나는 공동체 안에 깊숙이 나를 던져보았고 내가 다른 구성원들로부터 배우게 된 것, 나아가 하자 덕분에 얻은 이 경험에 감사하게 되었다. 그래서 다른 죽돌들에게 내가 배운 것을 나누고 싶었고 이 공간에서 영상을 배우고 사람들과 관계를 맺는 것에 대해 책임감을 갖게 되었다. 이제는 그저 내키는 대로 나가는 것은 무책임한 행동이라는 생각이 들었다.

다른 세상과 만나기
_우리는 무엇을 할 수 있을까

2010년 1월, 작업장학교는 버마와 태국의 국경지대인 태국 메솟으로 현장학습을 갔다. 그전 3개월 동안 진행된 '세계를 구하는 시인들' 프로젝트(예술가 임민욱, 시민운동가 하승창, 동네병원 의사 제너럴닥터, 조원규 시인 등 다양한 영역에서 꾸준히 활동하고 계신 분들을 강사로 초청했다)의 연장선 상에서 기획된 이 현장학습은 직접 국경지대에서 학교를 다니고 있는 버마의 십대들을 만나 교류하는 것이 목적이었다. 버마의 군사정부를 피해 태국 국경을 넘은 이들은 난민 신분 혹은 불법 이주노동자로 열악한 환경에서 생활하고 있었다.

태국에 갔을 때 우리가 직면한 상황은 여행을 준비할 때 예상했던 것보다 훨씬 더 어려웠다. 이야기를 너무 듣고 싶었고 하고 싶은 말도 너무 많았지만 양쪽 다 기본적으로 영어가 잘 안 됐다. 통역을 맡았던 나조차 통역하는 말들이 이해될 수 있을까 의심스러웠다. 내가 마주한 벽은 어려운 단어, 발음 등이 달라서 오는 언어의 벽이 아니라 문화적 차이에서 비롯된 것이었다. 때론 남들보다 더 잘 알아들을 수 있으니까 그곳의 분위기나 그곳 사람들이 궁금해하는 지점이 뭔지 더 빨리 파악하기도 했지만 때론 그들의 질문을 그대로 전달해야 할지 여러 번 망설였다.

예를 들어 버마 친구들이 "한국의 교육 상황은 어때?"라고 묻는 것은 자신들의 상황, 또는 버마 안의 상황과 비교할 수 있게끔 객관적인 정보를 궁금해하는 것이다. 하지만 그 질문을 그대로 전하면 하자 죽돌들은 자기 경험에서 비롯한 주관적인 이야기를 한다. 나도 그랬을 것 같다. 왜냐하면 우리는 이제껏 하자에서 자신의 개인적 경험을 중심으로 자신이 속한 사회를 연결시키는 연습을 해왔고 그것이 너무나 당연했기 때문이다. 그렇게 우리는 모든 문장의 첫 글자를 'I'로 시작했고 반대로 우리가 질문할 때도 그들이 'I'로 대답을 해주었으면 했다. 그러나 버마 친구들의 대답은 거의 항상 'We'로 시작했다. 그들은 우리를 지금까지 이곳을 방문했던 숱한 방문객 정도로 느끼는 것 같았고 우리에게 버마의 상황을 이야기하고 싶어 했으며 이 이야기를 우리가 더 널리 퍼뜨려주기를 바라는 것 같았다.

이곳에 오기 전 우리가 준비하고 기대했던 '만남'은 실제 상황에서는 달랐다. 그렇다고 우리의 기대만 내세울 수는 없었다. 대신 서로가 조금 더 개인의 경험과 이야기들을 꺼내놓을 수 있는 자리들을 기획해보았다. 영상팀, 공연음악 팀, 디자인 팀은 각각의 매체를 이용해 함께 하는 워크숍들을 시도해보기도 했다. 영상 팀은 청소년으로서 나눌 수 있는 이야기 중심으로 활동을 짰고 짧은 홍보물을 만든다거나 조를 짜서 단편 영화를 찍어 보는 식으로 여러 가지를 시도했다.

이 현장학습을 통해 소통을 원하는 마음만 앞서서는 안 되고 그 전에 서로에 대한 이해가 필요하고, 이야기를 들을 준비를 하는 것이 자기가 하고 싶은 말을 하는 것만큼이나 중요하다는 것을 배웠다. 또한 버마의 상황을 듣고 울컥한 마음에 섣불리 몸을 던지거나 혹은 바꿀 수 있는 힘이 없다고 좌절하지 말고 더 많은 사람들이 버마 문제를 알아주었으면 좋겠다던 그들의 마음을 진심으로 헤아리고 그들의 말에 귀 기울여주는 게 필요하다는 것도 알게 되었다. 그리고 한국에 돌아와서 우리가 들은 것들을 다른 이들에게 전달해주는 것부터 시작하면 되는 것이었다.

이렇게 태국으로 현장학습을 갔던 것처럼 하자에서는 세상과 직접 만나는 일을 많이 기획하고 그것을 통해 많은 것을 배웠다. 세계를 구하는 시인들, 시민문화 워크숍을 진행할 때도 책에 얼굴을 파묻는 공부가 아니라 우리 사회의 현장에서, 각자의 위치에서 꾸준히 활동하고 있는 분들을 만날 수 있었다.

이런 만남들을 통해 우리는 무엇을 학습했을까. 8개월의 전반부를 마무리하는 시점에서 우리는 해보면서 배우는 'learning by doing'을 실천했다고 말했다. 책이나 교과서를 통해서는 절대로 경험할 수 없는 이 배움은 일상에서 한 걸음 벗어나 우리와 동시대를 살지만 다른 공간에서 살아가고 있는 사람들을 직접 만나며 자신이 인식하는 현실의 영역을 넓혀가는 방식이다.

우리가 직접 태국 메솟에 가지 않고, 버마 청소년들과 친구가 되지 않았다면 그들이 우리와 동시대에 동일한 세상에 살고 있다는 것을 인식할 수 있었을까? TV로, 인터넷 기사로밖에 접할 수 없었다면 그들에게 연민

을 넘어 서로의 꿈을 지지하고 함께 일해보고 싶다는 마음이 들 수 있었을
까. 여행을 떠나기 전, 긴 시간을 준비했다. 그들의 이야기를 듣고 공감하
기 위한 마음, 우리가 해줄 이야기를 준비했고, 함께 고민해볼 수 있는 지
점에 대해 생각했다. 이런 만남을 준비하면서 이 세상에 함께 살아가는 사
람들과 공감하고 만날 수 있는 감수성을 기르고, 때론 마음먹은 일들을 해
나갈 수 있게 스스로를 단련해왔다고 생각한다.

어떤 영상을 만들고 싶은 거지?

주변에서 일어나는 일들
과 시대의 다양한 문제들을 의식하게 되면서 자연히 나뿐만 아니라 같
이 학습하고 있던 작업장학교의 많은 죽돌들은 '그래서 우리는 무엇을
할 수 있을까?'라는 질문에 부딪히게 되었다. 의욕만 앞서서 각 현장들
에 뛰어든다고 해서 내가 과연 도움을 줄 수 있는 사람인가? 이 질문은
자연스럽게 '내 손에 들고 있는 것은 무엇인가?' 하는 고민으로 이어졌
다. 3년 동안 흥미를 느끼고 하고 싶은 일이라 자부해왔던 '영상'이 이
제는 나만의 만족을 위한 도구가 아니라 이 세상에 참여할 수 있는 하
나의 도구로, 나와 사회를 이어주는 하나의 매체가 될 수 있다는 생각
이 들었다.

하자에서 나는 어딜 가나 카메라를 들고 움직였다. 'Save my city' 프로젝
트에서 도시를 탐사할 때도, 홍콩 창의력학교를 방문할 때나 태국으로 현
장학습을 갈 때도 처음에는 무언가를 기록촬영 한다는 게 어떤 의미가 있
을지 깨닫지 못했지만 꾸준히 카메라를 들다보니 점점 왜 기록을 하는지,
이 기록이 어디에 쓰일 수 있을지, 나는 어떤 것에 대해 기록하고 싶은지
스스로에게 묻게 되었다.

영상을 만든다는 것은 방안에서 상상만 주구장창 한다고 되는 것이 아니라 직접 현장으로 카메라를 들고 들어가는 것이 필요하다는 것도 알게 되었다. 나의 이야기를 말 대신 표현하는 도구라는 인식으로 카메라를 잡으면서 이것이 나만의 이야기를 넘어 같은 공간에서 살고 있는 다른 사람들의 이야기를 전할 수 있는 매체라는 생각을 하게 되었다.

"피디가 될까? 영화감독이 될까?"를 질문하던 나는 그동안 영상 방에 있으면서 조금 다른 종류의 질문을 하게 되었다. "어떤 영상을 만들고 싶나, 어떤 영상작업자가 될 것인가, 내 매체를 어떻게 쓸 것인가?" 하는 이 질문들은 내가 섣불리 대답할 수 있는 것은 아니지만 앞으로 계속 영상을 만들고 싶다면 계속 던져야 할 질문이라고 생각한다.

나는 하자에서 영상뿐만 아니라 다른 인문학 프로젝트, 시민문화 워크숍, 현장학습 등에 참여할 수 있었던 것에 정말 감사한다. 카메라 하나만 붙들고 있었다면 그것을 잘 조종하는 능력만 길렀을지도 모른다. 그러나 이 프로젝트들은 영상의 내용을 채울 수 있게 해주었다. 영상을 만드는 것을 '말하는 것'으로 본다면 상대적으로 하자에 있는 동안 말하는 것보다 듣고 관찰하는 시간이 많았다. 그리고 나만의 경험에 집중하기보다는 이곳에서 새롭게 사람들을 만나면서 '우리'가 경험하게 된 것들을 영상으로 만들어왔던 것 같다. 이때 우리란 나 그리고 나와 만난 사람들일 때도 있었고, 작업장학교일 때도 있었다.

내 영상을 다른 이들에게 보여주었을 때 그들이 내 이야기에 공감해주고 피드백을 해주는 것이 정말 좋았다. 사실 좀 무섭기도 했지만, 이 덕분에 나는 영상을 만들 때 '관객'을 고려하게 되었고 이는 참으로 중요한 경험이었다. 나는 나뿐만 아니라 우리에게 지금 필요한 이야기들을 담은 영상을 만들고 싶다. 관객의 '취향'에 맞춘 영상이 아닌, 내가 알아야 할 이야기, 우리가 알아야 할 이야기에 대해서 말이다.

　그러기 위해서 나는 영상이라는 언어로 세상을 말하는 작업자가 되려고 한다. 하자에서 꾸준히 해온, 타인의 이야기에 귀 기울이고 주변을 계속 관찰하며 들을 줄 알고, 사람을 만날 줄 아는 그런 작업자 말이다. 내가 하는 말들이 어떤 10대가 품는 장래 희망 정도로 읽히지 않았으면 한다. 나는 10대의 많은 시간 동안 실제로 하고 싶은 이야기를 직접 영상으로 만들며 보냈고 이 경험이 중학교 때 머릿속으로 몇십 편의 영화를 찍은 것과는 다르게 내 꿈에 현실성을 더해 주었다. 영상을 만드는 일이 장밋빛 미래를 보장해 주지는 않는다 해도 계속 영상을 만들 수 있을 거라는 자신감을 주었다.

하자는 나의 베이스 캠프

　　　　　　　　　　　　하자를 소개해달라는 요청을 할 때는 대개 이곳에서의 자기주도적 학습, 혹은 'Learning by doing' 경험을 얘기해달라고 한다. 왠지 하자작업장학교는 도시형 대안학교다 보니 다른 공동체 지향적인 대안학교와는 달리 더 개인주의가 더 강할 것 같고, 매체까지 다룬다고 하니 기가 세고 아티스틱한 십대들이 가득할 것만 같은 이미지가 강한가 보다. 자원과 정보가 풍부한 하자에서 자신이 하고 싶은 일을 하며 자기주도적으로 학습하는 십대를 기대하는 것 같다. 이런 생각들을 반박하려는 의도는 없지만 자기주도적 학습에 대해 언급할 때에 함께 강조되었으면 하는 게 또 있다. 3년간의 내 자기주도적 학습의 여정은 다름 아닌 커뮤니티, 작업공동체 안에서 완성되었기 때문이다.

　하자작업장학교는 그야말로 역동적인 '커뮤니티'를 경험시켜 주었다. 소규모로 세분화해서 팀 작업을 하다 보니 공동체(나는 아직까지 공동체란 말이 낯간지러워 영어식 표현 '커뮤니티'라는 말을 더 애용하지만)를 더욱 진하게 경험한 것 같다. 하자의 빡센 일정, 함께 보는 영화와 책, 그리고 항상 뒤따라오는 리뷰와 토론 시간, 스스로 쓴 학습계획서를 두고 서로에게 코멘트했던 시간들. 하자작업장학교에서의 경험은 이 세상에 나만 존재하는 게 아니라 같은 하늘 아래 수많은 사람들이 따로 또 같이 살고 있다는 것을 깨닫게 해준 과정이었다.

사실 아무리 열정 충만하고 뭔가 세상에 변화를 만들고 싶다는 포부가 득해도 혼자 모든 걸 하려다 보면 지치기 마련이다. 나는 충분히 자기주도적이면서도 다양한 사람들과 함께 일할 줄도 아는, 그런 사람이고 싶다. 하자를 졸업하며 이렇게 글을 쓸 수 있었던 것은 바로, 앞으로 무언가 해보자고 할 때 같이 해보자고 도모할 든든한 동료들을 미리 얻었다는 뿌듯함과 자신감이 있기 때문이다.

하자를 졸업한 지 일 년이 지난 지금 나는 홍콩에서 문화연구를 공부하고 있다. 홍콩에 있는 대학을 선택한 것은 아마도 지금껏 해온 선택 중에 가장 '자기주도적'이지 않았나 싶다. 홍콩이라는 도시와 문화를 열렬히 사랑하는 마음과 함께 하자의 홍콩지부를 만들어보겠다는 포부도 품고 왔다. 지금은 대학생활과 낯선 환경에 적응하느라 정신없지만 살면서 하자작업장학교 졸업생이란 명함은 어딜 가나 따라다닐 것 같다. 한 가지 분명한 것은 하자는 평생의 소신을 만들어준 의미 깊은 공간이자 커뮤니티며 항상 집과는 또 다른 나의 베이스 캠프라는 것이다.

해외 체험학습,
여행은 아직 끝나지 않았다

김혜민 | 제천간디학교에 있는 동안 학교를 그만두기로 여러 번 마음먹었다가 졸업을 몇 개월 앞두고서야 학교에서의 시간을 소중하게 생각하게 되었다. 졸업하기 전, 간디학교에서 보낸 6년을 정리하는 글을 쓰기 위해 열심히 자신을 돌아보고 있는 중이다. kimhm931@naver.com

내가 6년째 다니고 있는 제천간디학교에서는 해마다 학생들 중심으로 준비기간을 거쳐 외부 체험학습을 나간다. 지금까지 나는 중학과정 3년 동안 일 년에 한 번, 한 달 동안 '움직이는 학교'를 했고, 고등과정에 올라가서 4학년 한 학기 동안 준비과정을 거쳐 2학기에 필리핀으로 해외 체험학습을 떠났다. 이 밖에도 5학년 일 년간 인턴십 준비과정을 거친 후, 6학년 한 학기 동안 인턴십을 나가는 과정이 있다.

이 글은 6년 동안 경험한 여러 외부 체험학습 중 필리핀 해외 체험학습에 관한 이야기다. 그동안 나는 여행이 끝나면 좋은 것들만 기억하고 싶어서 여행 보고서나 후기에 항상 아쉬움과 불만들보다는 여행에서 좋았던 것들만 이야기했지만 이 글에서는 여행을 다녀온 후 아쉬웠던 것들 중심으로 이야기를 하려고 한다.

편한 여행, 그러나

필리핀 해외 체험학습을 준비하고 여행을 다녀온 지도 벌써 2년이 다 되어간다. 제천간디에서는 필리핀에 가기 전에 환경과 평화에 대한 공부를 하는 '평화 프로젝트 수업', 그리고 필리핀에 대한 기본 정보들을 배우는 '필리핀 준비수업'을 필수로 들어야 한다. 이 수업들을 이수하지 못하면 필리핀에 갈 수 없다. 물론, 대부분의 간디인이면 큰 어려움 없이 이수한다. 그렇게 첫 학기가 지나고, 두 번째 학기에 들어서 2~3주 정도 필리핀에서 지역주민들에게 보여줄 공연을 연습하고 선물도 준비하고 또 필리핀에 관해 정리한 자료집을 제작하고 기본적인 영어공부를 했다. 일주일의 가정학습을 마친 뒤 드디어 12명의 학생들이 선생님 두 분과 함께 필리핀으로 여행을 떠나게 되었다.

58일의 필리핀 체험학습 기간 동안 우리는 현지에 있는 간디센터에서 45일을 머물며 영어공부를 하고, 1박2일 섬 여행과 일주일의 긴 여행 등을 통해 필리핀 문화를 체험했고, 그 뒤 10일 동안 민다나오에 있던 트리하우스와 딸란딕 부족 마을을 여행했다. 우리는 58일이라는 길고도 짧은 여행 중, 절반 이상을 간디센터에서 보냈다. 그곳에서 지내는 동안 필리핀 문화를 다양하게 경험한 덕분에 나는 빠른 시간 안에 필리핀 문화에 적응할 수 있었다. 또 학교와 비슷한 분위기 때문인지 센터에서 만났던 현지 사람들과도 금방 친해져 센터에서는 큰 어려움이 없이 즐겁게 지냈다.

하지만 새로운 것에 대한 즐거움도 잠깐, '왜 굳이 필리핀까지 온 걸까?' 라는 고민과 함께, 센터 생활에 대한 불만들이 하나둘씩 올라오기 시작했다. 그런 생각이 들었던 몇 가지 이유 중에 가장 큰 것은 많은 비중을 차지하고 있던 수업시간이었다. 우리는 일주일의 절반 이상 영어수업을 받았다. 나는 영어를 못하는 편에 속했고 영어를 즐기는 사람은 아니었다. 하지만 필리핀에서 현지 선생님들과 하는 영어수업은 어느 곳에서 했던 영어수업보다 좋았고 영어가 재미있게 느껴졌다. 재미뿐만 아니라, 한 달이라는 시간 동안 꾸준히 영어수업을 받다 보니 아무래도 듣는 귀가 어느 정도는 열리는 것 같았다. 그렇기 때문에 외국에 간 김에 그 시간을 영어공부를 하는 좋은 기회로 쿨하게 받아들일 수도 있었지만 나는 아쉽게도 그럴 수가 없었다. 수업도 재미있게 했고 어느 정도의 결과도 있었는데 나는 왜 불만을 가졌던 것일까?

그냥 던져 놓으면 알아서 잘들 할 텐데

필리핀 체험 덕분에 영어에 대한 두려움을 많이 극복할 수 있게 되었지만 그렇게 된 건 사실 영어수업보다 현지 분들과 함께하는 프로그램 시간 때문이었다. 물론 센터에서의 시간 또한 많은 도움은 되었지만, 센터에서는 영어로만 말해야 한다는 규칙이 있었고 대화 상대가 영어선생님이다 보니 말도 안 되는 영어를 쓸까 겁이 나 입을 여는 것이 쉽지 않았다. 그렇기 때문에 그분들 덕분에 나의 두려움이 사라졌다고 보긴 힘들다. 더 확실한 계기는 짧은 시간 동안 필리핀 문화체험 차원에서 만난 분들 덕분이었다. 영어를 미국식으로 쓰는 분들은 아니었지만 굳이 영어가 아니더라도 악기나 놀이를 통해 서로 소통할 수 있는 방법이 많다는 것을 보여주셨다. 그 모습을 보고 나서 영어로 말해야 한다는 부담감보다 새로운 것들에 대한 호기심이 더 커질 수 있었다. 또, 우리에게 무언가를 알려줄 때 본인이 먼저 즐기는 모습을 보면서 언어에 대한 두려움 때문에 사람들에게 다가가지 못했던 나도 스스로 마음을 열고 그분들에게 다가갈 수 있었다.

필리핀 해외 체험학습에 관해 생각을 정리하며 이 글을 쓰기 전 우리가 공부했던 관련 자료들을 찾아보았는데, 그 자료들 중에 눈이 가는 대목이 하나 있었다. 그것은 바로, 필리핀에서 긴 시간 동안 영어공부를 한 이유가 생존 영어를 위한 것이었다는 사실이었다. 잠깐 동안 '내가 받은 수업들이 생존을 위한 영어수업들이었나?'라는 의문이 들었다. 개인적인 생각으로는 우리가 영어수업 시간에 배운 것을 실전 또는 생존에 써먹을 수 있는 시간은 얼마 없었던 것 같다.

우리가 만약 오랫동안 한 곳에 머물며 시원한 방에서 영어공부를 하지 않고 실전에서 부딪히며 공부를 했다면, 그 시간에 더 많은 것들을 경험할 수 있었다면 어땠을까? 그랬다면 나는 지금보다 영어에 자신감이 더 생겼을 것 같고, 필리핀에서 만난 인연들과 연락을 주고받기 위해 영어 공부를 더 열심히 하려고 했을 것 같다. 더 다양한 것들을 배우고, 직접 체험하고, 사람들을 만나는 시간이 길었다면 짧은 맛보기로 그치지 않고 더 많은 것들을 느끼고 깊이 있는 생각을 할 수 있었을 텐데, 그 시간을 책상에 앉아 너무 많이 흘려 보낸 게 아닌지 아쉽기만 하다. 짧은 시간의 문화 교류를 통해 만난 사람들에게서 오히려 더 많은 것을 느낄 수 있었는데, 긴 시간의 영어수업에서는 그런 것들을 느끼지 못했다는 생각 때문에 아쉬운 마음이 더 많이 드나 보다. 그때의 아쉬움을 담아 선생님들께 한 말씀 드리고 싶다. "그냥 던져 놓으면 알아서 잘들 할 걸요. 너무 걱정하지 마시고 풀어 놓으세요, 이왕 필리핀까지 간 거~."

나는 관광객일까

사실 필리핀에 갔을 때 나는 '우리가 한 학기 동안 뭘 배웠지?'라는 의문이 들면서 당황스러웠다. 학교에서 한 학기동안 평화와 환경에 대해 공부했는데 막상 필리핀에 와서는 어느 관광객 못지않게 좋은 시설에서 지내게 되면서 이건 아닌데 하는 생각이 들었다. 사실 처음부터 문제의식을 드러내지는 않았다. 처음에는 따뜻한 물로 날마다 샤워를 할 수 있고, 푹신한 침대에서 잠을 잘 수 있고, 시원한 에어컨이 있는 방에서 수업을 들을 수 있고, 맛있는 한국 음식도 먹을 수 있는 센터 생활을 즐겼고 그 편안함을 다행이라고 생각하며 마음껏 누렸다. 부끄러운 고백이지만, 오히려 날이 갈수록 선풍기를 고쳐 달라, 짐승들 소리가 너무 시끄러워 힘들다, 너무 더럽다 등 불만사항들을 늘어놓으며 더 편한 생활을 찾기도 했다.

나는 살던 곳처럼 느껴지는 익숙함과 편안함에 빠져, 내 속에서 올라오고 있는 문제점들은 살짝 덮어두었다. 그리고 그 편안함이 지루함으로 느껴질 때쯤에야 "우리가 여기까지 와서 이러고 있어야 해요?" 같은 말로 불만을 표현했다. 이것은 센터생활을 끝내고 시작된 여행에서도 마찬가지였다. 나는 '우리들이 하는 여행이 평화여행인가?'라는 주제로 친구와 고민을 나누기도 하면서 뭔가 알 수 없는 불편함을 계속 짊어지고 가야 했다.

우리는 58일 동안 간디센터에서만 지낸 건 아니었고 필리핀의 여러 지역으로 여행을 다녔다. 3박4일 동안 바콜로드 여행을 하면서 규모가 큰 축제를 보기도 했는데 나는 바콜로드 여행에서 느낀 바가 간디센터에서 생활했던 것과 비슷하다고 생각한다. 바콜로드라는 큰 도시에서 본 축제는 '마스카라 페스티벌'이다. 이 축제의 주제는 웃는 가면인데, 생활의 어려움으로 인생을 포기하기보다는 필리핀 국민들만의 낙천성으로 극복하자는 강한 의지가 담겨 있다. 축제에서 가장 화려한 것은 마을마다 준비한 춤 경연대회이다. 이 경연대회는 한 마을에서 한 팀씩 참가해, 같은 노래로 다른 춤들을 보여준다. 마을마다 온 마을 사람들이 동원되어서인지 공연들은 무척이나 화려했다. 우리는 입장권을 얻어 외국인 전용 좋은 자리에 앉을 수 있었는데 바로 앞에서 관람할 수 있어서 좋다 싶었던 마음도 잠시, 나는 앉은 자리가 자꾸만 가시방석처럼 느껴졌다.

대회 도중에 쓰러지는 댄서들도 있었고, 높이 올라와 있는 의자(내가 앉아 있던 의자) 때문에 대회가 안 보여, 의자에 올라오려는 현지 사람들과 들어오지 말라는 경호원들이 싸우는 모습이 곳곳에서 보였다. 그걸 보면서 그 대회는 모두 함께 즐기는 게 아닌 것 같아 축제를 즐기려던 마음은 싹 사라져버렸다. 결국 나는 그 자리를 빠져나왔고, 빠져나온 우리들에게 주어진 건 대형마트 구경이었다. 아마 내가 여행을 다니면서 느꼈던 불편함과 그 축제에서 느꼈던 불편함은 비슷한 기분일 것이다. 새롭기 때문에 흥미롭고 신나고 즐거웠지만 그뿐. 몸은 편했지만 불편한 마음은 여행을 하는 내내 떠나지 않았다.

또 다른 여행으로 우리는 보홀에 있는 에코마을에서 2박3일 동안 지냈다. 그곳은 가난한 농부들의 마을이었는데, 우리들은 그 마을에서 두세 명이 한 팀으로 홈스테이를 하게 되었다. 처음 마을에 도착했을 때 마을사람들은 자신들이 할 수 있는 최대한의 환영으로 우리를 맞이해 주었다. 우리들의 공연을 함께 즐겨주었고, 그 열기는 작은 마을회관을 가득 채웠다. 2박3일 동안 우리는 별다른 프로그램 없이 지냈다. 밭에 가서 잠깐 농사 체험을 해보고, 마을사람들을 따라 하루 종일 물놀이를 하고, 추석날이라 한국식 만두를 마을사람과 함께 만들어 먹었다. 그렇게 2박3일 동안 그들의 삶을 직접 보고 우리들의 문화를 알려 주다 보니 시간은 순식간에 가버렸다. 마지막 날이 왔고, 마을사람들도 우리도 눈물을 흘리며 서로의 아쉬운 마음을 담아 작별인사를 나누었다.

4박5일의 바콜로드 여행과 2박3일 보홀 홈스테이 여행, 이 두 가지 여행

필리핀 주민들을 위한 문화 공연

에서 느낀 것만으로도 58일간의 필리핀 여행이 다 설명될 것 같다. 짧았지만 보홀에서의 경험은 관광객이 아니라 그곳 사람들과 직접 뭔가를 나눈 귀한 시간이었다. 비유를 들어서 표현하자면, 나의 58일 여행은 많은 흰밥에 중간 중간 콩이 들어간 콩밥 같다. 흰밥은 바콜로드에서의 4박5일 같고, 콩은 보홀에서의 2박3일, 합쳐서 58일 여행은 콩밥! 이라고나 할까.

해외 체험학습에서 우리는 무엇을 얻을까

사실 나는 해외 체험학습에 큰 기대를 하지 않았다. 필리핀을 그때 꼭 가야 했던 것은 아니었지만, 친구들과 같이 가야 한다는 생각 때문에 무엇을 보고 배울지 뚜렷한 목표도 없이 그냥 학교선생님들이 들려주고 보여주는 사전교육을 받았을 뿐이었다. 작년 말, 학기말마다 있는 고등부

간담회에서 '필리핀 여행을 너무 평화여행으로만 한정짓지 말고 갔으면 좋겠다'는 이야기가 나왔다. 아마도 그 말은 '평화여행'이라는 주제에 집착하여 정작 여행에서 배울 수 있는 부분을 놓칠 수 있다는 뜻을 담고 있었을 것이다.

나 또한 그 말에 공감하면서 '왜 필리핀이라는 나라에까지 가고, 거기서 무엇을 봐야 하는 것일까?'라는 생각을 해봤다. 지금 생각해보면, 그런 많은 생각들은 여행을 갈 준비가 안 되어 있던 나 자신의 문제와 여행을 가기 전 우리가 공부했던 '평화여행'과 실제 필리핀에서 경험했던 것이 일관성 있게 이어지지 못한 것이 더해졌기 때문이었을지도 모르겠다. 막상 지내 보니 편한 생활과 어쩔 수 없는 외지인이라는 위치가 불편해지기 시작했고, '보홀 여행' 같은 시간들이 너무 짧게 배치되어 있는 것이 아쉽게 느껴졌다.

돌아온 후에야 다시 물어본다. '우리는 왜 해외여행을 가는 것일까?' 물론 해외로 나가면 한국에서 배울 수 없는 것들 또 그 나라만이 가지고 있는 고유한 문화도 경험할 수 있고 그 과정에서 생각의 폭도 넓어질 것이다. 하지만 오직 그런 것들만 바라보고 간다면 우리는 다른 관광객과 다를 것이 없지 않을까. 사실 우리가 원하는 여행이 뭔지 정확히는 모르겠지만, 관광여행이 아닌 것은 확실하고 배움이 함께하는 여행일 거라고 생각한다. 그게 아니라면 말 그대로 군이 해외까지 나갈 필요가 없다고 본다.

여행은 아직 끝나지 않았다

내가 보기에도 해외 체험학습을 통해 막혀 있던 시각과 생각들이 바뀌게 되는 것 같다. 나만 해도 외국에 다녀온 뒤에, '대안학교라는 곳에서 보호받고 있다'는 생각이 '내가 대안학교를 다닌 것에 자부심을 느끼며 최대한 이용하자'로 바뀌었으니 말이다. 당시 나는 여행을 갈 준비는 되어 있지 않다고 느꼈지만, 그 여행은 기회였고 내 삶의 터닝포인트가 되었다. 확실히 나뿐만 아니라 불만이 많았던 다른 학생들, 여행을 가서 이기적인 생활을 했던 학생들이 필리핀을 다녀와서 많이 성장했다는 것이 내 눈에도 확 보이니, 학교에서도 해외여행을 포기할 수는 없는 것 같다.

단점이 많아도 세 가지 정도가 너무 좋았기 때문에 열 가지 중 일곱 가지가 낭비일지 모르는데도 자꾸만 찾게 되는 것. 지금의 필리핀 여행이 딱 그렇다. 내가 여러 가지 문제를 느끼고, 필리핀 여행을 통해 많이 고민하고 힘들어했지만, 결국 나는 후배들에게 달콤한 세 가지를 알려주기 위해 필리핀 여행을 추천하게 된다. 만약 그 세 가지를 포기할 수 없다면 남은 일곱 가지를 고치려고 노력해야 하지 않을까. 사실 "고치려고 노력을 해야 한다, 이거 아쉬웠다, 저거 불만이다." 하며 떠들었던 나지만, 그럼 어떻게 하면 된다고 말하기는 쉽지 않다. 다만 돌아와서 학교 차원에서 각자의 경험과 문제의식들이 다음 여행으로 반영되지 못하는 것 같아 아쉽다. 나 말고도 다른 느낌과 아쉬움을 가진 친구들도 있을 것이고 그렇다면 더 나은 여행을 위해 서로 다른 생각을 나누는 일은 정말 필요하지 않을까?

사실 나 또한 이 글을 쓰기 전에는 '더 이상 고민해 봤자 이미 끝난 여행'이라 생각하면서 필리핀 해외 체험학습을 남의 일로 생각하고 잊고 있었다. 하지만 이 글을 쓰면서, '여행은 아직 끝나지 않았구나.' 하는 생각이 든다. 그리고 2년이나 지난 지금 이 글을 쓰면서야 비로소 나의 여행이 조금은 끝이 나고 있는 것 같다. 내가 느꼈던 점들을 그냥 묻어버리는 게 아니라 같이 이야기해보고, 더 나은 방법을 찾는 과정을 끝낸 후에, 나의 여행은 비로소 끝이 날 것 같다.

글을 끝내려고 하니 내가 이런 이야기를 할 수 있는 자격이 있는지 고민이 된다. 여행을 가기 전에도, 갔을 때도, 그리고 갔다 와서도 어떠한 노력도 하지 않은 주제에 툴툴거리는 것으로 보일지도 모르겠다. 하지만 '여행은 즐거워야 한다'는 단순한 생각 뒤에 꾹꾹 눌러 담아 놓았던 아쉬움들을 꺼내 이렇게 한바탕 여행을 까고 나니 내가 앞으로 여행을 한다면 무엇을 해야 할지 생각할 수 있게 된 것 같다. 이것도 필리핀 체험학습이 내게 준 선물이겠지.

우리들의 여행은 개인이 가는 여행이 아니라 함께 가는 여행이었다. 그렇기에 나처럼 여행을 끝내지 못한 사람들과 앞으로의 여행을 준비하는 사람들이 해외 체험학습을 더 고민하면 좋겠다. 아마 우리들은 이 숙제를 풀고 또 풀어야 할 것이다. 나의 여행은 끝났지만 우리들의 여행은 아직 끝나지 않았기에.

아무거나 해도 된다는 게 더 무섭다

김예인 | 간디청소년학교를 졸업하고 2009년에 하자작업장학교를 수료했다. 대학에 입학한 지 한 학기 만에 휴학. 여러 분야에 엄청나게 삽질을 해가면서 '어떻게 살 것인가?'라는 질문에 주력하고 있다. ititsit@gmail.com

도시가 그리워

서울에서 나고 자라 제도권 초등학교에 입학했던 나는, 전과를 보면서 학습지 풀고 숙제를 하는 평범한 학생이었다. 공부는 잘하지도 못하지도 않았고 가끔은 학교에서 맞기도 하며, 아침에 눈 뜨고 밤에는 눈 감는 똑같은 패턴을 반복하며 그렇게 지냈다.

세상에는 내가 다니는 학교만 있는 게 아니라는 걸 알게 된 것은 열 살 때 어머니가 사오신 책『세상에서 가장 재미있는 학교』(후에『창가의 토토』로 번역)을 읽고서부터였다.

노원구 상계동에서 갑자기 일진의 친구가 되어 동네를 어슬렁거리던(!) 일반 초등학교 6학년 여름방학, 어머니의 권유로 산청 간디학교의 계절학교인〈숲속마을 작은학교〉를 가게 되었다. 도시에서만 살았던 나에게 시골생활은 아주 생경한 경험이었고, 계절학교가 끝날 때쯤 이 학교에 다니고 싶다는 생각이 들었다. 제도권학교보다 비싼 학비도 부담스럽고 기숙사 생활 등에서 만만찮게 부딪힐 거라 생각했지만 막연한 불안은 기대감으로 상쇄하고 일단은 입학을 했다. 학교생활이 나쁘지는 않았지만 생각만큼 썩 좋지도 않았다. 내 성향상의 문제가 대부분이겠지만, 동기들과도 썩 잘 어울리지 못했으며 뭔가 학교에 발을 덜 딛고 있는 시간들의 연속이었다. 그도 그럴 것이 서울에서만 자라다가 '지방'이라는 새로운 환경을 접하며 자연 속에서 살아가다 보니, 또 다시 도시의 편리함과 친화성을 그리워하며 내 속에서 갈등이 일어났다.

그러던 중에 중2 겨울방학 때 어머니가 소개해준 하자작업장학교(이하 '하자') 예비학교에 가게 되었다. 우선은 '도시형' 대안학교라는 것이 마음에 들었다. 2년을 시골에서 지내다가 서울 영등포에 상경한 나는 신선한 충격을 받았다. 영등포라면 나름 서울의 핫 스팟이 아닌가! 그때까지만 해도 하자에는 제도권에서 탈주한 청소년들이 많았고, 활동적인 그들이 멋져 보였다. 그때 간디학교를 자퇴하고 하자작업장학교에 입학할 수도 있었지만, 소심한 성격상 환경을 자꾸 바꾸는 것은 불안을 가중시키는 일이었기에 그렇게 하지 못했다.

지난 3년을 떠올리며 허탈감과 아쉬움과 무덤덤함이 교차하여 눈물을 펑펑 쏟았던 중학교 졸업식. 그때쯤 동기들은 이미 진로를 정했지만 나는 평생 쉬고 싶다는 생각밖에 안 들었다. 선생님이나 동기들은 하자센터에 가라고 했지만, 그렇게 가는 건 꼭 휩쓸려 가는 것 같아서 입이 댓 발은 나왔던 시기였다. '홈스쿨=백수'로 혼자 앞날을 결정해두었지만 하자를 가라는 어머니의 강한 권유로 지원서 마감 하루 전날에 입학지원서를 냈다. 담임들과 면접을 보고 '입학 쇼하자'를 거쳐 2006년 봄학기에 작업장학교의 죽돌이 되었다.

쉽지가 않아

하자작업장학교는 '하고 싶은 일 하면서 먹고살자'는 모토로 2001년 9.11 테러 다음날 개교한 대안학교이다. 예전에는 '길찾기-주니어-시니어'라는 과정이 있었는데, 지금은 이전의 과정들이 없어졌고 '시즌2'라는 이름으로 초기의 작업장학교의 모양과는 조금 달라졌다. 작업장학교의 가장 큰 골자는 '자기주도적 학습'이라고 해도 과언이 아니다. 요즘은 약간 흔하게도 쓰이는 이 말은 말 그대로 자신이 주도적으로 학습을 하는 것이다.

신입생 과정에 준하는 길찾기 과정이 끝나면 주니어 과정이 되면서, 영상·글쓰기·공연·힙합·노리단·글로벌학교 중 한 가지를 선택할 수 있다. 그리고 학기마다 자신의 학습을 계획하고, 그 학습을 담임 판돌과 합의하여 계약하는 '학습계약서'라는 과정을 거친다. 일반학교로 비유하자면 작업장학교에서는 중간고사에 준하는 것이 학습계약서이고, 기말고사에 준하는 것은 '기말에세이'가 아닐까 싶다. 표면적으로 '학습계약'이 자기주도적 학습의 토대가 된다. 정말 학습계약은 '시작이 반이다'라는 말을 절감케 했다. 어떨 땐 계획을 세우는 단계에서 너무 힘을 빼, 정작 본론에 제대로 진입하지 못한다는 생각이 들었다.

또 어쩜 그렇게 내가 가는 곳마다 폐허인지, 길찾기 과정을 하면서 내부의 위기를 많이 겪었다. 지금도 어리지만 그땐 더 어려서 어떤 일에도 유연하게 대처하지 못했다. 정말 여러 가지 사건이 있었는데 주로 관계 문제가 대부분이었고 복잡한 감정싸움이 난무했다. 우리는 이런 문제들을 해결하기 위해 엄청나게 많은 시간과 공을 들여 이야기를 나누고 프로젝트를 열었다. 크게 성과가 있었다고 할 수는 없지만.

아무튼 앞서 말했듯이 내가 다녔던 때와 지금의 커리큘럼은 좀 다르니 오로지 이 글에 나오는 하자의 학습 과정은 내가 경험한 것에 한정된다는 점을 감안해주었으면 한다.

영상, 글쓰기, 미술, 힙합 등 다양한 작업을 하면서 "나는 지금 ~하고 있어"라고 말하기는 쉽다. 그 말은 순전히 허세거나 하자에 있을 수 있는 일종의 방어막이었을지도 모른다. 그렇게 말하는 이는 그 작업을 온전히 제대로 하는 사람일 수도 있고, 작업 뒤에 숨어 있는 사람일 수도 있다. 내 경우는 '글쓰기' 작업 뒤에 숨어 있었다. 사실 글쓰기를 지속시켜 나가기 힘들었던 가장 큰 이유는 다른 매체 작업을 하면서도 글을 꾸준히 잘 쓰는 친구들을 보면서 스스로 비교하고 절망했기 때문이었다. '저이는 자기 일도 잘 하고 글도 잘 쓰는구나. 그런데 나는 쓰는 것 말고는 없네.' 중편소설을 쓸 때도 생각보다 나는 별 재능도 없고 앉아 있는 재간, 즉 엉덩이 힘도 없었다.

그렇다면 왜 나는 하자에서 글쓰기를 할까. 단지 판돌들의 칭찬과 기대 따위에 으쓱하여 손가락을 놀린 것일까? 친구들이나 친척들이 '너 좀 쓰지 않니?'라고 물어보면 정말이지 너무 너무 창피했다. 대부분 내 글을 읽어보지도 않고, 상을 받았다는 이유로 내가 글을 잘 쓰는 사람이라고 생각하는 게 전부였으니까. 생각이 거기까지 뻗어가니 내 손가락을 믿기 힘들었다. '보여주는 글'에만 충실했지 나 자신을 위해 쓴 적이 없다는 걸 알았고 한 학기 내내 죽 고독하게 방황했다. 그러면서도 외부에서 들어온 작업이 있으면 마다하지 않았다. 그렇게 해서라도 '나는 ~한다'의 빈칸을 채우고 싶었던 것일지도 모르겠다.

'촌닭들' 성미산학교 공연

동료, 친구와 작업자 사이

주위의 우려를 무릅쓰고 2007년 가을에 '촌닭들'이라는 브라질리언 퍼커션 공연단에 지원했다. 하고 싶은 일에 제대로 고집부려본 것이 오랜만이었다. 대안학교를 선택한 것은 '하고 싶은 일'이었지만, 하고 싶은 일만 하다 보면 언젠간 그것이 하기 싫은 일로 변해버린다. '촌닭들'에서 활동하기로 한 것은 그 고민과 마음의 갈등을 해소시켜 주었고 내 결정이 만족스러웠다. 나보다 일 년 뒤에 입학한 친구들과 같이 시작한다는 것도 내게는 별로 문제가 되지 않았다. '촌닭들'에서 활동하면 필수로 참가해야 하는 '흉내내기 워크숍'과 『미래에서 온 편지』를 근간으로 공부하는 '연출카페' 모두 재미있었다. 그 프로젝트들에 담긴 내용과 의미도 좋았지만, 새로운 사람들과 새로운 것을 배우는 공기가 좋았다.

'촌닭들' 활동을 하는 일 년 반 동안 우리는 자작곡을 부르는 것도 아니고 밴드공연을 하는 것도 아니었기 때문에 "하자에서 음악한다"고 말하기에는 좀 애매했다. '매체학습'이라고 하기에는 다른 공연단들에 비해 무대에 서는 경험도 적었다. 악기 치고 노래하고 춤추고 워크숍도 꽤 했지만 오히려 공부나 회의를 많이 했던 것 같다. 그러나 모든 열매는 행위가 아니라 과정들에 있었다. '촌닭들'에서의 일 년 반은 하자에 있으면서 가장 즐겁고 괴롭던 때를 총망라하는 시간이었다. 초반에는 무대에 서는 것이 가장 중요했다면, 후에는 일상이 무대에 얼마나 적용될 수 있는지를 생각하게 되었다.

촌닭들에 들어가기 바로 전에는 좀 게으른 학교 밴드부의 모습을 상상했다. 하지만 '촌닭들'은 고교 밴드부와는 완전히 다른, 너무나 큰 운명공동체 같은 것이었다고 표현할 수 있겠다. '촌닭들'은 참여하는 이에게 굉장히 많은 열정을 요구했고 그만큼 잘 해야 했다. 공연과 워크숍으로 많은 사람들을 만나고, 많은 동네를 돌아다니게 되었다. 그 때문에 어딜 가더라도 "아, 그때 공연했던 팀!" 하며 알아보는 경우도 있었다. 주위에서는 '악기 치고, 공연 하고, 워크숍 하는'을 뛰어 넘는 촌닭들이 되길 바랐다. 사실 '촌닭들'의 모든 일정을 소화하면서 내가 붙들고 있는 공부를 지속하는 것은 고되고 지치는 일이었다. 그렇게 세 학기 내내 내 공부도 놓치지 않으려고 노력을 계속해왔던 것 같은데, 정작 팀 안에서 구성원들을 돕는 공부는 함께 하지 않았다.

예전에는 집이나 기숙사처럼 물리적인 공간에서 겪어야 하는 '함께 살기'에 피곤을 느꼈다. 하자에 왔을 때 더 이상 함께 살기라는 개념이 사라졌음을 알게 되었고, 대신에 '함께 하기'가 있다는 것을 알았다. '함께 하기'란 정겹지만 참 귀찮고도 힘 빠지는 일이기도 했다. 오래 앉아 있는 것에 익숙하지 않았던 나에게 하자에서 하는 '회의'란 정말이지 미칠 것 같은 자리였다. '촌닭들'의 멤버가 되면서 회의를 정말 많이 했고 집이 좀 멀다 보니 자정이 다 돼서야 집에 도착하는 일이 잦았는데, 매번 "회의 하다가 늦었어"라고 말하면 엄마는 거짓말하는 줄 알았다. 내가 엄마여도 거짓말이라고 생각했을 것 같다.

늘 같은 말을 반복하는 것처럼 느껴지는 회의는 참 힘겨웠다. 어떤 행사나 활동이나 프로젝트를 하더라도, '준비'와 '정리' 단계가 너무 길어서 핵심이 되는 일을 했다기보다 앞뒤로 긴 회의를 했던 기억이 더 많이 난다. 말이 길어질수록 오해가 생겨나고 이 때문에 동료들과 더 자주 부딪히고, 담임들과도 감정적으로 맞서게 될 때가 많았던 것 같다.(물론 후에 어떤 식으로든 풀거나 터지게 되지만.) 회의가 길어져 집에 늦게 들어가는 날이면 엄마에게 혼났고, 회의에 회의를 느낄 정도였다. '촌닭들' 안에서의 생활은 함께 지지고 볶기의 거의 완성판이었고, 나중에 가서는 이제 제발 혼자 있게 해달라고 외칠 정도였다.

그렇다고 그 시간이 의미 없고 힘들기만 했던 건 절대 아니다. 나는 하자에 들어와 동료라는 단어를 처음 알게 되었다. '동료'라는, 친구지만 친구를 넘어서고 같은 일을 하는 작업자지만 작업자가 아닌 이 애매한 간극을 어떻게 설명해야 할까. 같이 연습하고 공연, 워크숍, 회의를 하며 하루 종일 함께 있는 것이 동료라는 것일까. '작업', '열정'과 더불어 '동료'라는 단어 앞에서 나는 언제나 낯짝이 붉어지고 조금 부끄럽고, 그만큼 귀하다. 지금 사회에서 느끼는 '동료'와 하자에서 느꼈던 '동료'는 정말 다르다. 이 도시에서 일을 하며 동료를 만난다는 건 '자립 생산' 할 수 있는 자의 특권이기도 하고, 그만큼 짐스럽기도 한 것 같다. 한 가지 확실한 건 하자에서 동료로 함께 했던 우리였지만 내가 하자에서 가져간 것이 다르고, 친구가 하자에서 가져간 것이 달랐을 것이다. 그러고 보니 하자를 수료한 2년 반 동안 나는 이래저래 머리가 많이 굳어버린 것 같다.

성장, 그 씁쓸함에 대하여

일 년 전 봄, 줄곧 당연하고 고유할 것이라 생각했던 단어나 개념들이 여전히 땅에 발을 못 디디며 부유하던 때가 있었다. 넋이 나간 눈으로 옛 담임 모모와 꽤 긴 이야기를 나눴다. 그 때의 이야기에서 모모와 나 자신에게 계속 던졌던 질문이 기억난다. "왜 성장은 앞과 위로만 갈까요? 뒤나 아래로 가는 것은 성장이 아닌가요?" 하자에서 '쇼하자'를 보거나 에세이를 읽을 때, 항상 "이러이러한 프로젝트와 워크숍, 팀을 거쳐 나는 성장했다"고 말한다. 누군가 성장했다고 말하지만 내가 생각하기에는 별로 성장하지 않은 것처럼 보였다. 이런 생각을 하는 내가 더 이상한 건가? 자꾸 말장난만 만들고 있는 것 같았다. 그리고 시간이 지나 나 또한, 경험하고 성장하지 않으면 아무 의미 없다고 생각하고 있는 것 같았다. 자라는 쪽이 자라지 않는 쪽보다 나을 것이고, 더 나은 쪽이 낫지 않은 쪽보다 나을 테지만 왠지 너무 이상했다. 물리적 성장 말고 개인의 내적 성장에 대해 타인은 얼마나 관여할 수 있고 느낄 수 있는가? 성장했다고 굳이 말하지 않고, 성장한 모습을 전시하지 않고, 정말로 본인이 성장했다면 그 모습을 생활 속에서 자연스럽게 보일 수는 없을까?

나는 대안학교에서 '전시성 성장', '성장 종결' 따위의 성장강박증 같은 느낌들이 불편할 때가 있다. 있는 그대로의 모습을 보여주지 않는다는 께름칙함이 들기도 한다. 예를 들면 대안학교에 다니며 하고 싶은 것 하며 자유롭게 살아온 학생이 운 좋게 공부도 잘해 '명문대'에 입학하게 된다.

그러면 모두가 기뻐하고 칭찬한다. 반대로 졸업 후 대학에 진학하지 않고 다른 일을 하거나 아직 찾고 있고 있으면 주위 사람들은 어떻게든 압력을 넣거나, 스스로도 자신을 낮게 생각하기 쉽다.(내 스무 살이 그러했다.) 결국 지성과 젊음의 시발점은 대학일 수밖에 없고, "그래도 한국은 학력사회야!"라고밖에 말하지 못하는 것은 단지 제도의 탓일까.

자기주도적으로 망망대해 헤엄치기

이 글을 쓰는 지금은 2011년 봄이다. 주니어 과정 수료한 지는 2년이 지났다. 대학이나 사회에서 만난 사람들에게 내가 다녔던 학교를 설명하는 건 복잡하기도 하고, 때론 귀찮아서 '중학교는 지방에서, 고등학교는 영등포에서'라고 둘러 말하기도 한다. 내가 하자작업장학교에서 그토록 귀에 딱지가 앉게 들었던 '자기주도적 학습'도 어느덧 트렌드가 되었다. 영재교육연구소 홈페이지의 타이틀이고, 학습지 광고에도 자주 등장한다.

여기저기서 자기가 주도적으로 학습을 해야 살 수 있다고 떠드는데, 난 그 망망대해가 겁이 난다. 틀이 있지 않는 한 아무거나 해도 되고, 아무렇게나 할 수 있다. 그 '아무거나 해도 되는' 게 겁이 난다. 나는 염세적으로 변한 걸까? 사실 이 글을 쓰면서도 잘 모르겠다. 하지만 하자에서 있었던 기억과 배움들을 다시금 내면화시키는 건 여전히 중요하다고 생각한다.

이 글을 쓰면서 오랜만에 지난 시절을 다시 떠올리게 되었다. 점점 어떤 학교가 있었다는 원초적인 기억은 흐릿해지되 내 안에는 분명 말로는 다 표현할 수 없는 어떤 시간들이 있었다는 건 또렷하게 남는다. 하자가 워낙 변화가 잦은 공간이었던 탓에 그곳에 몸담고 있던 초기에는 너무 잦은 변화에 분개하던 시절도 있었지만, 돌아보면 나의 십대에 하자작업장학교라는 학교가 있었고, 그 속에 판돌과 죽돌 그리고 '내'가 있었다. 지금 나는 그것을 떠올리며 천천히 움직이고 있다.

이제는 기대하기보다 계획하고 있는 게 훨씬 낫다. 후회는 없다. 갓 태어난 새끼 송아지가 비적비적 일어서 걷는 것처럼 나 또한 그러했다가 이제야 무게를 가지고 온전하게 네 다리로 땅에 선 듯하다. 물론 여전히 불안해하고 속 좁게 굴 때도 있고 더러는 방정맞기도 하다. 그래도 지금까지의 학습과 만남, 관계, 사건사고들이 어떻게든 나를 자라게 했다. 정말 그게 앞으로 성장한 것일 수도 있고, 정말 다른 방향으로 가버린 걸 수도 있다. 한때 나는 바깥에서 하자를 처음 봤을 때 알게 되었던 신기한 단어들을 낡고 진부하게 느꼈다. 내가 퇴화한 것일 수도 있고 그만큼 그 안에 오래 있었기 때문일 수도 있다.

지금도 나는 여전히 '자기주도적 학습'이 되지 않아 전전긍긍한다. 항상 앞으로 무엇이 될지 모르고 우왕좌왕한다. 별 뾰족한 방법도 모르겠고 조금은 암담하기도 하다. 주위 사람들도 이야기한다. "네가 하고자 하는 게 있다면 지금 너는 그것을 위해 무언가를 하고 있어야 한다"고. 뭔가 그들의 기대에 부흥하지 못하고 있는 느낌이지만, 아직도 나는 딱히 "내가 이것을 한다"고 말할 수 있는 게 없다. 글을 썼고 음악을 했던 것처럼 앞으로도 글을 쓰고 음악을 할 수 있으면 좋으련만 솔직히 내 재능에 대해 크게 확신이 있거나 열정이 가득한 것도 아니다. 요즘엔 열정이라는 단어가 징그럽게 느껴지기도 하니까. 하지만 분명한 건 나를 증명할 수 있는 것을 평생에 걸쳐 찾는 모험을 하고 싶다는 바람이 있다는 거다. 하자에서의 경험을 잊지 않고 삶의 중심으로 잡아 나간다면 언젠간 내가 바라는, 평범하지만 괜찮은 어른이 되어 있지 않을까.

셋째 마당_진로

세상 속으로
뚜벅뚜벅 걸어 나가기

죄책감을 떨치고 연대로 경계 넓히기

정지윤 | 이우고등학교 1회 졸업생. 지금은 대학에서 심리학, 생물학을 전공하고 대학원 진학을 준비하고 있다. 이우학교의 지난 시간들을 솔직하고 담담하게 돌아보았다. zzwit@hotmail.com

이우를 만나다

2003년 3월, 나는 고등학생이 되었다. 그리고 5월, 부모님께 더 이상 학교를 가지 않겠다는 의사표시를 했다. 그 2개월은 참 길고도 짧은 시간이었다. 일반계 고등학교에서 느낀 것은, 아이들이 서로를 그저 '경쟁 상대'로만 여기고 있다는 것이었다. 성적은 물론 심지어 누구 부모님은 뭘 하고 집은 어디라더라 하는 것까지 꿰면서 서로를 깎아내리거나 짓밟느라 여념이 없어 보였다. 나도 어느샌가 그 사이에서 그런 이야기를 주고받으며 웃고 있었다. 참을 수 없었던 건 바로 그것이었다. 교실 안에 팽배해 있던 비뚤어진 경쟁의식의 원인을 나는 아이들을 대하는 학교의 태도에서 발견했다. 아이들의 그런 경쟁 분위기를 학교가 교묘히 조장하고 있음을 알게 된 것이다. 결국 학교를 그만두지 않길 원하는 부모님과 적정한 타협점을 찾아 그해 9월, 새로 개교한 이우학교에 입학했다.

행동하기

그러나 고민에 빠졌다. 나는 첫 발걸음을 내딛으며, 자율적 생활태도, 생태적 삶, 더불어 사는 삶 등 학교의 좋은 이념을 듣고, 이런 그림이 완벽하게 '완성된' 학교를 기대했다. 그러나 이우에 존재하는 것은 아무것도 없었다. 수업 종을 칠 것인가 말 것인가 하는 문제에서부터 통합기행의 목적까지, 모든 것은 백지 상태였고 나와 함께 입학한 아이들은 그것을 만들어가야 하는 의무를 지고 있었다.

9년 동안을 제도권 교육에 있었던 우리는 그런 상황이 낯설었고, 한동안 혼란과 무질서의 시기를 거쳤다. 그 시간 동안 많은 아이들이 힘에 겨워했고 뜻하는 대로 쉽게 상황이 변하지 않는 데에 실패감마저 맛보았다. 지금 돌아보면, 선생님들도 마찬가지였을 것 같다. 애들이 이렇게 독하고 못될 수 있는지 어쩌면 처음 아셨을지도 모른다. 그저 묵묵히 지켜봐주신 것이 감사하고 적절하게 폭발하실 수 있었음이 놀라울 따름이다.

학교생활은 무척 힘겨웠다. 당시의 불만족스러운 상황 때문이 아니고, 내가 이우학교로 전학 오기까지 지나온 과정에 대한 후회 때문이었다. 스스로 옳지 않다 여겼던 것들에 대해 어떤 것도 바꾸어보려 시도하지 않았고, 그저 도망쳐 나온 것이나 다름없다는 생각 때문이었다. 내가 이우에서 하려 했던 많은 것들을 왜 나는 일반학교에서는 시도조차 하려고 하지 않았을까? 이런 후회는 나를 점차 '행동하는 사람'으로 만들었다. 좀 난장판처럼 보일지라도, 이우에서는 뭐든 바꾸고 싶은 것은 바꿔야 하지 않느냐고 딴지를 걸어볼 수가 있었다.

행동하는 사람이란 거대한 일을 기획하고 행동하는 사람이 아니라, 내 주변 일에 능동적으로 반응하는 사람이라고 생각했다. 아주 사소한 일이라도 그 일의 중요성을 깨달았다면 주저 없이 몸을 투신하는 사람이라고 여겼다. 이를테면, '나와 내 친구들의 생활 터전을 위해서는 청소를 잘 해야 한다. 그런데 다들 청소를 하지 않는다. 우린 청소를 위한 회의를 열어야 겠다.' 하고 나서는 것.

함께

실제로 입학 초반에 청소를 위한 회의가 여러 번 열렸는데, 언제나 실패했다. 1학년 2학기 동안 언제나 교실은 지저분했고 우리들은 스스로의 수동적인 태도에 대한 자책감에 휩싸였다. 회의는 계속되었지만 실천이 잘 되지 않아서 모두들 실패감을 느꼈다.

그런데 2학년 1학기부터 뭔가 달라지기 시작했다. '어떻게 청소할 것인가?'를 스스로 생각하기 시작하면서 우리에게 가장 적절한 방법으로 조금씩, 아주 천천히 우리식 터전 만들기가 시작됐다. 청소뿐만 아니라 모든 부분에서. 물론, 눈으로 보기엔 일반학교 학생들의 태도보다 훨씬 번잡스럽고 부족해 보일지라도…. 그래, 난장판처럼 보일지라도 우리 식으로 시작했다는 데서 의미를 찾았다.

그리고 뜻을 같이하고 타인과 '함께' 하는 것이 큰 힘을 발휘할 수 있다는 생각, 함께라면 무엇이든 할 수 있을 거란 생각을 하게 되었다. 더 넓은 세상에서 내가 부조리하다고 여기는 것들을 뜻을 같이 하는 이들과 함께 바꾸어 나갈 수 있으리라는 자신감도 갖게 되었다.

진로 그리고 입시

진로를 결정하는 데는 그동안 학교에서 마련한 여러 프로그램 덕을 보았다. 여러 분야의 전문가들을 초청해 강연을 듣는 특강도 자주 열렸고, 패션 디자이너, 시민단체 활동가, 정신과 의사 등 다양한 분야의 직업에 대해 생생한 이야기를 들을 수 있었다. '인턴십 연구' 프로그램도 무척 도움이 되었다.(인턴십 프로그램은 자신이 희망하는 직업과 관련한 경험을 쌓고 이해를 높이는 것을 목적으로 하는 교과이다.)

나는 미술치료 분야에 흥미가 있어서 그쪽으로 방향을 정했고 도제수업이 불가능한 특성상 그룹 치료를 받는 형식으로 진행했다. 그래서 미술치료 분야의 인턴십 연구수업을 희망하는 아이들 아홉을 모아 한 그룹을 조직했고, 당시 서울여대 대학원 과정에 있던 미술치료샘님을 인터넷으로 알게 되어 8회기를 함께했다. 무더운 방학 내내 학교로 가는 길고 긴 언덕을 오르내려야 했지만 재미있어 힘든 줄 몰랐다.

고3이 되면서 입시가 성큼 다가왔다. 어찌 됐던 미술치료를 하려면 대학에 가야 했고 입시는 피해갈 수 없었다. 고3 학년회장을 맡고 있던 나는 "그냥 학교생활 마무리 하는 맘으로 열심히 지내고 안 되면 내년에 재수하지 뭐." 하고 스스로를 끊임없이 안심시켰으나 몸은 계속해서 문제집을 풀고 있었다. 학년회는 공부하는 아이들의 호응을 받지 못했고 나름대로 최선을 다했지만 곧 학교를 떠나야 한다는 아쉬움에 비하면 형편없는 것이었다. 그리고 개교 초반인 학교가 안고 있었던 문제에 대한 이야기도 불거져 나왔다. 특히 입시에 관해서 '우리식의 입시'가 어떤 것이 될지 아무도 예상하지 못한 터라 모두들 중심을 잡지 못했던 것이다.

대학에 가지 않기로 선택한 아이들 역시 힘겹기는 마찬가지였다. 대학 진학을 희망하는 아이들이 다수였고, 대학에 가지 않는 소수의 아이들은 소외를 느꼈다. 개교 후 9년째를 맞는 지금은 많은 것들이 자리 잡힌 것으로 알고 있는데, 이런 문제들은 신생 대안학교들에게는 언제나 있을 법한 문제인 것 같다.

학교를 벗어난 이들은 남들이 가지 않은 길을 갈 용기를 지닌 이들이 많

이우학교 축제 모습

을 것이라는 기대가 무척 부담스럽고 좀 이상하게 느껴지는 한 해였다. 내
가 이렇게 '대안적'이지 못한 사람인가 심각하게 고민했다. 남이 내 길을
먼저 간 적도 없거니와 앞으로 그렇게 될 일도 없는데. 대학에 진학하고자
노력한다는 이유로, 혹은 대학에 진학하지 않는다는 이유로 모두의 마음이
불편했다.

　나와 친구들, 또 지켜보시는 선생님들과 부모님들 모두 어떻게 어디로
가야 할지를 몰라 방황했다. 그렇게 지루하고 긴 날들이 계속되다 어수선
한 마지막 해가 절반쯤 지났을 때, 나는 연세대 1학기 수시에 합격했다.
혹시나 하는 맘에 이곳저곳 수시를 넣어보긴 했지만 되리라고는 생각하지
못했는데 자기소개서 반영 비중이 큰 연세대에 합격한 것이다. 기뻤지만
한편으로는 죄책감에 시달렸다. 이 죄책감의 정체는 나중에서야 밝혀졌다.

나는 그들과 다른데
어떻게 더불어 살 수 있을까

죄책감의 정체가 밝혀진 것은 대학에서 새로운 사람들을 만나면서부터였다. 술 마시고 노는 것이 아주 당연하게 여겨지는 것에 신나기도 했지만, 입시전쟁을 거치고 나와는 다른 삶을 살아온 그네들과 뜻을 같이할 수 있을까 하는 생각이 들었다. 나는 대학이라는 공간에서 대안적 삶을 계속해서 모색할 자신이 없었다. 고등학교 때 생각했던 것들이 더 이상 친근한 것이 아닌 상황에서 대안적인 삶이란 것이 과연 무엇일까에 대해 다시 생각해보곤 했다.

대학생활 동안 봉천동 어린이공부방 교사, 농민 학생 연대활동, 여성주의 세미나 같은 여러 활동에 참여하면서 이상한 느낌을 받았다. 그 어느 곳에서도 내 자리를 찾기가 어려웠기 때문이다. 봉천동 임대주택 아이들, FTA 체결을 반대하며 빗속으로 나선 농민들, 서울역을 가득 메운 비정규직 KTX 여승무원들, 심지어는 같은 학교에서 등록금 문제로 띠를 두르고 나선 친구들마저도 내 생활 속에 있는 사람들이 아니었다. 중산층인 대학생, 20대 초반의 여자인 나에게는 저 세상의 일들은 대문을 닫고 집안으로 들어오면 더 이상 나와는 상관없었다. 솔직히 내게는 첫 연애가 더 시급한 문제였다.

결국 연애는 시답잖게 끝나버리고 내가 있을 자리는 어디인가 하는 질문에도 이렇다 할 대답을 마련하지 못한 채 네덜란드에 교환학생으로 떠났다. 고등학교 졸업 후 3년이 지나서였다. "반성 자꾸 하지 말고 재미있는 것을 해!" 대학에서 뵌 조한혜정 선생님이 그러셨으니까, 왠지 데모랑은 가장 거리가 멀 것 같은 나라로 떠나버렸다.

내게 절실했던 건 바로
내 곁의 소소한 문제들

이우 밖에서 내 자리를 찾지 못하는 자신을 보면서 이우를 다닐 때의 고민이 다시 떠올랐다. 당시 시민윤리 수업의 일환으로 '성남시 재개발 프로젝트'라는 조별 활동을 했던 적이 있다. 성남시 공군 비행장을 다른 곳으로 옮긴다면 그 공간을 비롯한 성남시 구시가지 전반을 어떤 식으로 바꾸어 나가야 할지 방안을 모색하는 프로젝트였다. 프로젝트 진행을 본격적으로 하기 전에 성남시 구시가지를 답사하고, 성남시가 어떻게 개발되었는지에 대한 역사(판자촌 주민들의 이주, 무차별적인 개발 실태)를 조사했다.

당시 나는 계획도시로 출발했던 분당구에 살고 있었는데, 바로 그 분당구가 속해 있는 성남시나 분당과는 전혀 다른 분위기의 성남시 구시가지 모습은 대단히 충격적이었다. 이후 프로젝트를 열심히 수행하긴 했지만 '방문자'로 그 공간을 돌아다녔던 것에 대한 찜찜함은 꽤 오래 남았다. 아무리 열심히 고민하고 구상해서 '재개발'의 그림을 그려도 나는 그 재개발 공간의 사람들과는 다른 사회경제적 존재라는 생각이 들었기 때문이었다. 나는 그곳이 재개발되든 그렇지 않든 크게 영향받지 않을 사람이었고, 그곳에 사는 사람들의 진짜 생활 속 욕구는 알 길이 없었으니까.

반면 스스로 생활 속 주체로서 욕구를 절실하게 느낄 수 있는 공간은 따로 있었다. 이를테면 학교에서 수업 종을 칠 것인가 말 것인가 하는 문제에서부터 청소는 왜 이렇게 안 되나 하는 것까지, 이런 문제들을 푸느라 친구들, 선생님들, 부모님들과 함께 서로 원하는 걸 공유하고 의논하느라 시간 가는 줄 몰랐다. NGO활동이 수업으로 편성되어 있었고 매년 두 번씩 농촌봉사활동 등 학교 밖으로 나가는 다양한 활동들을 했지만, 학교 안에서 벌어지는 일을 스스로 해결해 나갔던 그 경험이 더 강렬한 기억으로 남아 있는 까닭은 바로 그것이 내 문제였기 때문이었다.

이우에서 한 발짝 떨어진 곳에서 나와 함께했던 친구들의 처지를 생각해보았다. 필요하다면 대입도 치러야 하고, 멋도 부리고 싶고, 연애도 하고 싶은 학생들이었다. 지금 돌이켜보면, 학교에서 유기농 식사를 하고 출자금을 모아 마련한 생협에서 문구를 사곤 했지만, 우리에게는 하교 후 생활이 따로 있었다. 분당에서 소비생활을 하고, 각자의 따뜻한 집으로 돌아가 자기 침대에 몸을 누일 수 있었다. 학교에서 배우고 느낀 가치들은 이상이었다. 몸에 배인 생활습관을 돌아보는 성찰과 노력, 부지런함이 필요했지만 거기까지 이르지 못했다.

딱히 특별할 것 없는, 보통 학생들이 이제껏 누려왔던 것과 아주 약간 다른 행복을 맛볼 수 있었던 곳이 바로 이우학교였던 것 같다. 시험 점수가 잘 나와 맛보는 기쁨 대신 남 다른 의미를 추구하는(어쩌면 맛보기에 불과할지 모르는) 생활에 초점을 맞추며 소소한 기쁨을 느꼈다. 또, 차근차근 대입을 준비하며 느끼는 성취감 대신 다른 활동을 기획하고 친구들과 함께 하며 '아 이런 것도 내가, 우리가 할 수 있구나!' 하고 성취감을 느꼈다.

다르지만 똑같이 연약해서 서로 연대해야 하는

대학에 와서 나는 이우에서 품게 된 '함께 사는 삶'의 희망을 싹틔울 바 없이 살고 있다는 생각에 우울한 해를 보냈다. 성남시 구시가지 재개발 계획을 세워 보았으나 실제로는 내가 분당구민이었던 것처럼 '교양을 쌓듯' 사회적 화두를 다루는 자신이 실망스럽기도 했다. 너무나 당연하게 사회적 약자와 나를 분리해서 생각하는 내 모습이 어느 정도는 충격이었다.

나는 고등학교 시절 "내가 이우에서 하려 했던 많은 것들을 왜 일반학교에서는 시도조차 하려고 하지 않았을까?" 하고 스스로에게 질문했었다. 그리고 이제 대학 고학번이 되어 "내가 세상에서 하고 싶었던 것이 무엇이었나?" 하고 스스로에게 질문해본다. '나'를 넘어 '우리'로 살아간다면 어떤 일이든 할 수 있을 거라는 희망을 품게 된 고교 시절을 거쳐, '우리'로 사는 게 쉽지 않은 일이라는 것을 알게 된 대학 생활을 보내고, 길에서 구걸하는 사람도 번듯한 아파트에 사는 네덜란드에서 공부를 마치고 귀국했다.

그런데 돌아와 보니 오랜 시간 함께 살아온 할머니께서 치매를 앓고 계셨다. 연대 심리학과에는 인지신경과학 분야 수업이 많이 개설되고 교환대학 역시 임상심리학(Clinical psychology) 쪽이 특화된 곳이어서 학문적으로는 접해볼 기회가 많았지만 실제로 치매환자를 본 것은 처음이었다.

그냥 밥이나 매일 같이 먹자는 심정으로 학교를 휴학하고서 할머니와 함께 살기 시작했는데 도대체 어떻게 행동해야 할지를 몰랐다. 그래서 세브란스 정신건강병원 치매병동에서 봉사활동을 시작했다. 치매병동에는 학벌이 높고 경제적으로 여유 있는 분들도 많았지만 다들 인지수준은 어린아이 정도였다.

심리학에는 의식(consciousness)이라는 개념이 있다. 그것은 나를 나로 만드는 특질을 의미한다. 어쩌면 그것은 인간이기에 가질 수 있는 모든 특성을 설명해주는 유일한 개념일지도 모른다. 바로 그 '나를 나로 만드는 특질'을 잃어가는 그분들의 모습을 보면서 내가 가지고 있던 중산층, 여대생, 20대라는 정치사회적 굴레를 넘어 인간으로서 타인과 연대해야 하는 이유를 알게 되었다. 인간이 한없이 연약한 존재임을 이해하게 되었고 공동의 목표인 '인간의 안녕'을 위해 끊임없이 투쟁해야 하는 위치에 있음을 느끼게 되었다. 그러고 나니 이제 내가 해야 할 일이 무엇인지 알 수 있었다.

어떤 가면도 아닌 나 자신으로서 타인과 연대해야겠다고 생각하게 된 것이다. 그리고 그 이후, 내게 이우가 어떤 의미인지를 비로소 깨닫게 되었다.

이우를 다닌 친구들이 다 그런 것은 아니지만 나의 경우, 성적도 그만그만했고, 대학도 비교적 잘 가고, 중산층 가정에서 자랐다. 이런 조건은 지극히 개인적이고 이기적으로 살기에 최적의 조건이다. 그런데 일반학교를 나와 이우에서 배울 수 있었던 것은 바로 '우리'로 살 때의 이상한 행복감이었다. 우리로 산다는 건 몸과 마음이 무척 불편하지만 동시에 행복한 것이었다.

알다시피, 경쟁하지 않으면 살아가기 힘든 세상이다. 이럴 때일수록, 감상적이기 그지없는 '약자에게 봉사하는 마음' 대신 '우리로 연대하려는 용기'가 중요하다. 사회적 약자를 돌보려는 마음은 누구나 가지고 있는 선한 씨앗이겠지만 그것을 틔워내는 것은 전혀 다른 일일 수 있다. 자신이 그 대상을 충분히 이해하고 그들과 공동의 목표를 두고 노력해야 하는 게 분명해질 때 뭔가 행동으로 옮길 용기를 갖게 된다고 생각한다. 이우는 그런 길이 있음을 내 마음속에 새겨준 공간이다. 어쩌면 부모님들, 선생님들에게도 마찬가지일지 모른다. 손가락으로 그 길을 가리켜주었다기보다는 앞으로 살면서 네가 발견해가라고 토닥여주었다.

이제 나는 스물네 살이고 아직도 내가 살아가야 할 날들은 엄청 많아 보인다. 그 중 가장 감수성이 민감한 2년 6개월 정도를 이우에서 보냈다. 이우를 졸업한 1기생들 중 비교적 모범생이고 좀 답답한 구석이 있는 내가 대학생활을 뒤뚱뒤뚱 보내고 대학원을 준비하는 동안 친구들은 다양한 길 위에 있다. 고등학교 때 진로탐색을 하며 이런 일을 하겠다 결정했다가도 다른 것으로 바뀌기도 하고, 대학을 다니다가도 그만두기도, 대학 진학을 하지 않았다가도 뜻이 있어 대입을 치르기도 한다. 앞으로 내 삶, 그리고 내 친구들의 삶 앞에 무엇이 기다리고 있을지는 모르지만 그 2년 6개월이 우리에게 남긴 것이 무엇인지를 앞으로도 계속 곱씹을 것 같다.

졸업 후에 찾아가면, 늘 익숙하면서도 해가 다르게 변하는 이우학교를 본다. 후배들은 어떤 생활을 하고, 어떤 이야기들을 나눌지 궁금하다. 아마 그 애들은 내가, 내 친구들이 발견한 것과는 또 다른 새로운 의미들을 함께 만들어가고 있으리라 믿는다.

흔들리며 피는 꽃

김바다 | 한빛고등학교를 졸업하고 현재는 대학원에서 철학을 공부하고 있다. 한빛고를 비롯한 모든 대안학교는 하나의 '답'을 제시하는 것이 아니라 답을 '찾아가는 과정' 중에 있다고 여긴다. 이 글은 5년 전 한빛고 생활을 되돌아 보며 쓴 글이다. against1318@hotmail.com

지금 '나'

흔들리지 않고 피는 꽃이 어디 있으랴.

이 세상 그 어떤 아름다운 꽃들도

다 흔들리면서 피었나니

흔들리면서 줄기를 곧게 세웠나니

흔들리지 않고 가는 사랑이 어디 있으랴.

〈흔들리며 피는 꽃〉_도종환

길쭉하고 마른 몸, 가난하기 딱 좋은 철학과 역사를 공부하는, 철없이

'흔들리기만' 하는 이십대. 그것이 지금 '나'다. 글로벌! 글로벌! 외쳐대는 학교가 지겨워, 학문이며 지성은 다 집어치우고 기업이 원하는 인재를 양성하겠다고 대놓고 광고하는 학교가 싫어서 학교를 쉬고 있는 요즘, 나는 늘 그렇듯 '흔들린다'.

시골에 계신 부모님께 욕을 잔뜩 얻어먹고 휴학을 했다. 시골에 계신 부모님은 매일 논밭을 전전해도 한 학기 등록금 벌기가 빠듯하시고, 몸에 힘은 자꾸 빠져나가니 아들이 명분 없이 노는 꼴을 보기가 답답하실 것이다. 작년 겨울 외부에서 운 좋게 장학금을 받게 된 이후부터 부모님께 철없이 '독립하겠다'고 큰소리쳐 정기적으로 받는 돈이 없다. 물론 정말 궁할 때는 부모님께 손을 벌리지만, 평소 나의 수입원은 강남 대치동의 으리으리한 아파트에 사는 '꼴통' 고등학생이다.

학생이 그렇게 싫어하는 '제2 코사인 법칙' 외우라고 지랄지랄하고, 이청준 『눈길』 읽어가며 속으로 '정말 좋다' 느끼면서 학생에겐 "치자나무 밑줄 긋고! 아래다 써! 객·관·적·상·관·물!"이라고 소리 지른다. 그래봤자 멍하게 앉아서 히죽 웃기만 하는 학생을 두세 시간 상대하고 나면 진이 다 빠진다. 당연히 공부하기 싫은 아이 붙잡고 '소귀에 경 읽기'를 하니, 지껄이는 사람도 듣는 사람도 피곤하다. 그래도 어쩌랴, 시골에서 뼈 빠지게 일하는 부모님께 염치없이 무이자 대출(?) 계속 받는 것보단 양심에 조금 찔리더라도 과외를 하는 것이 더 나은 것을….

휴학하고 나서 여러 가지를 해보고 싶었다. 사실 학교 안에만 들어가면 모범생 티를 못 벗으니 학교를 벗어나야만 할 것 같았다. 결국 바득바득 우겨서 학교를 벗어났고 내가 찾아간 곳은 '꿈터 공부방'이었다. 지난 여름 기말고사 기간, 우연히 학교에 붙은 공부방 전단지를 보고 여기다 싶어서 찾아간 곳이었다. 한편에서는 재개발이 한참 진행되어 아파트가 불쑥불

쑥 솟아오르고, 한편에서는 철거되길 기다리거나 아래쪽으로 내려와 나무 한 그루 없는 시멘트 바닥에 또 다른 시멘트를 올려 다닥다닥 자신들의 삶터를 꾸리는 사람들이 있는 하월곡동, 그 가운데 '꿈터'. 여름방학 몇 번의 연수를 받고 '자원교사'라는 그럴듯한 직함을 얻어낸 나는 매주 두 번씩 아이들을 가르치러, 더 정확히는 아이들과 놀러 '꿈터'에 간다.

꿈터는 흔히 말하는 공부방과는 조금 다르다. 수학 영어를 가르치는 학습지원의 형태가 아니라 소박하지만 아이들의 꿈이 머물 수 있도록, 꿈이 움틀 수 있도록, 꿈이 자랄 수 있도록 다양한 이야기를 나누자는 것이 바탕 생각이기 때문이다. 그래서 아이들과 생명과 평화에 대해, 차이와 차별에 대해, 노동과 평등에 대해 나누려고 노력 중이다.

이렇게 말하면 굉장히 거창해 보이지만 사실 제대로 된 교실 하나 없이 아이들과 둘러앉아 수업을 진행한다. 이라크 전쟁에 대해서도 이야기해보고, 해피밀 장난감 만드는 다른 나라 친구들에 대해서도 이야기하는, 말 그대로 '소박한' 이야기 마당이다. 사실 아이들은 내가 무언가 이야기해주는 것보다는 운동장에 나가 축구하고 달리기하고 연 날리는 것을 더 좋아한다. 아이들에게는 자신들이 신나게 뛰어놀 만한 공간도 그것을 지켜봐주는 누군가도 없으니 그런 공간, 그런 어른이 있다는 것만으로 참 재미있을 것이다.

아이들을 가르친다지만 사실 배우는 것이 더 많다. 동료 선생님들에게 또는 아이들에게 배우는 삶의 지혜는 강의실에서 현학적 단어로 아름답게 허공을 떠다니는 철학이나 역사보다 내 피부에 따끔하게 다가온다. 하긴 내가 좋아하는 한빛고 둘리 선생님이 그랬다. "선생이란 정답을 알고 있어서 알려주는 사람이 아니라 정답을 찾기 위해 부단히 노력하는 모습을 보여주는 사람"이라고. 나는 오늘도 둘리 선생님의 말을 되새기며 아이들을 만나러 간다. 아이들에게 내가 살아가는 모습을 통해 '무엇인가'를 전해줄 수 있을까 하는 생각이 머리를 스쳐가지만 내 몸을 누르는 게으름과 의지 박약은 늘상 나를 괴롭힌다.

다시 처음으로 돌아가서 스물한 살. 나는 대치동 아파트와 꿈터 사이에서 끊임없이 흔들린다. 모든 꽃은 흔들리면서 핀다는데, 나는 흔들리면서 줄기를 곧게 세우는 아름다운 꽃이 될 수 있을까? 어느 시인의 말처럼 꽃 피기는 쉬워도 아름답긴 어려운 것 아닐까?

나는 오늘도 쉼 없이 흔들린다

중3 겨울, 한빛이 아닌 지역 명문 순천고로 발길을 틀었다면 내 삶은 어떻게 달라졌을까? 수재란 수재가 다 모인 그곳에서 조금이라도 튀고 싶어 죽도록 공부를 하든지, 아예 삐딱선을 타든지 둘 중 하나였을 것 같다. 그 겨울 한빛이 왜 그렇게 내 마음을 차지했는지 모르지만, 부모님의 반대를 뿌리치고 기어이 한빛에 들어갔다. 자식 이기는 부모 없다더니, 고분고분했던 아들이 한빛 가겠다고 울면서 떼를 썼으니 부모님도 참 난감하셨을 것이다.

우여곡절 끝에 한빛에 가게 된 나는 순천고 대신 한빛고를 선택했기에 부모님을 비롯해 "한빛? 거기 어디야? 너 왜 순고 안 갔니?"라고 묻는 사람들에게 '뭔가'를 보여줘야겠다는 오기가 발동했다. 내 오기를 백 퍼센트 발휘할 수 있도록, 아니 더 넘치게 만들어준 한빛! 그곳은 내게 마르지 않은 영감을 주는 곳이었다. 한빛! 그곳에 들어간 순간부터 나는 항상 흔들렸고 나를 흔드는 바람은 한빛이 내게 던지는 화두들이었다. 한빛에서 만난 사람들, 한빛에서 있었던 일들 몇 가지를 소개하며 한빛이 나를 왜 그렇게 흔들었는지 설명해보겠다.

살며 공부하며! 한빛고 생활관

한빛에서 생활의 절반은 생활관에서 보낸다. 생활관은 '살며 공부하는' 공간이다. 생활관에서 벌어지는 온갖 일들, 청소, 빨래, 잠버릇, 심하게는 도난과 폭력까지 살아있는 공부를 하게 한다. 지금 와서 돌이켜보니 그것들이 참 많은 것을 내게 가르쳤구나 싶지만, 당시에는 말싸움부터 식구총회까지 끝없이 이어지는 회의에 '회의'가 들기도 했다.

생활관은 주위 사람들과 부딪히며 '무엇인가'가 형성되는 곳이다. '무엇인가'에 많은 것들이 채워질 수 있겠지만, 나는 소중한 친구들과의 '우정'과 '함께 사는 법'이란 화두를 채웠던 것 같다.

방 전면이 창으로 되어 있어, 밤이면 담양 땅의 쏟아질 듯한 별과 달이 보이고, 대숲 바람소리가 귀까지 다가오는 생활관 방에서 친구들과 소곤소곤 이야기로 밤을 지새우는 일이 얼마나 즐거운지! 친구의 연애(주로 고백했다가 퇴짜 맞은) 이야기, 가족 이야기, 미운 친구, 선배, 후배, 선생님 욕하기, 대학, 직업, 여행 이야기… 끝이 없는 깊은 밤의 수다! 철없던 우리들의 대화 속에 담겼던 순수한 꿈, 열정 그리고 그것을 함께 나눠준 소중한 친구들! 생활관에서 한 이불 덮으며 3년을 함께 살아온 친구들은 내 삶에 누구보다 훌륭한 스승이고 길잡이다.

그들은 지금 각자의 길을 찾아 어두운 길을 헤매고 있지만, 자신의 길을 찾으려는 치열한 노력과 우정을 담은 격려로 영감을 주고 있다. 소중한 친구들과 우정은 같은 교실에서 서로를 경쟁자로 의식하며 만들어진 것도 아니고, 지옥 같은 학교를 함께 미워하는 공감대에서 나온 것도 아니다. 그것은 생활관 취침시간 이불 속, 우리들의 순수한 부딪힘, 담양의 대숲소리 사이에서 피어난 아름다운 것이다.

열정을 함께 나눈 친구들

　　생활관은 든든한 친구들을 만들어준 곳이기도 하지만, 정말 얄미운 사람도 만드는 곳이다. 빨래줄에 걸린 팬티를 몰래 훔쳐가는 '추잡한' 놈, 잔심부름 시키는 '게으른' 선배, 도난사건 일으키는 '못 말리게 나쁜' 놈, 후배들 때리는 선배들이 생기는 곳도 생활관이다. 문제가 발생하면 한빛의 모든 식구들이 한자리에 모이는 식구총회 이야기 거리가 된다. 몇 시간 이어지는 토론에도 결론이 나지 않는 경우도 다반사다. 2학년 여름방학을 앞두고 도난사건의 범인을 잡아 두들겨 팼던 선배들과 폭력의 정당성을 문제 삼았던 나와 내 동기들의 논쟁은 꽤 오랫동안 한빛 역사에 기록될 것이다. 결론도 해결도 없는 문제들을 식구들 모두의 힘으로, 공개적으로, 토론을 거쳐 해결하려 했던 노력은 어떤 문제가 발생했을 때 은폐하려 하고, 권위자의 판단으로 결정하는 '비민주적' 현실을 살아가는 데 진정으로 훌륭한 경험이었음을 자부할 수 있다.

김창수 선생님 떠나시던 날

한빛에 입학한 지 아마 한 달이 조금 넘어서였을 것이다. 장미꽃을 받으며 입학한 한빛에서 한창 즐겁게 생활하던 우리에게 청천벽력 같은 소리가 들렸다. 베토벤 선생님이라 불리던 김창수 교장선생님이 학교를 떠나게 되었다는 것이었다. 우리들 사이에서는 이사장이 사퇴를 종용했다는 소문이 떠돌면서 김창수 선생님이 떠나는 것이 더욱 아쉽게 느껴지기만 했다. 결국 선생님이 떠나시는 날이 되었고 마지막으로 운동장에 모여 선생님의 말씀을 들었다. 다른 말은 하나도 기억에 남지 않는다. 단 한 마디의 말이 기억나는데, 그 말씀은 이렇다.

"여러분! 광야에 홀로 선 이단아가 되십시오!"

그 때 그저 '광야에 홀로 선 이단아'라는 말이 너무 멋있어 수첩에 적어두었는데, 어느새 인터넷상에서 내 이름이 되고, 내가 되고 싶은 어떤 상(像)으로 자리잡았다. 광야에 홀로 선다는 것이 어떤 의미인지 아직도 정확히 알 수 없지만, 고난의 땅인 광야에 외로이 홀로 선다는 것은 분명 고통스럽기 짝이 없을 것이다. 더군다나 이단아라는 것은 주류 흐름에서 벗어나거나 반항할 때 붙여지는 이름이 아닌가. 기업이 원하는 인재를 양산하는 대학에서, 토익공부 열심히 해서 삼성 같은 '좋은' 기업에 취직하라고 요구하는 사회에서 '광야에 홀로 선 이단아'는 어떤 모습으로 살아갈까? 여전히 세상을 보는 눈이 어둡고, 달려갈 용기가 없는 나는 머뭇거리지만, 수첩에 적혀 종종 떠오르는 그 말은 나를 쿡쿡 찌른다.

수업 거부를 결정하다!

2학년 가을과 겨울, 소문으로만 떠돌던 한빛의 제도적 문제들이 폭발하기 시작했다. 선생님들은 삭발을 했고, 단식도 했다. 선생님들의 월급은 정상적으로 지급되지 않았지만 우리들의 수업료는 일반 학교에 비해 두 배 이상 비쌌다. 우리들은 문제를 느끼고 있었지만 우리가 어떻게 해야 할지 갈피를 잡지 못하고 있었다.

그러나 겨울방학이 지나고 학교에 돌아왔을 때 들려온 사감선생님의 해직은 우리에게 너무 큰 충격을 주었다. 그때부터 우리는 회의를 하고 사감선생님을 지키기 위해, 더 크게는 학교에서 우리가 행복하게 지낼 수 있기 위해 무엇인가를 해보기로 했다. 복도에 모여 우리들의 의견을 교장선생님께 전달했다. 매일 점심시간마다 교장실 앞에서 구호를 외치고, 노래를 부르고, 사감선생님과 우리들의 행복을 지키기 위해 노력했다.

광주 시내에 나가서 우리의 상황을 알리기도 했지만, 어른들은 우리를 '선생님들이 동원해서 나온 철없는 아이들'이란 식으로 쳐다보았다. 한 달 넘게 그러다가 최후의 수단으로 3학년 총회를 통해 '수업거부'를 하기로 했다.

이미 1~2학년 후배들은 부모님들의 등교거부로 인해 학교에 없었다. 3학년이기 때문에 공부에 부담을 가졌던 우리는 학교에 남아 있기로 했지만 도무지 공부가 되질 않았다. 3학년들은 총회를 열어 선생님들과 우리의 행복을 지키기 위해 무엇을 할 것인가 이야기를 했다. 그리고 '수업거부'를 결정하게 되었다. 선생님들과 학부모님들의 반대가 있었지만 우리는 우리가 할 수 있는 모든 것을 다 하고 싶었고 그랬을 때 떳떳할 수 있을 것 같았다. 방법이 무엇이었든 우리가 할 수 있는 모든 것을 다 한 셈이었다.

비가 주룩주룩 내리던 초여름, 수업거부를 했지만 학교를 지키고 있던 내게 들려온 것은 이사장이 제출한 폐교 신청서였고 나와 친구들은 절망에 빠질 수밖에 없었다. 한빛고는 이사장의 개인 소유가 아니라 나를 비롯한 우리 친구들, 우리 엄마, 아빠, 선생님들, 한빛을 지켜봐주는 지역주민들 모두의 것임에도 불구하고 이사장이 신청한 종이 한 장 때문에 한빛이 폐교된다는 것은 너무나 큰 충격과 절망을 가져다주었다.

마지막으로 서울에서 전남 담양까지 한빛을 지키겠다는 마음으로 국토 순례를 한 아이들과 5·18을 맞아 광주에 온 많은 사람들에게 한빛의 문제를 알리기 위해 한빛에서 5·18 묘역까지 걸어갔다. 아침부터 일어나 담양 들판과 영산강을 건너 광주 망월동으로 갔다.

내리쬐던 태양 아래서 '바위처럼'을 부르던 우리들을 기다리는 것은 대통령을 지키기 위해 전국에서 동원된 전경들이었다. 우리는 고위 관료들이 있다는 신 묘역으로 들어가려 했지만 우리를 둘러싼 것은 검은 전투복과 헬멧 그리고 곤봉을 든 전경들이었다. 전경들에 둘러싸이며 내가 느꼈던 두려움, 공포, 눈물⋯ 결국 우리는 신 묘역 안으로 들어가지 못하고 밖에서 우리의 목소리를 낼 수밖에 없었다. 그 목소리는 하늘로 올라갔지만 누구의 귀에 들어갔는지 알 수가 없었다.

결국 우리는 학교에 돌아와 학교를 지키기로 했다. 그 당시 내가 느꼈던 자신의 무력함과 세상의 부조리는 여전히 마음 속에 자리 잡은 자욱한 그늘이다. 하지만 그 속에서도 부조리를 극복해보자는 선생님들의 열정, 노력 그리고 우리가 스스로 소중한 것들을 지키기 위해 노력했던 순간들은 다시 배울 수 없는 가르침이 되었다. 매일 밤 우리들 사이에서 벌어졌던 논쟁들, 서로의 아픔을 달래지 못하며 터트렸던 눈물, 많은 사람들의 의견을 모아서 함께 가려 했던 노력과 고민은 내 인생에 큰 자양분이 되었다.

한 가지 자부하는 것은 그 당시 많이 괴로웠고 울기도 많이 울었지만 분명 행복하고 재밌는 일이 더 많았다는 것이다. 같이 노래 부르고 율동을 짜고, 성대모사를 연습하고, 괴롭고 힘든 일들을 즐겁고 재밌게 해보려는 우리의 노력은 화살처럼 지나가버린 봄과 여름의 기억을 즐겁게 떠올릴 수 있게 해준 가장 큰 원동력이다.

수능을 앞두고 두려움에 떨던 나

수업거부를 마치고 학교에 돌아온 나는 말 그대로 미쳐 있었다. 수능이 여섯 달도 채 남지 않았기 때문이다. 남들이 죽도록 공부하고 있을 때 우리는 수업거부를 했었고 그렇다고 지금까지 남들보다 더 공부를 많이 해온 것도 아니지 않는가. 왜 그랬는지 모르지만 그때는 막연히 수능을 잘 봐야 한다는 불안감이 나를 감싸고 있었다.

순천고에 가지 않은 나의 선택이 옳았다는 걸 입증하기 위해, 수업거부는 했지만 그래도 '할 건 다 했다'는 사실을 보여주기 위해 공부를 시작했다. 전일(專一)이라는 글씨를 책상 앞에 붙여 놓고 밤낮으로 공부만 했다. 순천고보다 한빛이 낫다는 게 왜 수능 성적으로만 증명되어야 하는지, '할 건 다 했다'라는 것이 왜 수능 성적으로 보여져야 하는지 고민도 했지만 다른 방법으로 보여주는 것이 어려웠고, 다른 방법을 실행할 용기도 없었다.

사실 나는 고3이 되던 겨울방학 노량진 학원가 고시원에서 입시학원을 다니며 공부했었다. 명색에 대안학교를 다니는 학생이었지만, 나의 생각과 삶은 전혀 대안적이지 못했고 오히려 어떻게 하면 이름난 대학교 간판을 딸까만 고민하고 앉아 있었다. 전전긍긍하며 '내 목표는 서울대 사회학과'라고 끊임없이 암시를 걸며 내 자신을 수능 노예로 만들었다. 나는 대학에 와서 노량진 학원에서 공부했었다는 말을 어떤 친구들에게도 하지 않았다. 왜냐면 나는 한빛을 졸업했고, 소신 있는 사람이어야 했고, 순수한 사람이어야 했기 때문이다. 하지만 난 한빛을 졸업했어도 순수하지 못했고, 소신이란 것은 늘상 주위 말들에 휩쓸려 다니기만 했다. 결국 다가온 수능 날, 운이 좋았던지 수능에서 나름대로 괜찮은 성적을 얻었고 그래서 지금은 나름대로 힘깨나 쓴다는 대학의 간판을 얻었다. 어른들은 내게 많은 관심을 보이기도 한다. 명품은 아니지만 그래도 백화점에 진열할 만한 상품은 되어버린 것이다. 종종 신문사에서 고등학교 때 공부 어떻게 했냐고 묻는 전화가 온다. 자식을 뭔가 특별하게 만들고 싶은 치맛바람 아줌마들에게 나는 '꽤 괜찮은' 하나의 케이스이기 때문에 기사거리가 될 수 있는 것 같다는 생각이 들었다.

나는 자유롭고 싶었고, 의연해지고 싶었다. 윤동주 싯구처럼 "죽는 날까지 한 점 부끄럼 없는" 사람이 되고 싶었다. 하지만 난 속물이었고, 지금도 속물이다. 겉으로야 좋은 말, 바른 말 나불나불 대지만 그것을 지키고 살아갈 용기 없음에 좌절하고, 고개 숙인다.

Da Capo

　　　　　사실 한빛이 나의 전부인 것으로 느껴지던 때가 있었고, 내가 한빛을 졸업했다는 것만으로 오만해하던 시절이 있었다. 하지만 이제야 조금씩 알아가고 있다. 한빛은 나를 흔드는 바람일 뿐 결국 흔들리는 것은 '나'이며, 흔들리면서도 똑바로 걸어가는 가는 것도 '나'라는 것이다.

내가 정말 좋아하는 배수홍 선생님은 졸업하는 우리에게 이런 말씀을 들려주셨다. 소금은 자기가 나고 자란 바다를 그리워하지 않는다고. 어느 집 김치독에서든 아니면 누구네 신혼집 찌개그릇 안에서든 아니면 조기에 듬뿍듬뿍 뿌려져 조기가 썩지 않게 자기를 녹이고 있든 어딘가에서든 세상이 썩지 않게 자기를 녹여, 자기를 드러내고 있듯이, 한빛인들도 행성리 11번지를 그리워함으로써가 아니라 자기들 위치에서 소금의 역할을 해냄으로써 너희들을 세상에 보낸 한빛의 마음을 헤아리고 실천하라고. 그러므로 소금은 바다를 그리워해선 안 된다고.

한빛을 떠난 지 2년. 여전히 생각만 해도 달려가고 싶은 한빛이지만, 나는 한빛인이기 때문에, 한빛인답게 살려고 발버둥치고 있기 때문에 괴롭고 힘들다. 한빛을 다녀서 내 눈은 더 밝아지고, 내 귀는 더욱 예민해졌다. 그래서 많은 것들이 내 눈에 들어오고, 많은 소리가 내 귀에 들어온다. 많은 것들을 녹여내며 살아가는 것이 얼마나 괴롭고 힘든 일인가. 나는 얼마나 큰 용광로가 되어 이 사람, 저 사람, 이 생명, 저 생명의 목소리를 담고 살아갈 수 있을 것인가.

나는 철없이 흔들리고 있다. 내 주위에 보이는 확고하고 강직한 사람들. 선언하듯 자신의 미래를 이야기하는 친구들을 보며 나는 한없이 작아진다. 나는 여전히 흔들리고 갈피를 못 잡는다. 하지만 나는 나의 직관을 믿는다. 나침판은 쉼 없이 흔들리는 자신을 통해, 끊임없이 떨리는 자신을 통해 올바른 방향을 가리키며 나아가지 않는가. 나 또한 한빛이라는 거센 바람을 통해 내 자신을 쉼 없이 흔들리고 떨리게 할 것이다. 흔들리며 줄기를 곧게 세워 피는 아름다운 꽃처럼, 흔들리며 옳은 방향을 가리키는 나침판처럼 그렇게 내 삶을 조곤조곤 살아갈 것이다.

사족_다시 5년을 보내고

5년 전 글에서, 감정의 격동적인 흐름과 스물한 살의 혈기 같은 것이 느껴진다. 오랜만에 스스로를 반추하면서 한빛이 나에게 던졌던 화두들을 다시 한번 생각해보게 되었다. 그리고 대안학교 졸업생 이야기를 담은 어떤 책의 저자 중 한 명인 학교 선배를 만났다. 선배도 그렇고 나도 그렇지만, 한빛이 명문대를 보내는 대안학교로 인식된다는 것은 옳지 않다고 생각했다. 한빛은 명문대를 다른 방식으로도 보낼 수 있다는 의미에서의 '대안'은 결코 아니다. 기존에 주어진 사회 질서에 보다 세련된 방식으로 편입되는 것이 '대안'으로 생각된다면, 그것은 한빛에서 배웠던 3년을 가장 왜곡된 방식으로 이해하는 것일 수도 있다.

대안교육은 어느새 10년 이상의 역사를 갖게 되었고 이제 사람들의 많은 관심 속에서 다양한 형태로 세분화되고 있다. 그러나 여전히 대안교육은 하나의 '과정'이다. 대안학교를 명문대에 들어가는 하나의 통로로 여기거나 해방구로 여기고 대안학교에 입학하고자 하는 것은 어리석은 일일 수 있다. 앞서도 말했지만, 대안교육은 여전히 '진행' 중이고 한빛고등학교도 마찬가지로 발전의 '과정' 속에 놓여 있다.

그럼에도 불구하고 내가 자신 있게 말할 수 있는 한 가지가 있다. 한빛고등학교가 여전히 진행 중에 있는 만큼, 무엇인가가 되어가는 과정 속에서 학생들은 단순히 주어진 제도 속의 부품이 아니라 작은 역할이지만 '주인'으로서 살아가는 법을 배울 수 있다는 것이다. 이 '주인'으로서의 작은 경험은 자신의 삶을 어떤 방식으로 조직하고 이끌어 나갈지를 고민하게 해주는 자극제가 될 수 있다. 학교에서 의사결정의 주체가 되고, 학교의 주인으로서 마음가짐은 무엇이며, 어떻게 행동해야 하는지를 경험하는 것은 앞으로 자신의 삶에서 '주인'이 될 수 있도록 도울 것이 있다. 그러나 언제나 그렇듯 '주인'이 되는 일은 쉽지 않고 3년의 경험이 반드시 그러한 방식으로 귀결되지도 않는다. 나 스스로가 그것을 보여주고 있으니까.

결론적으로 한빛이나 대안교육은 하나의 고정된 모습으로 정리될 수 있는 것은 분명히 아니다. 다만 우리 모두를 돈과 욕망의 노예로 만들어가는 시대의 물결 속에서 미약한 방식으로나마 자신과 공동체의 '주인'으로서 살아가려는 희망을 매우 다양한 방식으로 실험하고 만들어가는 곳이 내가 알고 있는 한빛고등학교이고 대안학교라고 생각한다.

그리고 여전히 흔들리고 있지만, 그럼에도 '주인'의 방식으로 당당하게 제 삶을 꾸려가는 것이 내 목표이고 한빛에서 배웠던 3년의 시간을 가장 잘 구현해내는 삶의 방식이 아닐까 생각한다.

대안학교 졸업생,
대안학교 교사로 서다

이은희 | 산청 간디고등학교 1회 졸업생. 졸업 후 2년간 제천간디학교에서 아이들도 못 말리는 천방지축 영어 교사로 지내다가 지금은 간디학교를 떠나 평범한 주부로 살고 있다.
cookaka0326@naver.com

간디학교를 가게 된 배경

간디학교와의 인연은 벌써 13년 전 겨울로 돌아간다. 일반 여중을 다니고 있던 나는 소위 말하는 문제아도, 공부를 잘해 선생님들의 사랑을 독차지하는 모범생도 아닌 그저 묵묵히 학교생활에 충실한 평범한 학생이었다. 일반 제도권의 딱딱한 교육 방식에 염증을 느끼기는 했지만 다양한 정보를 접할 기회가 적어 중학교를 졸업하면 여고로 진학하는 게 당연하다고 여겼다. 그러던 중 부모님 아는 분을 통해 새로 개교를 준비하는 간디학교를 알게 되었다. 대안학교가 뭔지 전혀 생소해 일단 어떤 곳인지 견학 겸 가보기로 했다.

산청 외송리, 간디학교로 가는 길은 너무도 평화로워 보였다. 주차장을 지나 돌계단을 올라가 내 눈앞에 펼쳐진 간디학교 풍경은 그동안 내 머릿

속에 박혀 있던 '학교' 모습이 아니었다. 딱딱하고 네모진 차가운 교육 공간이 아닌, 휴양 공간처럼 포근하고 정답게 느껴졌다. 1998년 당시에는 말이 학교지 건물도 지금처럼 많지 않았고 도서관이나 운동장은 상상조차 할 수 없는, 산 속에 자리 잡은 한 채의 별장에 불과했는데도 말이다.

간디학교를 다녀온 후 엄마는 나에게 간디학교에 대해 어떻게 생각하는지 조심스레 물으셨다. 학교에 도착한 순간부터 꼭 간디인이 되어야겠다 생각했던 난 가고 싶다고 했다. 엄마는 며칠 고민 후 진학할 준비를 해보자고 하셨다. 간디학교 진학은 신선한 도전이었고 벌써 합격이라도 한 양 설레발을 치며 즐거워했다. 나는 마냥 즐거워했지만, 엄마는 과연 어땠을까? 이제 막 문을 여는, 뚜렷하게 증명된 어떤 결과도 없는, 생소하기만 한 대안학교에 하나뿐인 딸을 보낸다는 게 그리 만만한 일은 아닐 텐데 말이다. 그런데 엄마는 달랐다. 항상 바쁜 부모님, 외동이어서 어릴 적부터 외롭게 지냈던 내게 부모 같은 선생님과 형제 같은 친구들을 선물하고 싶은 마음이 컸던 것 같다. 또 소극적이고 겁이 많은 나를 좀더 자발적인 인간으로 키우고 싶기도 했던 듯하다.

합격 발표 날, 눈을 뜨자마자 엄마는 학교에 전화를 걸어 합격자 발표를 확인했고 합격을 확인한 순간 우리는 뛸 듯이 기뻐했다. 명문도, 유명한 학교도 아니었던 작은 간디학교 합격은 나를 용기 있게 살 수 있도록 만들어준 첫걸음이었다.

졸업 후 어떻게 살고 있나?

간디학교에서 보낸 3년은 적어도 내겐 천국 같은 소중한 시간이었다. 그렇다고 항상 좋은 일만 있었던 건 아니다. 힘든 일도 많았고 학교를 뛰쳐나가고 싶었던 순간도 한두 번이 아니었다. 무엇보다 대안교육이라고 백 퍼센트 완벽한 것은 아니라는 것을 느꼈다. 대안교육은 분명 내게 좋은 영향을 주었다. 만약 다들 가는 길을 걸었다면 모르고 지나갔을 나 자신에 대해 새로운 것을 발견할 수 있게 해주었으니까. 하지만 나와는 달리 대안교육의 방식이 맞지 않아 중간에 떠나는 친구들도 있었다.

3년을 마치고 졸업이 다가오자 학교를 떠나야 한다는 사실이 나를 너무도 힘들게 했다. 졸업 후 대학에 진학하고서도 초기에는 한동안 대학생활과 문화에 적응하지 못하고, 머릿속엔 온통 간디학교와 선생님들, 그리고 친구들 생각뿐이었다.

간디학교를 졸업한 동기들 중 70퍼센트는 대학에 진학했다. 이런 모습을 두고 많은 사람들이 "제도권 교육이 싫어서, 대학진학을 목표로 한 교육이 싫어서 대안교육을 하겠다고 모인 사람들이 어떻게 대학에 진학할 수가 있지? 결국 별 수 없구나?" 하고 비판하곤 했다.

하지만 그건 오해다. 우리는 처음부터 대학이라는 교육공간을 부정했던 건 아니었다. 다만 대학이 인생 최고의 목표고, 오로지 대학만을 위해 학창시절을 공부에만 매달리는 그런 교육방식이 싫었을 뿐이다. 또 우리는 '대학'이라는 곳이 단지 내 인생의 목표가 아니고, 원하는 인생의 목표를 이루기 위해 거쳐 가는 준비과정에 불과하다는 생각을 가지고 있었다. 나뿐만 아니라 내 동기들도 그랬다.

물론 우리 사회에서 대학이라는 곳은 나중에 더 유명한 인물이 되고, 부유한 사람이 되고, 남들에게 부러움을 살 만한 사람이 되기 위해선 필수조건이라고 말들 한다. 하지만 우리가 간디학교에서 배웠던 가장 소중한 것은 '내 스스로 행복해야 한다'였다. 미래도 중요하지만 현재의 나도 중요하다고 말이다. 나에게 주어진 모든 순간이 소중하고 그 모든 순간들이 행복해야지 언제가 될지도 모르는 나중을 위해 지금을 불행하게 보낼 수는 없다고 배웠다. 물론 나중을 위해 지금 이 순간 불행을 감수해야 한다는 생각을 가진 사람들도 있겠지만….

나를 포함해 대학에 진학한 동기들은 대학의 이름값에는 그리 크게 관심이 없었다. 그것은 우리에겐 중요하지 않았다. 우리가 하고 싶은 게 있고 그걸 위한 공부를 할 수 있는 곳이라면 어느 대학이든 최고의 배움터였다. 그리고 스스로 불행하다고 여길 만큼 입시공부에 힘을 쏟지도 않았다. 1, 2학년 때 너무 열심히 즐기며 질릴 만큼 놀기도 하고 질릴 만큼 인간관계로 힘들어 하고 수많은 경험을 했던 터라, 고3 들어 했던 입시공부는 어떤 면에서는 새로운 도전이고 즐거움이었다.

대학에 진학해서도 그랬다. 새롭게 접하는 대학문화는 이미 고등학교 때 실컷 경험해봤거나, 그보다 더 즐거운 시간을 보냈기에 다른 친구들이 대학문화에 젖어들 때 난 내가 하고 싶은 공부에 힘을 쏟았다. 실제로 졸업생들 중에는 상당수가 장학생이나 과에서 성적우수학생 자리를 지킬 정도로 열심히 공부했다.

대학에 진학한 친구들이 70퍼센트에 달한다면 나머지 30퍼센트의 친구들도 자신들의 삶을 위해 최선을 다했다. 음악이 좋아 직접 발로 뛰어다니며 유명한 뮤지션들과 관계를 맺고 배움의 길을 찾은 친구도 있고, 연극을 하고팠던 친구들은 직접 현장으로 뛰어들어 연극계의 현실을 체험해 나갔다. 또 공부는 때가 없다고, 언제 공부를 시작하든 오직 자기 의지에 달렸다고 생각한 친구들은 당장 어딘가 소속되기보다 새로운 곳에 자신을 내던져 다양한 삶을 경험하기도 했다. 세상을 변화시키는 운동에 뛰어든 친구들도 있었고 봉사와 베푸는 삶에 행복을 느끼는 친구들은 사회봉사에 전념하곤 했다. 우리 간디 졸업생들은 그렇게 각자 자기 길을 걸었다.

일반학교 친구들과 간디학교 친구들

일반 여중에서 친했던 친구들하고는 지금 연락이 닿지 않는다. 솔직히 말하면 기억나는 친구들이 몇 명 없다. 중학교 때는 절친했지만 간디학교에 진학하면서 조금씩 멀어졌다. 간디학교에 온 뒤 얼마 안 되었을 때 중학교 친구들을 만난 적이 있다. 우리 사이에는 예상치 못한 벽이 생겼다. 시간이 지날수록 서로의 고민들을 이해하기 힘들었고 공감할 수 있는 부분들이 조금씩 어긋나기 시작했다.

중학교 때의 친구들은 말 그대로 '친구'라는 호칭이 딱 맞았다. 그런데 간디 친구들은 친구 그 이상의 의미로 다가왔다. 3년이라는 시간 동안 교육공간뿐만 아니라 생활공간까지도 함께 공유하면서 서로 보듬어주고 아껴주었기 때문이다. 좀 거창하게 말하면 사랑과 배려의 마음이 싹텄다고나 할까. 분명 다투기도 많이 하고 얼굴 붉힐 일도 많았지만 그것들이 오히려 우리 사이를 더 돈독하게 만들어주곤 했다.

너무 친해서 우린 친구라는 호칭을 잘 쓰지 않는다. 그야말로 가족처럼 각별하다. 우울해하면 제일 먼저 걱정해주고 위로해주는 이도 간디 친구들이고, 기쁜 일이 있으면 가장 먼저 함께 기뻐해주는 이도 간디 친구들이다. 서로 너무 잘 알아 추한 모습도 그다지 흉이 되지 않는다. 추한 모습을 보이는 것도 편하고 또 그렇게 보이는 모습들마저도 이해하고 감싸 안아준다.

하지만 여기에도 분명 부작용은 있었다. 간디학교 생활 중 가장 힘든 것도 바로 '인간관계'였다. 16년 동안 각기 다른 환경에서 귀하게 자라온 아이들이 낯선 환경 속에서 자신과 전혀 다른 사람들과 서로 이해하며 살아간다는 건 너무도 힘든 일이다. 친형제, 자매들도 싸우기 마련인데 우린 어땠을까?

　그때를 생각하면 아직도 아찔하다. 그런 아찔했던 순간들은 좋은 효과가 있기도 하지만 몇몇은 아예 원수가 되는 경우도 있었다. 그땐 아직 어려서 남을 이해한다고는 해도 이해 정도가 얕았으니 당연했는지도 모르겠다. 그런데 같은 공간에서 졸업할 때까지 원수를 계속 봐야 하는 것은 분명 고문이었을 것이다. 이렇게 불편하게 지냈던 아이들 중에는 다행히 졸업하고 나서 각자 환경에서 생활하면서 서로 용서하고 이해하는 마음으로 그동안 낯설었던 관계가 회복되기도 했다.

　졸업하고 10년이란 시간이 흐른 지금은 간디친구들과 자주 연락하거나 만나지는 못한다. 간디에서 보낸 시간보다 졸업 후 사회에서 보낸 시간이 훨씬 더 길어졌고 이젠 각자의 위치에서 최선을 다하고 있을 거라고 짐작한다. 연락이 쉽지 않지만 그래도 우리는 '친구'보다는 '가족'이라는 느낌이 더 강하다. 오랜만에 연락을 주고받아도, 오랜만에 만나도 어색함과 서먹함보단 예전 간디학교 시절 우리 사이에 흐르던 끈끈한 무언가를 느낀다. 아직도 내겐 간디 동기들이 최고의 친구이자 최고의 형제자매이다.

　선생님들과 관계도 특별했다. 학창시절 간디학교가 우리에게 준 행복 중 또 하나는 바로 선생님들과의 관계. 교사와 학생 사이의 뚜렷한 신분 차이가 있었던 중학교 시절과는 달리 간디에서 교사와 학생은 동등한 존재였다. 어리다고 해서 아이들을 함부로 무시하지 않았으며 어린아이 취급하지 않았다. 학생들 역시 나이가 좀더 많다고 해서 복종하거나 벽을 만들지 않았다. 선생님들은 내 말에 귀를 기울여주었다. '귀를 기울여준다는 것', 이것은 별거 아닌 것 같지만 무척 소중한 경험이었다. 바로 내 자신이 존중받고 있다는 느낌이 들었으니. 이렇게 우리는 서로가 서로에게 동화 속 주인공인 '모모'와 같은 존재가 되었다.

학생이 아닌 교사의 위치에 서서

내 학창시절의 경험은 사회생활과도 연결되었다. 간디학교의 교사로 살게 된 것이다. 생활공간도 함께하기 때문에 간디학교 교사는 교과 이외에도 생활 속에서 아이들을 많이 만난다. 자연스레 마주치는 아이들의 모습은 가끔 8년 전 내 모습을 떠올리게 했다. 처음 간디학교에 교사로 갔을 때는 아이들의 행동 속에 과거의 내 모습이 너무나도 적나라하게 비춰져서 혼란을 겪기도 했다.

예를 들면 이런 거다. 간디학교 영어교사라는 이름표를 달고 학교에 간 나는 하루 종일 아이들이 별 일 없이도 교무실에 들락날락거리는 모습에 당황했다. 하지만 곧 과거의 내 모습을 떠올렸다. '나 역시도 교무실을 내 집처럼 드나들었는데 그 이유가 무엇이었을까?' 아이들의 이런 행동은 나를 과거로 되돌려 놓았고 그 당시에는 미처 생각하지 못했던 솔직한 이유까지도 알 수 있게 되었다.

위에서도 말했듯이 그때 나를 포함한 내 친구들은 우리 말에 귀를 기울여주는 사람이 필요했다. 많은 친구나 후배들이 그 대상이 될 수도 있지만 깊은 마음속까지 나눌 대상이 필요했다. 일찌감치 부모님과 떨어져 그 사랑이 그리웠고, 그래서 나보다 큰 어른에게 보호받고 싶고 인정받고 싶은 이유도 있었을 것이다. 교무실에 드나드는 이유는 바로 그것이었다. 내 존재를 누군가가 알아주길 바라는 것. 단지 짧은 '안녕?'이란 인사 한 마디로도 내게 보여주는 관심. 그것이 그리웠던 것이다.

과거에서 찾은 해답은 아이들의 모습에서도 볼 수 있었다. 교무실로 발걸음을 옮기던 아이들은 혹시라도 바쁜 선생님들의 모습을 보면 소리 없이 다시 나가버리곤 했다. 물론 아닌 경우도 있다. 하지만 조금이라도 여유로워 보이는 선생님들 곁에서는 자리를 맴돈다.

"○○구나? 오늘 꽤 춥다, 그치? 오늘 수업은 없어?"

아이들에게 던지는 이런 작은 물음에 아이들의 마음문은 조금씩 열린다.

제천간디학교 교사로 있을 때 나는 선생인지 학생인지 구분이 안 갔다. 아이들만큼이나 엉뚱하고 시끄럽고 덜렁대고…. 다른 선생님들에게는 분명 또 한 명의 골칫덩어리였을 것이다. 워낙에 활달한 성격이라 그렇기도 하지만 난 아이들과 정말 열심히 놀았다. 아이들의 언어를 쓰기도 하고 비슷한 행동도 하고, 아이들이 보기에는 친구나 다름없는, 쉽게 말해 교사 같지 않았을 것이다.

그런 이유 때문일까? 아이들은 날 정말 말 그대로 편안하게 여기는 듯했다. 가끔은 엉뚱한 내 모습에 오히려 아이들이 안쓰러운 눈빛으로 바라보기도 했다. 내가 오히려 아이들에게 보호받고 있다는 느낌이 들 때도 있었다. 그만큼 난 아이들과 같아지고 싶었다. 같은 눈높이에서 바라보고 생각하고 행동하고 아이들과 똑같은 존재가 되고 싶었다.

내가 중학생이었을 때, '선생님' 같은 위엄 있는 분들은 많았지만 학생인 나와 비슷한 모습을 한 선생님은 없었다. 가끔은 같이 장난도 치고 때론 내가 봐도 철없어 보이는 진정한 친구 같은 선생님이 있었으면 참 재밌겠다는 생각도 해봤다. 이런 내 진심이 아이들에게 제대로 전달됐는지 모르겠지만 그 당시 난 아이들과 똑같아지고 싶었다.

그렇다고 항상 내 과거의 경험이 좋은 작용만 했던 것은 아니었다. 아이들 마음을 좀더 쉽게 읽을 수 있다는 장점도 있었지만 가끔 너무 힘들 때면 고문 같기도 했다. 마치 고등학교 시절 좀더 모범적이지 못하고 좀더 성실하지 못했던 나를 누군가 채찍질 하며 벌주고 있는 것 같은 느낌이 들기도 했다. 너무 웃긴 생각이긴 하지만 정말 그랬다. 내가 학생이라는 위치에서 경험했던 것들과 교사라는 위치에서 새롭게 일어나는 일들의 충돌

사감선생님과 기숙사에서 이야기 나누는 아이들

은 그만큼 내겐 힘들었다.

　간디학교에서는 졸업생이 다시 교사로 학교를 찾은 것은 내가 처음이라고 한다. 교사로 다시 학교를 찾았던 6년 전. 그것이 내겐 간디학교와의 두 번째 인연이었다. 그에 난 자부심과 책임감을 느낀다. 내 사례가 대안교육의 열매로 비춰질 거라는 생각도 든다. 무언가 잘해 놓고 떠난 것도 아니면서 괜한 자부심이 있다.

'기다림'과 '가르침' 사이, '현실'과 '대안' 사이

간디학교 학생이 아닌 교사의 신분으로 다시 인연을 맺던 그 시절을 떠올려보면 참 나도 겁도 없이 용감했다. 연륜과 경험이 많으신 다른 선생님들에 비해 부족한 것투성이였던 내가 단지 간디학교 졸업생이라는 꼬리표 하나만 달고서, 선생님들의 고충도 전혀 모르면서 용기 하나만 믿고 철없이 다시 간디학교를 찾았던 셈이다.

다시 찾은 간디학교는 모든 것이 처음처럼 낯설었다. 학생으로서 느끼는 학교와 교사가 되어 느끼는 학교는 달랐다. 나를 가르쳐주신 분들과 같은 위치에 있는 것도 어색했고, 선생님들이 나를 '은희쌤'이라 부르는 것도 익숙하지 않았다. 아이들과도 같이 지지고 볶고 뛰어 놀고 싶었지만, 본보기가 되어 앞에서 이끌어주고 뒤에서 뒷바라지하며 때론 따끔하게 혼도 내고 가르쳐야 하니 그렇게 바뀐 내 역할도 어색했다.

어쩌면 내 역할은 학생과 선생님들 사이의 윤활유 노릇인지도 모르는데 지금 생각해보면 그 역할도 제대로 한 적이 없었던 것 같다. 교사라는 이름표를 달고 첫 두 학기 동안은 교사의 편보다 아이들 편에 더 가까이 있었다. 교사회의에 한 자리 잡고 앉아서도 선생님들끼리 주고받는 아이들 이야기가 가끔은 낯설기도 했다. 그땐 초짜 교사인 내 정체성은 교사보다 학생에 가까운 듯해서였을 것이다. 나도 모르게 종종 '쌤들은 왜 저렇게만 생각하지?' 하고 속말을 하기도 했었으니까.

처음에는 낯설었던 내 모습도 다시 새롭게 배우는 사람의 마음으로 돌아가려 노력하면서 점점 '학교생활=교사생활'에 적응해갔지만 그러면서 아주 큰 고민에 빠지기도 했다. 바로 '기다림'과 '가르침' 사이의 갈등이다. 이 두 가지는 교육에서 상반되는 것 같으면서도 절대로 떼래야 뗄 수 없는 관계다. 교사의 입장에 서 있을 때도 둘 사이에서 끊임없이 갈등했지만 엄마라는 위치에 있는 지금도 내 아이에게 어떤 것부터 먼저 적용해야 할지 난감하고 어렵기만하다.

모든 교육에서 '기다림'이 우선되어야 한다고 생각지는 않는다. 누군가 나에게 기다림과 가르침 중 어느 것을 우선이라 생각하느냐고 묻는다면 상황에 따라 다르겠지만 '가르침'이 먼저라고 대답할 것이다. 돌아보면 나도 가끔은 아이들의 행동을 보며 '어떻게 열다섯 열여섯 아이들이 저걸 모를 수가 있지?' 싶을 때가 있었다. 하지만 그것은 지나친 기대다. 아이들은 때론 정말 몰라서 못하는 경우가 있다. 그건 바로 '가르침'이 제대로 되지 않은 상태에서 '기다림'만으로 기대치를 높였기 때문이다. 이것이 지나치면 결국에는 열대여섯 살이 되도록 기다려준다는 명목 하에 '방치'가 되고 만다.

어느 것이 우선인지는 상황에 따라 다르겠지만 적어도 가르친 후에 그 아이가 스스로 할 수 있도록 기다려주는 것이 교육의 당연한 과정이라 생각한다. 분명 다양한 성향을 가진 아이들과 지내다 보면 예상치 못한 일들이 일어나고 가르침과 기다림을 적절히 조화시키는 일은 참 쉽지 않은 일이다. 이것은 분명 이전에도 그랬고 앞으로도 교사들이 풀어야 할 숙제일 것이다.

교사로 아이들과 함께 지내면서 하게 된 두 번째 고민은 예전의 대안교육과 지금이 많이 다르다는 것이었다. 나 또한 간디학교 아이들과 똑같은 교육을 받고 졸업했지만 내 학창시절에는 아이들에게 통했던 것이 지금 아이들에게는 통하지 않는 답답함도 느꼈다. 쉽게 말해 13년 전 간디학교를 다닐 때는 일반학교와 달리 '자유'가 주어져 있다는 것만으로도 커다란 특혜를 누리는 것 같았다. 그 당시에는 휴대폰, 엠피쓰리는커녕 인터넷조차도 고3이 되어서야 학교에서 접할 수 있었다.

하지만 지금의 대안학교는 다르다. '자유'는 특혜가 아닌 당연한 것이 되어버렸고 학부모와 아이들은 그 외의 다른 것을 학교에 요구한다. 아이들은 핸드폰, 인터넷에서 다양하고 신속한 정보를 얻고 싶어 하고, 게임에 열광하고 이미 대중매체에 물들었다. 지극히 개인적이고 '혼자'에 익숙해진 아이들에게 자유는 이미 오래전에 필수조건이 되어버렸고, 다양한 문화를 접하고 살아가는 아이들에게 시골 환경은 복잡하고 속도감 있는 것으로부터의 해방 곧, 자유가 아니라 억압과 통제일 뿐이다.

또 학교는 교사, 학생, 학부모가 한마음으로 같이 만들어가는 곳이 아니라 학부모와 학생이 원하는 요구사항과 조건에 값을 맞춰야 하는 하나의 상품으로 전락해 버렸다. 이로 인해 겪게 되는 혼란은 나뿐만이 아니라 대안교육 현장에 있는 교사라면 누구나 고민하는 부분일 것이다.

분명 대안교육을 경험한 이들이 대안학교 교사가 되는 것은 가장 이상적인 모습이라 생각한다. 배운 대로, 경험한 대로 가르칠 수 있으니 말이다. 그러나 자신의 과거 경험만으로 지금의 변화된 모습을 판단한다는 것은 위험하다. 내가 그랬다. 10년이라는 긴 시간이 흐른 만큼 단순히 13년 전 내 경험만으로 속단하기엔 간디학교는 너무 많이 변해 있었다. 대안학교 학생이라는 경험이 대안교육을 이해하는 데 조금 도움이 될 수는 있겠지만 대안교육을 접해본 이든 아니든 대안학교 교사가 되기 위해서는 대안적인 삶과 교육에 대한 꾸준한 고민과 노력, 시대 변화에 따라 자꾸 변해가는 아이들에 대한 이해와 공유가 필요하다는 생각이 절실하다.

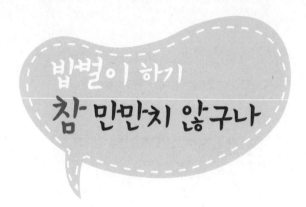

밥벌이 하기
참 만만치 않구나

유청림 | 금산간디학교를 졸업하고 여러 곳에서 일을 하면서 부모에게서 독립도 했다. 여행을 가기 위해 돈을 벌고 있는 지금 아주 즐겁단다. dkfmaekdns4080@hanmail.net

울타리 밖으로 나와 보니

일반학교를 다녔던 내 중학교 시절은 암흑기였다. 나보다 먼저 대안학교에 다녔던 동생이 학교에서 친구, 선후배, 선생님들과 재미있게 잘 지낸다는 이야기를 들려줬을 때는 마냥 부럽고 정말 그럴까 싶었는데 실제로 대안학교에 가보니 정말 좋았다.

금산으로 터전을 옮기기면서 시설도 많이 좋아졌고 그동안 학교가 많이 유명해졌는지 입학경쟁률도 엄청 높아지고, 입시공부를 안 시킨다는 이야기를 하는데도 지원하는 이들이 많았다. 요즘엔 우리 때처럼 사고도 치지 않고, 친다 하더라도 뒤처리가 깔끔하다는 이야기가 있을 정도로 '날라리'라고 하는 반항적인 학생들보다 말 잘 듣고 조용한 모범생들이 많이 들어온다고 한다. 우리 때와는 분위기가 꽤 다른가 보다.

학교생활 중 가장 힘들었던 건 졸업하기 직전에 했던 인턴십 과정이었다. 인턴십은 모든 학년이 아무 때나 할 수 있지만, 대부분 3학년 여름방학쯤 되어야 시작한다. 논문 발표도 3학년 2학기에 해야 하고, 졸업식이니 발표회니 다른 행사들도 이것저것 겹쳐서 마지막 학기는 정신이 없다. 그래도 논문 발표나 인턴십은 대단히 중요하게 받아들인다. 그걸 통해서 학교 떠나기 전에 뭔가 해냈다는 성취감을 느끼는 것 같다.

졸업 이후 일주일 동안은 정말 우울했다. 허무하기도 하고, 아직 학교에 적이 남아 있는 느낌도 들었다. 졸업식 당일에는 그런 기분을 느끼지 못했는데, 집에 있는 일주일 동안은 몸의 일부가 떨어져 나간 것 같았다. 다른 친구들은 다 잘 지내는 것 같은데 나 혼자만 청승 떠는 것 같아 좀 창피하기도 했다. 학교 안에서는 잘 지냈는데, 사회에 나와서는 나를 지켜봐주는 선생님도 없고, 휘청거린다고 해야 할까? 학교에서 배운 것을 점점 잊어버리게 되고 주체의식 없이 살 것 같아 불안했다. 학교 졸업하고 일 년이 지났는데도 계획대로 되는 게 하나도 없었고 앞날이 내다보이지 않았다. 하지만 내 힘으로 직접 해보고 나서도 안 되면 포기하는 것도 배워야 한다는 생각을 하면서 한편으로는 이런 상황이 재미있기도 했다. 어차피 답은 자기 안에 있는 것 아니겠는가.

지내 보니 다들 모든 것을 너무 돈으로만 생각하는 것 같아 안타깝기도 하다. 사실 나도 마음 한쪽에서는 자꾸 그런 유혹의 목소리가 들리지만, 그래도 아직까지는 유혹에 지지는 않고 있어 그나마 다행이다. 그게 대안학교에서 배운 힘이 아닐까 싶다. 하지만 학교에서 배운 바를 머리로만 생각할 뿐이고 삶에 치이다 보면 알고 있는 것도 잊어버리게 될까 걱정스럽다. 그나마 그렇게 되지 않으려고 늘 노력하고 있기는 하지만.

진짜 공부하고 싶을 때 대학에 가련다

일반학교 출신 친구들이나 어른들은 내가 대학에 안 가고 일부터 하는 것을 많이 걱정한다. 공부도 다 때가 있는 거라며 대학 빨리 가라고 하는 얘기를 들을 때마다 벽을 느끼는 게 사실이다. 졸업 후 동호회 모임에 가거나 어떤 수업을 들으러 가면, 소개를 할 때 나이만 말했을 뿐인데 "아, 그럼 1학년이겠네?" 하거나 "학교 어디 다니세요?" 하고 물어본다. "대학생도 아니고, 재수생도 아닌 그냥 스무 살입니다." 말하면 뭔가 부담스러운 느낌이 은근히 들기도 했다.

가족 중에서도 대학을 나온 아빠는 별로 아쉬워하지 않는데, 가방끈이 짧은 엄마가 더 많이 아쉬워한다. 친척 중에서 대학 문제를 가장 많이 걱정해주는 사람은 고모다. 대학교수인데 우리 남매가 대안학교에 갈 때부터 그런 걱정을 많이 했다. 최근에도 전화로 "네가 대학에 가지 않는 '사태'에 대해 천천히 생각해보자." 그러셨을 정도였다. 아무래도 고모 입장에서는 걱정스러운가 보다.

자녀가 좋은 대학, 좋은 직장에 가기를 원하는 부모들이 자녀를 닦달하고 그 자녀는 맹목적으로 번듯한 직장에 매달리고 자기 자녀에게 똑같이 하는 악순환을 밟는 사람들 보면 정말 안쓰럽다. 부모든 자식이든 오늘을 희생해서 나중에 걱정 없이 산다고들 하는데, 일하느라 힘이 다 빠져서 놀면 뭐하나 싶다. 젊은 때는 좀 쉬엄쉬엄 일했으면 좋겠는데, 다들 너무 열심히들 일만 한다. 부모든 자식이든 서로에게 자유로워지지 못한다면 그건 진짜 어른이 된 것이 아니다.

대학은 20대 중반에 경제적으로 독립한 후에 천천히 가는 게 좋다고 생각했다. 하지만 작년에 일을 해보고 나서 대학진학을 조금 서두르게 됐다.

내가 원하는 것은 스펙이 아니지만, 힘들게 일을 해보니 공부에 대한 열정이 생긴다. 무작정 스펙을 쌓고 취직을 위해서가 아니라 정말 공부가 하고 싶은 생각이 든다고 할까? 단지 그 장소가 대학이 될 수도 있다는 거지, 대학을 가기 위해서 공부하려는 건 아니다. 이런 말을 일반학교 친구들은 잘 이해하지 못한다. 나는 영화를 공부하고 싶어서 대학에 가려는 건데 그 친구들은 무조건 학교 이름, 선배가 빵빵한, 스펙 쌓기 좋은 곳을 선택하라고 말하기도 한다.

학교 졸업하기 전에도 대학 진학에 대해 많이 고민했다. 하고 싶은 공부를 온전히 좋아하려면 폼 나는 직업에 대한 욕심을 버려야 하기 때문이다. 대학에 가지 않더라도 하자센터 같은 곳에서 영화나 영상창작 공부를 할 수는 있다. 하지만 창작아카데미에 다녀보고, 그곳이 나와 맞지 않는다는 걸 알았다. 좀더 체계적인 교육과정이 필요하다고 스스로 판단했고 그 선택으로 대학진학을 준비하고 있다. 더구나 대학과 사회는 배우는 게 분명 다를 텐데 사회생활 하면서 이쪽에서도 배웠으니 다른 쪽에서도 배워보고 싶다. 또 대학 간 친구는 할 일도 많아 보이고 외롭지 않은 것처럼 보여 솔직히 부러운 마음이 들기도 했다.

사회에 나와서 돈을 벌어 보니

학교 졸업하고는 직장을 이곳저곳 옮기면서 살았다. 2009년에는 천연비누숍과 공동육아 현장에서 일하기도 했고, 석 달 정도는 핸드폰 조립공장에서, 반 년 전에는 대안학교인 마리학교에서 일했다. 돈을 받고 일한다는 생각 때문인지 일에 대한 책임감이 꼭 붙어 다니게 된다.

한편으론 회피하고 싶은 적도 많았고 또래가 주변에 없는 것도 힘들었

국토대장정 도중 지친 아이들

다. 사회생활을 일찍 시작했기 때문에 어른들과 쉽게 어울리지도 못하겠고, 세대 차이를 느껴 외롭기도 했다. 나를 똑같은 성인으로 대해주는 분들이 있는 반면 같은 일을 하는데도 아이로 보는 분들도 있었다.

내 최종 학력은 검정고시 패스인데 공장 면접을 갔을 때 혹시나 걸림돌이 되면 어쩌나 싶었지만 막상 면접관은 간디학교 졸업한 것에는 전혀 신경 쓰지 않았다. 같이 면접을 보고 채용된 사람(주로 20대) 중에는 상고 나와서 공장 일을 직업으로 삼으려는 사람도 있고, 등록금 벌려고 온 대학생들도 있었다. 워낙에 다양한 사람들이 오니까 그냥 그러려니 하는 분위기였다.

내가 일했던 곳은 대기업에 하청 받는 핸드폰 부품 조립 공장인데, 나는 키패드 틀에 글자를 일일이 수작업으로 끼워 넣는 작업을 했다. 일이 익숙한 사람은 하루에 천 개 정도 부품을 만들어 내는데, 나는 일이 서툴러서

6~7백 개밖에 못 만들었다. 일이 서툴면 가차 없다.

공장 나간 지 사흘 만에 관두고 싶어져서 울고불고 난리를 쳤다. 그때 아빠가 "네가 뭐 하나 제대로 한 게 있냐!" 하면서 한 달이라도 버티고 일해보라고 하셨다. 무슨 일이든 힘들어도 버텨보는 것이 필요하다고. 아직 제대로 일을 해보지 않았으니까, 그 일을 온전히 내 것으로 받아들이기 위해서는 더 해봐야 한다고 나를 설득했다. 지금 포기한다면 좋지 않은 기억만 가지게 될 거라고 말이다.

하지만 일하는 동안 나는 '도구'였다. 나중에 보니 같이 일하는 사람들끼리 미묘한 신경전이 벌어지고 있었다. 일이 워낙 많아서 그랬던 것 같다. 내가 관두기 한 달 전쯤, 어떤 비정규직 직원이 펀치에 손이 찍혀서 심하게 다친 적이 있었다. 그 직원은 산재보험 처리나 아무런 보상도 못 받고 공장에서 잘렸다고 들었다. 다른 비정규직 직원들은 자기도 잘릴까봐 아무 말도 하지 못했고, 정규직 직원들은 다 회사 편이라 그냥 쉬쉬하면서 넘어갔다고 한다.

그 직원이 잘리고 나서 한 달 동안은 주말이고 공휴일이고 한 번도 쉬지 못했다. 다친 사람이 해야 했던 일까지 남아 있는 직원들 몫이 되었던 것이다. 그렇게 바쁠 때는 주말에도 제대로 못 쉬었다. 일을 쉬기 위해서는 사유서를 써내야 하는데, 사유서를 낼 때마다 관리직에게 엄청 혼났다. 당연히 쉬는 날에 쉬는 건데도 혼나야 하다니, 다들 이런 데 대해선 아무 말도 하지 않는다. 묵묵히 일만 할 뿐. 그 공장에서 직원들은 비정규직이나 정규직이나 일하는 도구에 지나지 않았다.

같이 일하는 비정규직 분들은 '그냥 돈만 벌면 되지 어차피 그만둘 건데' 하는 태도였고 정규직 직원들은 이런 회사 운영에 반항하지도 않고 그냥 조용히 일만 할 뿐이었다. 뭐 이런 곳이 다 있나 싶어 신고해버릴까 하는 생각도 들었고 내가 이 공장을 바꿔볼까 하는 생각도 했지만 그 생각도 잠시, 나도 다른 사람들과 똑같이 흘러갔다. 돈에 의해서만 움직이게 되고, 일이 손에 익으니 그냥 그런가 보다 싶고, 내가 싫어했던 사람들처럼 행동할 때도 있고, 점점 공장 분위기에 동화되고 말았다. 그런 내 자신이 참 무서웠다. 지금 와서 돌이켜 보면 힘들었던 시간이었지만 배운 것도 많았고 조금 더 다녔어도 괜찮았을 텐데 하는 생각도 들긴 한다.

그 뒤에 일한 마리학교에서는 사회적 일자리로 산촌유학에 관련된 일을 했다. 공장에 다니던 내게 어머니가 학교 일을 해보는 게 어떻겠냐고 하셔서, 며칠 고민하다가 하기로 한 것이다. 동생이 마리학교를 다녔고 어머니가 학부모 대표를 맡으셔서 예전부터 선생님들하고도 잘 아는 사이였고, 그래서 내가 추천되었나 보다. 처음 넉 달은 산촌유학 일을 주로 하다가, 이후로는 출산휴가 가신 교무선생님 보조하는 일도 했다. 그 일이 나에게 참 많이 도움이 되었다. 특히 대안학교를 다녔던 경험 덕분인지 나는 일을 빨리 이해하는 편이었고, 어떤 행사를 진행할 때 아이디어도 많이 나오고, 학생들 대하기도 편했고, 학교 철학이나 학교를 이해하는 것도 많이 빨랐다고 해야 되나, 아무튼 큰 도움이 되었던 것 같다.

학교 다닐 때는 내 개인만 생각하고 학생의 입장에서만 생각했는데, 입장이 바뀌니까 정말 여러 가지 관점에서 생각해보게 되었다. 학교의 현실적인 문제와 학생들 입장…. 또 어떤 일을 결정할 때도 생각을 더 많이 하게 되었다. 학교에 다니는 책임감부터가 달랐다고 할까. 그 책임감이 나에겐 너무 버거워서 때로는 하루하루 힘들기도 했다. 산촌유학일 할 때는 애들한테 조금 무심하게 대했는데, 학교일을 도울 때는 애들 행동 하나하나에 예민해지고, 아이들도 잘 관찰하게 되고, 많이 생각하게 되었다.

독립은 가능할까?

엄마는 어렸을 때 서울로 올라와 식모 일에 행상까지 하며 어렵게 자랐다. 야학에 다니면서 공부한 덕에 청계노조에서도 일하게 되었다고 한다. 대학 운동권 출신인 아빠도 시민회 활동을 하면서 추운 날에도 시위 현장에 어린 우리 남매를 데리고 나갔고 덕분에 우린 별의별 시위에 다 가보았다.

말하자면 나는 386세대의 자식인데 진보적이라는 386세대 자식들도 부모와 대화하기 어려운 건 마찬가지다. 부모님이 힘들게 살았다는 걸 알기 때문에 그들처럼 살고 싶지는 않다는 게 솔직한 심정이다. 부모님이 추구하는 가치를 받아들이는 것은 쉽지만, 힘든 것이 눈에 보이니까. 하지만 존경스럽기는 하다. 철들고 나서 엄마 후배에게 들은 건데, 엄마는 당시 노조 시위 현장에서 '전설'로 불렸다나. 고등학교 때 부모님 자서전 쓰기 시간에 엄마가 젊었을 때 써 놓은 글을 읽으면서 운 적도 있었다.

학교 졸업하면서부터 부모님 집을 나와야겠다고 생각했다. 하지만 막상 부모님 도움 없이 살려니 돈 모으기가 쉽지 않았다. 부모님이 보증금을 보태 주신다고 해서 아는 언니와 함께 살기로 하고 얼마 전에 월세로 집을 구했다. 매달 월세 낼 걱정에 아르바이트를 알아보기도 했다. 함께 살 언니에게 월세 돈을 어떻게 마련할 거냐고 물어봤더니, 월세랑 용돈은 당연히 부모님이 대주는 거 아니냐고 의아스럽게 물어서 내가 더 의아했다.

우리 아빠는 스무 살 되면 용돈 일체 없이 독립해야 한다고 고등학교 3년 내내 강조하셨다. 주입식 교육(?)을 하도 강하게 받아서였는지 나는 스무 살 때 딱 한번 부모님께 용돈을 받은 후론 일체 돈을 받아본 적이 없었을 뿐더러 오히려 생활비를 드렸고 월급 받으면 용돈 남기고 바로 부모님 계좌로 쐈다. 하지만 부모님 도움을 하나도 안 받고 독립하려니까 엄두가 안 났는데 다행히 부모님이 처음 시작은 도와주고 싶다며 보증금을 보태주셨다. 자립적으로 살기 위해 도와주시는 거니까 일단 받고, 나중에 다 갚아 드리겠다고 했다. 그렇게 해서 지금 부모님의 도움으로 서울에서 월세 방을 얻어 살고 있다. 보증금은 내주셨지만, 월세나 생활비는 내가 벌어서 내고 있는데 정말 만만치 않다. 부모님과 따로 떨어져 사는 일이야 기숙사 생활 덕분인지 자연스러운데 문제는 여유 돈이 많이 없다는 거다. 그래도 먹을거리나 생활용품은 웬만하면 대부분 생협에서 사고 있다.

지금까지는 생활비를 벌면서 여행 갈 돈을 모으기 위해 계속 아르바이트를 했다. 2010년에 마리학교를 그만두고 서울의 한 온라인 쇼핑몰에서 전화상담 아르바이트를 네 달 정도 했다. 그 뒤 영화관에서도 아르바이트를 했다. 여행가려고 들었던 적금 통장도 만기가 되어서 드디어 비행기 표를 샀다. 정말 뿌듯하다. 고등학교 졸업하기 전에 졸업 후 목표 중 하나가 다양한 일을 하면서 사회 경험하기랑, 모은 돈으로 여행을 가는 것이었다. 그리고 독립하기. 모든 일을 계획대로 잘 한 것 같은데 계속 공허한 느낌이 드는 걸 보면 이제는 내가 하고 싶은 일을 배워야 할 때인 것 같다.

지난 2년 동안 일을 하면서 고등학교에서 생활했던 경험이 사람들을 만나고 그 사람들을 이해하는 데 많이 도움이 되었던 것 같다. 그 사람들을 이해하는 과정에서 내가 그동안 학교생활 하면서 배우고 옳다고 생각했던 것을 버려야 하는 순간들도 많이 있었지만, 그래도 이것이 상대방을 이해하는 한 과정이라 생각했다.

곧 있으면 계획했던 대로 스페인으로 여행을 간다. 학교 붙으면 환불하려 했지만 대입에서는 떨어지고 말았다. 올해 시험본 건 좋은 경험 한 셈치고 여행 갔다와서 본격적으로 다시 준비하려고 한다. 여행 갈 생각에 일하는 것도 즐겁고 설레기만 하다.

진짜 하고 싶은 일 하면서 먹고살기

한나 | 하자작업장학교를 마치고 지금은 천과 바늘로 사람과 사람을 잇는 작업자가 되려고 노력하는 중이다. 그동안 한복 작업장에서 일을 배우며 지내다가 현재 공부를 더 해보기 위해 이탈리아로 유학을 갔다. 이 글은 하자의 졸업 에세이로 쓴 글이다. pp00p@naver.comt

새로운 학습의 길

나는 중고등학교 때부터 패션(옷)에 관심이 있었다. 하지만 그 일을 진짜 하고 싶은 것인지, 매스컴에서 보이는 화려한 모습이 아닌 진짜 그 세계의 모습은 어떤지 알 수가 없어서 확신이 서질 않았다. 오로지 명문 대학을 가기 위해 공부하는 고등학교에서는 그걸 확인할 시간도 방법도 없었다. 그렇다고 어정쩡한 수능점수에 맞춰 대학을 가기는 싫고, 대학을 안 갈 거면 바로 사회에 나가야 하는데, 아무것도 준비된 것이 없어 그것도 무서웠다. 그리고 지방 소도시에서 살면서 매스컴으로만 보아 왔던 '문화생활'도 누리고 싶었기에 서울로 갈 결심을 했다. 이왕이면 사람은 서울로 보내라고 하지 않았던가? 하지만 열아홉 살까지 내 삶의 거점은 양산이었고, 서울에는 의지할 사람이 없었다. 내 나이 스무 살. 하자를 새로운 거점으로 한 새로운 삶을 시작하게 되었다.

하자에 오기 전에는 아주 크고 넓은 길을 보며 걸었다. 그 길에 들어서기만 한다면(명문 대학을 가면? 좋은 데 취직하면?) 내 인생은 그야말로 탄탄대로일 거라고 생각했다. 고등학교 3학년 말, 내 앞에는 대학과 사회라는 두 갈래 길이 있었다. 그러나 대학 가기를 포기했을 때, 나는 낙오자가 된 것 같았다. 그러던 중에 '하자'를 발견했다. 그곳에서 각양각색의 새로운 길을 내고 있는 하자작업장학교 선배들, 각 작업장의 판돌('하자'라는 판을 돌리는 사람)들과 죽돌(하자에서 죽치는 사람을 뜻하는 말로 하자에 붙박이로 있는 청소년)들을 만났다.

자기 이름을 스스로 지어 부르는 곳, 경험의 차이는 있을지언정 나이에 따른 차별은 없는 곳, 화장실 표지판 색을 바꾸어 놓아 처음 오면 바꾸어 들어가기 쉬운 곳, 우리 할머니 말로는 '요상한 도깨비' 같은 곳이었다. 그런 하자 문화 속에서 과거에는 무감각했던 각종 차별과 부당한 권위에 대한 센서를 작동시킬 수 있었다. 그래서 하자를 알게 된 후부터 나는 사람을 만날 때 먼저 나이를 묻지 않게 되었고, 무조건 반말을 하지 않게 되었다.

하자작업장학교의 프로젝트(가르치는 사람, 배우는 사람이 따로 없는, 주면 받아먹는 식의 수업이 아닌 모두 '함께' 만들어 가는 수업이라는 의미)에서도 많은 것을 경험하고 배울 수 있었다. '시각문화의 이해'나 '미디어로 문화 읽기' 프로젝트는 새로운 시각으로 내 주변에 있는 이미지와 미디어들을 읽는 훈련을 시켜주었다. 또, '그림책 만들기' 프로젝트에서는 이야기 자체의 매력에 흠뻑 취할 수 있었고, '발견과 발상—명동성당 다시 보기' 프로젝트는 이미지들을 내 언어, 내 이야기로 풀어 나가는 방법을 알려 주었다.

하지만 용두사미가 된 프로젝트도 많았다. 첫 학기 때에는 새롭고 풍부한 자원과 프로젝트에 눈이 휙 돌아가 이것저것 다 신청했다가 학기 끝에 가서는 헉헉거렸다. 몇몇 프로젝트는 도마뱀 꼬리 자르듯 꽁무니를 뺐다. 그러다 두 번째 학기부터는 조금씩 '내 전공이 뭘까?'를 생각하며 그것을 중심으로 프로젝트를 구성하게 되었다.

그러면서 자기주도 학습이 단순히 '스스로 알아서' 하는 학습을 말하는 것이 아니라, 약속 지키기부터 건강 챙기기처럼 '자기 관리'까지 포함하는 것이란 걸 알게 되었다. 지치고 힘들 때마다 흐지부지 도망가는 것이 아니라, 스스로 동기를 다시 펌프질해 시작했던 프로젝트를 끝까지 완성하는 것이, 하자가 말하는 자기주도 학습의 핵심이라는 것을 알게 되었다.

파트너십

하자 초기 때는, 학교 이야기부터 소소한 생활에 관한 이야기까지 담임과 나누면서 좋은 관계를 만든 반면 하자 친구들과 소통은 그리 활발하지 않았다. 혼자 공부하고 시험 쳐서 점수 잘 받으면 되는 학교를 오래 다니면서 익힌 습관일 것이다. 하자에서는 강좌 형식을 띄고 있더라도 엄연히 수업이 '프로젝트'로 진행되고 있다는 것을, 그래서 동료들과 파트너십이 중요하다는 것을 제대로 알지 못했다.

파트너십이 중요함을 처음 느낀 것은 '죽돌기획-색끼(색과 끼)' 프로젝트에서였다. 순수미술을 배워 하자에 공공미술작품을 설치하는 프로젝트였는데, 기획부터 팀원들과 소통이 충분하지 않았다. 혼자 기획서만 잘 쓰면 다 되는 줄 알았다. 그러다가 서로서로 힘이 빠져 흐지부지 사라지게 되었다. 그때는 프로젝트가 '실패'했다고 생각했지만 지금 와서 돌아보면 팀원 간의 소통, 겉치레가 아닌 서로의 섬세한 욕구를 읽어 내는 것이 기획의 기초임을 알게 되었다.

그러다가 두 학기가 지났을까, '잡지 만들기 프로젝트-작업창고'를 하면

봄학기 '쇼하자'를 준비하는 하자 친구들

서 다시 팀 작업을 하게 되었다. 같이 밤을 새면서 서로 경험을 이야기하고 회의에 회의를 거듭하며, '십대의 목소리를 담은 잡지'를 만든다는 큰 꿈을 공유했다. 하지만 미숙한 기획과 더딘 진행, 그리고 자신의 역량에 대한 과신 때문에, 잡지는 한 학기를 훌쩍 넘기게 되었고 공식적인 결과물 없이 막을 내렸다.

하지만 그 후 잡지에 대한 팀원들의 애정과(우리끼리는 징글맞은 애증관계) 편집툴을 마스터하게 된 편집디자이너 아호의 분발로 잡지는 마침내 가제본으로 완성되었다. 팀원들과 같이 작업하면서, 작지만 서로서로 주고받는 힘이 모여 혼자 작업할 때는 낼 수 없었던 큰 힘이 나는 것을 경험할 수 있었다. 또 처음에는 생각지도 못했던 그 과정이 나를 더 풍부하게 하는 것도 알게 되었다.

장인의 길

하자 초기에 시각디자인 작업장-패션방에서 주로 작업을 하면서, 주위의 판돌이나 죽돌들 대부분이 '패셔너블'한데 반해 나는 그렇지 않다는 것을 알고, '내가 패션 쪽 일에 어울릴까?' 하는 의문이 들었다. 그리고 패션의 창조적인 면은 좋았지만 상업적인 면을 배우려면 돈이 많이 든다는 것을 안 뒤 조금씩 다른 방향을 찾고 있던 터였다.

그러다가 어느 날, 인사동에서 천연염색 강좌포스터를 보았다. 평소 배우고 싶었던 것이라 주저 없이 신청했다. 강좌는 일주일에 두 번, 서너 시간 동안 진행되었고 나중에 그 결과물로 쇼하자(프리젠테이션 방식의 평가)를 해서 학점도 받았기 때문에 일종의 하자 외부 프로젝트라고 생각했다. 그 강좌를 들으면서 우리 색감뿐만 아니라 조각보, 수, 한복에 대해 더 자세히 알게 되었다. 그리고 조각보 강좌도 들었는데, 그때 손바느질하면서 느꼈던 차분한 마음과 정성이 좋아 패션의 방향을 한복 쪽으로 돌리게 되었다.

하지만 하자에는 한복에 대해 가르쳐주거나 잘 아는 사람이 없었다. 그래서 그런 곳을 찾던 중 하자 로비에 붙어 있던 한남직업전문학교 한복의상 디자인과 모집 포스터를 보게 되었다. 6개월 교육과정으로 매일 저녁 서너 시간씩 교육받아야 했기 때문에 하자에서는 큰 프로젝트 한두 개만 하는 방식을 선택했다.

한남직업전문학교는 만 열다섯에서 쉰다섯까지 기술직을 중심으로 실기 위주 교육과 취업을 목적으로 하는 전문 기술·기능인 양성학교다. 자신의 기술로 경제적인 자립을 하는 것이 목표인 곳이라, 어떻게 보면 '하고 싶은 일을 하면서 먹고살기'가 목표인 하자와 비슷하다고도 할 수 있다. 하지만 전문 기술을 가르치는 것을 제외하면 보통 학교 같은 곳이다. 선생님과 학생의 뚜렷한 구분, 수업 일정에 맞추어 진도가 나가는 등의 교육방식은 아주 달랐다. 하지만 그런 정규 교육과정을 조용히 다 끝낸 나로서는 큰 불편 없이 마칠 수 있었다.

그곳에서 한복에 관심을 가진, 스무 살의 회사원과 서른 살의 주부, 쉰 살의 아저씨와 함께 공부하면서 나이를 떠나 한복에 대한 꿈과 열정을 나눌 수 있었다. 그리고 처음엔 한복의 명칭도 잘 몰랐지만 학교를 다니면서, 모양은 어설퍼도 저고리를 만들 수 있게 되었고 '한복기능사' 자격증도 따게 되었다. 그리고 밖에서는 듣기 힘든 한복계의 속사정도 들을 수 있었다. 그렇게 한남직업전문학교는 한복계로 들어가는 길목이 되어주었고, 그곳에서 언제든지 한복에 관해서 조언을 부탁할 수 있는 선배와 선생님도 만났다.

예전에 하자의 놀자 프로젝트 중의 하나였던, '재봉의 기초'에서 만든 치마에 대한 기억이 하나 있다. 완성된 모습이 빨리 보고 싶어서 대충대충 했다가, 판돌에게 완성도에 대한 지적을 받았다. 하지만 그땐 별로 신경쓰지 않았다. 내가 하고 싶은 건 디자인이지 기술이 아니라고 생각했다.

그러다가 '꼼지 가방'을 작업하면서 내 작품이 너무 허접하다는 생각이 들었다. 물론 의도도 좋고 디자인도 괜찮다고(?) 생각했지만 바느질이 따라주지 않으니, 디자인도 함께 죽어 보인다는 사실에 크게 난감했다. 그렇다고 디자인만 하고 바느질은 다른 사람이 하는 것은 '선물─정성이 담긴 물건'의 의미에 맞지 않는 것이었다. 그래서 야무지지 못한 내 손에 대해 생각하게 되었다. 그건 어쩌면 뭔 일을 시작하면 끝이 흐지부지되었던 프로젝트와 닮아 있었다.

또 기술도 있는 디자이너가 되고 싶었다. 문화를 읽는 감각과 새로운 마인드는 하자에서 배웠고 이제 문제되는 것은 손을 단련시키는 것이었다. 그리고 기술을 연마하면서 돈을 벌면, 일반 아르바이트보다 급여가 무척

짜긴 했지만 '이것이야말로 하자가 말하는 '하고 싶은 일 하면서 먹고살기' 가 아닐까?' 생각했다. 지금 생각하면 아주 단순한 생각이었다는 것을 알 수 있다. 아무튼 그래서 한남직업전문학교에서 만난 선배를 따라 선배가 일하는 바느질방으로 가기로 결정했다.

하늘이 다 먹고 난 아이스크림 막대기만 하게 보이는 골목에, 다닥다닥 붙어 있는 똑같이 생긴 집들. 부엌 옆에 딸린 작은 방에, 재봉틀 두 대. 한 남직업전문학교에서 말로만 듣던, '바느질방'의 모습이었다.

창문에 발을 커다랗게 쳐서 세 개의 형광등을 끄면 낮에도 어두운 작 은 방. 그 발에 소원 종이처럼 주렁주렁 붙어 있는 '사이즈장(주문표)', 그리 고 벽에는 저고리가 완성되면 달 고름들이 주렁주렁 달려 있었다. 사장님 은 그런 작업실이 무슨 무당집 같다고 생각해, 밖에 손님이 오면 문을 닫 는 등 다른 사람들에게 보여주길 꺼려하셨다. 그런 모습은 남보란 듯이 번 쩍거리게 잘 꾸며 놓은 청담동의 한복 매장과 너무 차이가 났다.

대장장이 집에 식칼이 귀한 까닭

한남직업전문학교와의 인연이나 그 선배가 없었다면, 주택가에 꼭꼭 숨어 있는 이 바느질방을 무 슨 수로 알고 왔을까 싶다. 처음 바느질방에 갔을 때는 네모난 천이 미끈 한 저고리가 되어 쌓여 가는 게 신기했다. 그리고 작은 바느질방이었지만 실제로 한복계에 첫발을 디딘다는 생각에 가슴이 뛰었다.

하지만 얼마 지나지 않아 그 가슴 뜀은 차츰차츰 가라앉았다. 특히 버려 진 천 조각들을 모으면서, '아이고 아까워라, 모아 두었다가 조각보 만들면 이쁘겠네.' 했던 마음이 점차 사라졌다. 그 공간은 문화나 무엇인가 새로 만들어 내는 것과는 너무나 멀었다. 오로지 단순 작업을 반복하는 공간이었기 때문에, 무엇인가를 만들 수 있는 작은 천은 아무런 의미가 없었다. 그래서 처음에는 바느질방을 '공방'이라 불렀는데, 이제는 그냥 '바느질방'이라고만 부르게 되었다.

좁은 공간에서 하루 10시간 가까이 오로지 바느질만 하려니 답답했다. 하루 종일 서서 일하거나 쭈그려 앉아서 천에 작은 오물 하나라도 묻을까 몸을 긴장시키며 온 정신을 손끝에 집중하니 집에 오면 쓰러져 자기 바빴다. 휴일에도 책을 읽거나 다른 작업을 구상할 여력이 남아 있지 않았고, 주말은 그야말로 월요일을 위해 푹 쉬는 날이 되었다. 하자 다닐 때처럼 프로젝트를 들으며 내 작업을 구상하거나 전시회나 공연을 다니는 것이 힘들어졌고, 그래서 하자가 그리웠다.

점심밥 먹고 10분, 옥상에 올라가 하늘을 보며 멀리 여행을 가는 상상을 하는 것이 유일한 숨통 틔우기였다. 그리고 가끔씩 어머니, 선배, 그리고 하자 사람들과 통화하면서 위로 받기도 했다. 그렇게 일을 너무 많이 해서 쉴 때는 바늘조차 들고 싶지 않았고, 왜 요리사가 집에 돌아와서 요리를 안 하는지(못하는지), 왜 대장간 집에는 식칼이 귀한지 알 것 같았다.

장인이란?

바느질방 사장님은 자신의 한복 기술에 대한 자부심과 20년 동안 축적된 전문 기술로 어떤 실수도 덮을 수 있는 능력과 불가능할 것 같은 수선을 척척 해내는, 그야말로 슈퍼우먼이었다. 또 자신이 만든 한복에 완벽함을 추구하는 모습은 장인과 닮아 있었다. 하지만 새로운 것을 만들려는 창조적인 모습이나 더 좋은 한복문화를 만들려는 모습을 볼 수 없었다. 문화와 철학, 한복에 대한 깊은 통찰력이 느껴지는 이야기도 들을 수 없었다.

그래서 어떤 일을 십 년 이상 해왔으면, 모두가 다 장인이라는 생각이 깨졌다. 어떤 일을 습관처럼, 기계처럼 하면 20년을 했든 30년을 했든 능수능란해질 수는 있어도 장인은 아니란 것을 깨달았다. 그래서 작업을 할 때, 어떤 이야기를 어떻게 담을 것인지, 그리고 세상과 어떻게 소통할 것인지 항상 생각하라고 가르쳐준 하자가 또 한 번 소중하다고 느꼈다. 그것은 앞으로도 나를 자극시켜 단지 머리만 있거나 손만 있는 사람이 되지 않게 해줄 것이다.

'가족 같은 분위기'의 함정

처음 바느질방에 왔을 때, 난 당연히 사장님을 선생님이라 불러야 된다고 생각했다. 내게 바느질을 가르쳐주는 분이고, 장인이라고 생각했기 때문이다. 하지만 사장님은 그 단어가 불편하다고 극구 말리며 그냥 한복계 관행대로 '언니'라 부르라 했다. 가족에게만 쓰는 그 단어가 불편했지만, 로마에 오면 로마법을 따르라고 그냥 그렇게 불렀다.

한참 바느질방에서 일할 때는 그 호칭이 입에 붙어, 가끔씩 놀러간 하자에서조차 판돌을 부를 때 '언니'라는 호칭이 불쑥 튀어 나와 민망했다. 얼마 지나지 않아 그 호칭이 가진 문제를 실제로 경험하면서 그런 습관은 확 줄어들었다.

그것은 사장님이 추구하는 '가족 같은 분위기'에 대한 것이다. 실제로 작업실이 가정집 안에 있고 호칭까지 그러니 실로 엄청난(?) 시너지가 났다. 사장님이 '언니'가 된 덕분에 나는, 친구들 부모보다 무능력하다는 말을 해서 사장님의 마음을 시뻘겋게 할퀴는 조카와, 무직으로 부동산업계를 기웃거리며 하는 일 없이 바쁜, 매일 방바닥을 신경질적으로 청소하는 형부를

두게 되었다. 게다가 가부장적인 서열이 무척 강한 집안이라 사장님의 남
편을 상사 아닌 상사로 두게 되었고, 그 분위기는 고스란히 바느질방으로
이어졌다. 그래서 바느질방은 분명 작업공간인데도, 그에 대한 존중이 하
나도 없었다. 그리고 하루 종일 같은 공간을 쓰면서 어쩔 수 없이 한편의
가족 드라마를 생방송으로 봐야 할 때도 많았다. 그런 분위기 속에서 일하
는 것이 스트레스가 되어 안 그래도 일이 힘든데 더 힘들게 느껴졌다.

그리고 집안 교육까지 덤으로 받게 되었다. 젓가락질부터 바느질방 청소
후 걸레 빨아 놓기, 설거지 후 음식물 쓰레기통 비우기, 단답형으로 대답
하지 않기, 꼬박꼬박 인사하기…. 같은 일터에 있는 사람으로서 당연히 할
수 있는 일도 있었지만, 때때로 예전 엄마시대 때 식모가 된 느낌이었다.
그리고 그것이 그 사람들의 '가족 같은' 분위기라는 것을 알게 되었다.

도제 방식에 대한 회의

처음 공방에 들어갔을 때는 스승과
제자가 1:1로 연결되어 기술뿐만 아니라 문화를 만들어가며 철학을 이어
간다는 그런 큰 기대가 있었다. 하지만 바느질방은 '공방'이 아니었다. 물
론 스스로 만든 옷에 완성도와 자부심을 느끼기도 하지만 밀려드는 일감
에 그런 느낌은 쉽게 한구석으로 밀려 났다. 몸 상태가 나쁘든 좋든, 주어
진 시간이 짧든 길든 상관없이 적정 수준의 바느질로 옷을 만들어 내느냐
가 중요했다. 그것을 훈련하는 것이 중요한 곳이었다. 선생님 혹은 스승님
이라고 부르고픈 분은 기술은 뛰어났으나 한복에 대한 지식과 문화에 대
한 체험, 사람 사귀는 폭이 너무 좁았다. 시간이 갈수록 나는 장인에 조금
이라도 가까워지기보다 옷 만드는 기계에 가까워졌다. 심한 박탈감을 느낀
적도 많았고, 그것이 슬럼프가 되어 힘들었던 적도 많았다.

나는 둔해진 머리와 감수성을 다시 깨우고, 본보기가 될 만한 작업자들을 만나고 싶었다. 새로운 것을 경험하고 배우고 싶었다. 그래서 그런 것을 할 수 있는 나만의 시간을 얻기 위해 열심히 기술을 닦았다. 그리고 일년 반 넘어서야 그 바느질방을 나올 수 있었다. 일감을 받아 집에서 혼자 일을 하게 된 것이다.

하지만 내가 생각했던 자유는 없었다. 분명 일하지 않는 시간은 있었지만, 불규칙적이고 들쭉날쭉한 일감은 무슨 일을 하든 항상 대기 상태에 있는 기분이 들었고 한 달 두 달 넘어가는 장기 계획을 세울 수 없었다. 게다가 하루 종일 일해도 턱없이 적은(평균 아르바이트 시급에도 못 미치는) 도급(저고리 하나 완성했을 때 주는 급여)은 내가 이러다가 '진짜 먹고살 수 있을까?' 하는 회의가 들게 했다.

그동안 기술을 배우고 그것이 완전히 손에 익기까지 조금만 더 조금만 더 하고 끌어왔던 것이 휘청휘청 흔들리기 시작했다. 앞으로 여기서 이 일을 쭉 한다면, 기술은 늘겠지만 한복이 먹고살기 위해 하는 단순한 일이 되고, 내 스스로가 한복 만드는 기계가 되는, 내가 제일 싫어하는 모습이 떠올라 공포 아닌 공포가 되었다.

하자 밖에서 처음으로 나이와 권력과 학력에 대한 차별이 많고, 청소년을 이해하려 하기보다 자신의 옛 사고방식대로 훈계하려는 어른을 만났다. 그런 어른을 피해왔던 옛날과 달리 같은 공간에서 일을 해야 했다. 그런 어른들과 도대체 어떻게 소통해야 할지 막막했다.

처음에는 하자식으로 서로의 경험을 존중하며 대화하려고 시도했다. 하지만 무시당하고, 결국 위에서 아래로만 흐르는 대화방식이 되었다. 가부장적인 바느질방의 분위기와 기술을 배워야 하는 처지가 합쳐져 결국 나는 위에서 말씀하시면 '네'라고 대답하거나 일에 필요한 최소한의 말만 하게 되었다. 그 후로도 문제를 풀기 위한 노력을 하지 않았고(못했고) 결국 그것이 쌓여 사장님과 나 사이에 큰 벽이 되었다.

그저 온 힘을 다해 묵묵히 기술을 배웠다. 그래서 그만둔다는 이야기를 꺼냈을 때, 사장님 입장에서는 일 잘하던 아이가 기술을 다 배우더니 하루 아침에 변심해버린 꼴이 되었다. 사장님은 나랑 같은 위치에 있었던, 앞서 이 바느질방을 거쳐 간 다섯 명에게 했던 말을 다음 사람에게 또 할 것이다. "일을 가르쳐 놓으면 쭉 오래도록 함께 해야 하는데, 그냥 먹고 떨어져 버려 내가 참 손해야."

도대체 피해자만 만드는 이 시스템은 뭘까?

한복계의 피라미드 구조와 관습

자꾸 좁아지는 시장, 제 살 깎아먹기식 경쟁, 문화적인 생각과 디자인에 대한 투자 없이 '그저 살아남기 위해' 돈벌이 수단으로, 장사로만 변질되고 있는 것이 요즘 한복계의 큰 그늘이라고 한다.

아무튼 내가 겪은 한복계의 일면은 이렇다. 크게 매장과 바느질방(작업실)으로 나누어지며 매장에는 경영자, 그 아래에는 경력이 최소 삼사 년은 되어야 할 수 있는 실장이 있다. 실장들은 손님 치수를 재고 디자인과 가격을 상담한다. 그리고 실장 밑에는 견습생이 있고, 견습생은 각종 심부름, 한복 박스 접기, 청소 등을 한다.

바느질방 주인은 매장 쪽에서 일감을 받아 자신의 바느질방 아래 있는 사람들(한때는 견습생이었다가 기술을 익힌 후 독립해 나간 사람들)에게 중개수수료쯤 되는 금액을 뗀 공임을 준다. 대신에 매장의 일정 조절과 일감을 최종적으로 책임지는 자리에 서게 된다.

매장은 사업자등록이 되어 있지만 작은 바느질방 대부분은 등록되어 있지 않다. 그래서 그런지 매장과 바느질방이 일을 할 때, 계약서를 쓰지 않고 주먹구구식으로 처리한다. 물론 이력서는 필요 없고 자신이 만든 저고리나 옷을 가져가면 된다. 그래서 철저히 실력위주로 평가되는 곳이기도 하지만 한편으로는 어느 순간 소리 소문 없이 일감이 줄어들다 끊어져도 어쩔 수가 없다. 비정규직의 끝에 있는 셈이다.

바쁘면 일감이 밤낮없이 들어오고, 하루도 안 되어 옷을 만들어 달라고 해 짜증이 났다. 일을 정성스럽게 할 수 없게 만들 뿐 아니라 몸이 축난다. 게다가 한복계 불황에, 대부분 혼수품으로 수요가 한정되어 있어 비수기(여름, 겨울)와 성수기(봄, 가을)가 극명하게 갈리는 것도 문제다. 또, 매장과 계약서 없이 일을 하기 때문에 먹고살기 어려운 바느질방이 더 싼 공임으로라도 일을 하겠다고 할지 모른다. 언제라도 일감이 줄어들 수 있다는 불안감이 있다. 그 때문에 일이 들어오면 안 할 수가 없게 되어 있다.

도급(급여) 체계도 문제가 있다. 옷을 입는 사람이 바느질을 볼 줄 모르는 것도 문제지만 어느 적정 수준까지 바느질이 나오면 매장에서는 조금이라도 싼 공임으로 일을 주려 해서 실제로 10년 경력이나 5년 경력이나, 대우에 별 차이가 없다는 것도 문제다.

밤늦도록 바느질방에서 일하는 것은 하자에서 작업할 때 밤샘하는 것과는 뚜렷하게 달랐다. 그때는 늦은 밤까지 일하면 몸은 힘들지만, 작업 끝내고 난 뒤의 보람과 일을 부탁한 사람들이 행복해하는 모습에 힘든지 몰랐지만 바느질방 일은 달랐다. 디자인은 매번 똑같고, 어디로 가고 누가 입는지도 모르는 옷을 만드는, 기술이 느는 것 빼고는 의미 없는 일을 매일매일 반복해야 했다. 항상 실수하지 않도록 긴장을 늦추지 말아야 했고, 그렇게 일하는 것이 나를 무척 지치게 했다. 조금씩 소모되는 느낌이 들면서 자신도 모르게 신경질적으로 변해갔다.

바느질방에 있으면서 배운 것
그럼에도 2년 동안 바느질방에 있으면서 배운 것이 많았다. 기술뿐만 아니라 일할 때의 자세를 몸으로 익히게 되었다. 일할 때 한 번 자리를 잡으면 서너 시간은 물론 대여섯 시간도 쭉 할 수 있는 집중력과 바느질하는 몸이 만들어져 있는 것을 느낄 수 있었다.

슬럼프를 다스리는 법도 배우게 되었다. 바느질이 잘 되다가 어느 날 갑자기 안 되는 때가 있다. 그 슬럼프를 넘기는 방법은 거기에 흔들리지 말고 평소 일하듯이 계속해 나가는 것이다. 그랬더니 어느 순간 일정하게 바느질 기술이 한 단계 올라가 있는 걸 알게 되었고, 새로운 것을 배울 때마다 다시 슬럼프가 와도 무난하게 넘길 수 있었다. 처음에는 일하는 몸이 만들어지지 않아 몸이 무척 아팠는데, 시간이 지나면서 차츰차츰 적응했다. '몸'이 배우는 건 말 그대로 몸으로 배울 수밖에 없음을 알게 되었다.

하지만 정신적인 스트레스로 오는 슬럼프는 어떻게 처리할 재간이 없었다. 선배와 한복계의 불합리한 점을 이야기하면서 앞으로 우리는 그러지 말자고 다짐하고는 펑펑 울었다. 그리고 약속 시간 정확히 지키기, 작업을 끝낸 뒤 한 번 더 뒤돌아보는 습관과 일하고 나서 있던 자리에 물건 놓기가 습관이 되었다. 또, 천을 소중히 여기고, 손은 항상 깨끗이 물기도 싹싹 닦은 다음 작업하는, 그런 사소한 것까지 몸에 배게 되었다. 어느덧 바늘 잡는 모습이 다른 사람 보기에 어색하지 않는, 바느질하는 사람의 자세가 자연스럽게 나오는 것이 신기하고 뿌듯했다.

상호관계에 대한 태도 차이를 몸으로 느끼면서 서로의 처지를 배려하는 마음이 있어야 한다는 것도 알게 되었다. 바느질방을 나올 때 일주일 전에 그만두겠다고 했다. 그런데 한복은 기술직이라 사람 구하기가 무척 어렵고 일하는 스타일도 맞추어야 하기 때문에 시간이 많이 걸리지만, '일이 없는 비수기니깐 괜찮겠지' 생각했다. 그동안 서로 소통이 잘 되었더라면 사장님 처지를 더 배려하면서 그만둘 수도 있었을 텐데, 갑자기 그만둔다는 말을 꺼내게 되면서 서로의 상황을 어렵게 만들었다.

또 어쩌면 한복계에 대한, 도제방식에 대한 환상을 깬 것 또한 좋은 수확이 아니었나 싶다. 이런 곳을 경험하면서 오히려 다음에 갈 곳을 더 잘 찾게 되는 눈과 귀를 갖게 된 것이다.

'진짜' 하고 싶은 일을 하면서 먹고살기

한복 일을 하면서 한때는 나랑 잘 어울린다고 생각했던 바느질이 오히려 징글징글맞고 정말 하고 싶지 않은 일이 되기도 했다. 아니, 정확히 말하면 아무런 문화적인 배경과 자극 없이, 창조적인 생산 없이, '골방에 갇혀 바느질만 하는 것'은 내가 진짜 하고 싶은 일이 아니라는 것을 알게 되었다. 물론 기술이 손에 완전히 붙게 되기까지는 그런 훈련이 중요하며 필요하다.

매일매일 그만둘 생각을 하면서 '대학을 갈까?' 하는 생각도 했다. '아님 멀리 여행을 가버릴까?' '다시 한남직업학교를 갈까?' 아니면 '돈을 번다는 의미로만 바느질방에서 일을 하면서 방송통신대를 다녀볼까?' 고민이 많았다. 그러다가 잡지에서 보고 관심을 두고 있던 한복집에 전화를 했다. 그리고 찾아가서 이야기를 나누면서, 어쩌면 내가 찾고 있는 곳이 이곳이 아닐까 하는 생각이 들었다.

한복 관련 직업전문학교를 나오고, 바느질방에서 일한 경력이 취직하는 데 도움이 많이 됐다. 청담동보다 경복궁 옆 삼청동에 있는 것이 좋았고 매장이 작은 한옥집이란 것이 마음에 들었다.(예전에 삼청동길로 자주 놀러 갈 때 그 문이 예뻐 사진을 찍어 놓았는데 알고 봤더니 그 집이었다.) 그곳에서 기술과 더불어 문화와 사람을 생각하는 진정한 작업자가 되어 하자에서 만든 뿌리를 좀더 깊게, 더 다양한 줄기와 가지로 뻗어가게 만들 수 있을 것 같아 기대가 되었다.

졸업 에세이를 끝내며

하자를 잘 모르는 사람들은 뭐 하러 학력 인정도 받지 못하는 대안학교에서 졸업까지 하냐고 하지만 그런 말에 아랑곳하지 않았던 것은 하자라는 길에 들어서서 만나게 된 수많은 사람들, 그들에게 받은 응원과 도움으로 여기까지 올 수 있었기 때문이었다.

그래서 다른 사람이 아닌 내 성장을 지켜봐온 바로 그 사람들에게 인정을 받고 싶었다. 판돌들과 죽돌, 학교 친구와 담임들이 준 물을 쭉쭉 빨아들이며 하자라는 땅에서 성장한 것에 대한 감사와 보답을 하고 싶었다. 그것이 하자에서 4년 동안 보낸 내 이야기를 풀어 나가는 일이었다. 이 이야기가 하자에 있을 새로운 친구들에게 좋은 영양분이 되어, 내가 그랬듯이 그들이 성장하는 데 조금이나마 보탬이 되길 바라기 때문이다.

2년간 바느질방에 있으면서도 하자에 적을 두고 있었던 것은 하자가 내게는 '고향집' 같은 곳이기 때문이었다. 그래서 다시 길을 떠나기 전에 고향에 가는 설렘과 푸근함으로 졸업을 준비하고 있다. '연어가 강물을 거슬러 올라가는 까닭을 조금은 알 것 같다'라고 하면, 연어가 웃을까?

대안학교를 나와 대학을 다녀 보니

이신혜 | 산돌학교 졸업하고 한 달 동안의 대학생활을 경험하고 휴학했다. 이 글은 순전히 개인적인 경험을 쓴 글이므로 읽는 이들이 자칫 대학에 대해 부정적인 선입견을 갖지는 말았으면 좋겠다. shlee1795@naver.com

산돌에서 보낸 다섯 해

2010년 2월, 나는 5년 동안 다닌 산돌학교를 졸업했다. 그리고 바로 다음날 대학에 입학했고, 다닌 지 한 달이 조금 안 되어 휴학했다. 5년 동안 다닌 학교를 졸업하고, 다시 입학하고 휴학하기까지 한 달 남짓한 시간이지만, 이 한 달이 내게는 지난 5년만큼이나 쉽지 않았다. 그리고 이 한 달이 있었기 때문에 지난 5년의 시간에 대해 진심으로 고마운 마음을 갖게 되었다.

사실 나를 아는 몇몇 사람들은 산돌에서 5년을 온전히 다닌 2기 졸업생 중 졸업 후 '학교에 찾아오거나 연락하지 않고도 지 할 일 하며 가장 잘 살 것 같은 애'라고 생각했을지도 모르겠다. 그만큼 나는 지난 5년 동안 산돌학교에 다니면서 다른 애들보다 학교에 대한 애정이 적었다. 또 대안학교 특성상 맺을 수밖에 없는 끈끈한 관계와 공동체 활동도 별로였고 특유의 무겁고 칙칙한 분위기와는 그닥 친하지 않은 애였다.

1, 2학년 때는 너무 어리고 순진해서 잘 모르는 채 학교를 다녔고, 3학년 2학기부터 조금씩 답답함을 느끼기 시작해서 4학년 때는 완전히 학교를 부정하게 되었다. 그리고 5학년이 되어서야 학교가 조금씩 좋아졌고 그렇게 일 년을 보내고서 졸업을 했다. 그러니 정작 5년 동안 진짜 학교가 좋아서 다닌 기간은 일 년밖에 안 되는 셈이다.

학교 부정하기

학교가 싫었을 때는 4학년 때가 절정이었다. 그렇다고 그 기간 동안 무기력하게 있거나 밖으로 나돌기만 했던 건 아니었다. 그때 대안학교의 특징이기도 한 공동체주의와 도시적이지 못한 촌스러움과 무겁고 칙칙한 분위기에 참을 수 없이 화가 나고 답답했기에 나는 학교가 추구하는 것에 열심히 반대하며 학교를 다녔다.

3학년 겨울방학 때 미국 이모네에 가서 적지 않은 충격을 받았다. 처음 보는 세련되고 개인주의적이고 편안한 미국 문화를 경험하면서 이제까지 내가 경험했던 것들이 아주 보잘것없게 느껴졌고, 나도 그렇게 개인주의적이고 세련되고 멋있게 살고 싶어졌다. 문화충격을 받고 다른 애가 되어 돌아온 열일곱 살 여자아이에게 생명과 평화를 추구하고, 농사를 짓고, 공동체 생활을 하는 산돌학교는 답답하게 느껴질 뿐이었다.

게다가 고등학생이 되었는데, 학교에서는 대학 안 가도 된다고 하지만 진짜 안 가도 잘 살 수 있을까, 일반학교 애들은 열심히 공부하는데 나는 이러고 있어도 되는 건가 하는 불안감과 고민이 조금씩 생기기 시작했다. 그렇지만 학교에서는 마음에 와 닿지 않는 생명과 평화를 얘기하며 농부가 되라고 하는 것 같았고, 그럴 마음은 절대 없을 뿐더러 미술, 패션, 디자인 쪽에 관심이 많았던 나는 굳게 마음먹고 엄마 아빠에게 학교를 그만 두겠다고 말했다. 하지만 엄마 아빠가 반대해 다시 학교에 갈 수밖에 없었다.

4학년 내내 나는 '극 개인주의적'으로 살았다. 학교의 모든 것을 부정했다. 어렴풋이 느끼던 학교 안과 밖의 이질감은 커져 갔고, 학교는 내가 관심 있던 분야와 너무 거리가 멀었다. 와 닿지도 않는 생명과 평화에 대한 이야기, 생태적인 감성, 개인의 욕구는 조금 나중에 생각해야 하는 공동체주의. 아니, 솔직히 4·19혁명이 나랑 무슨 상관이고, 북한 기아가 무슨 상관인 거지? 땡볕에 몇 시간씩 쭈그려 앉아 고구마밭 잡초를 뽑고, 겨울에는 더운 물도 나오지 않는 샤워실, 묵학 시간에는 엉덩이가 아파도 바닥에 앉아야 되고⋯. 나는 별로 중요해 보이지 않는 살림, 농사 같은 수업들을 부정하면서 열심히 반대로 행동했다. 학교 수업에 부정적이었기 때문에 수업이 없을 때나 묵학 때는 혼자 문제집을 풀었고, 공동체주의가 너무 싫어 관계에는 신경도 쓰지 않고 개인적으로 행동했다. 수업시간엔 선생님 하는 얘기에 반대 의견을 내고, 주말마다 집에 가서는 엄마에게 학교 가기 싫다고 하면서 그래도 가라는 엄마와 싸웠다.

나에 대한 회의

학교에 극도로 부정적이었던 4학년이 끝나갈 즈음 학교에서 두 달 동안 인도 여행을 갔다 왔다. 인도 여행은 너무 좋았고, 여행을 하는 동안 이런저런 일을 같이 겪은 친구들과 애틋한 감정이 생겨서 그런지, 학교에 대한 부정적인 생각이 조금씩 사라졌고, 자연스럽게 5학년이 되었다.

5학년은 마지막 학년이라 학기 초부터, 원래 하던 학교 수업에다가, 인

공동체 회의

턴십, 삼인행, 졸업작품 같은 프로젝트 수업들로 바빴다. 나는 학교 밖에서 인맥을 쌓을 수 있는 인턴십과 삼인행을 잘 해보려고 엄청 열심히 했지만 모두 안 좋게 끝이 났다. 인턴십을 지원할 때 며칠 밤을 새워 쓴 자기소개서를 한 패션 잡지사에 보냈는데, 면접 때는 너무 떨려서 정작 말도 제대로 하지 못했다.

2학기에도 여전히 할 일이 많고 바빴지만 나는 별로 잘 지낼 수가 없었다. 기대했던 인턴십과 삼인행(세 명이 함께 스승을 찾아 다니는 일)은 실망스러웠고, 관계에 별로 신경 쓰지 않았기 때문에 외로웠고, 다른 애들을 보니 다 자기가 하고 싶은 걸 하면서 잘 살고 있었다. 내가 학교를 부정하는 동안 다른 뭔가 더 중요한 것들을 놓치고 있는 것 같아서 허무해졌고, 나에 대한 회의가 들었다.

생각해보면 학교에 대한 부정은 내가 학교에서 보냈던 시간에 대한 부정이었고, 그건 나 자신에 대한 부정이기도 했다. 4학년 때 학교에서 개인주의적이고 이기적으로 행동했던 건 사실 나 스스로에 대해 자신 없고 불안했기 때문이었다. 학교 밖에서 '좋아 보이는 사람들'을 만나면 자신이 없었고, 학교를 싫어하면서도 학교를 빼놓고는 내 얘기를 할 수 없는 자신이 답답했다. 학교 바깥의 좋아 보이는 것들에 대한 이질감과 나 자신에 대한 불안함, 그러면서 나도 좋아 보이는 사람이 되고 싶은 욕망으로 혼란스러운 상태였다. 그래서 학교 밖에서도 안에서도 힘들었다.

졸업과 대학 입학

졸업할 즈음에는 학교에 대한 믿음과 나에 대한 믿음을 갖게 되었다. 관계도 좋아지고, 겉으로 좋아 보이는 것이 그렇게 중요한 것이 아니라는 것도 알았다.

졸업식을 한 달 앞두고, 여름에 시험을 봤던 대학에서 합격통지서가 왔다. 충남에 있는 작은 국립대학이었다. 생긴 지 얼마 안 되서 잘 알려지진 않았지만 아는 사람들은 일부러 가려고도 하는 곳이었다. 시험을 봤다가 1차에서 떨어지고 예비입학자 4번으로 되어 있어서 될 거란 생각을 안 하고 있었는데 합격한 거였다.

합격통지서를 받고 기쁘기보다는 당황스러웠다. 사실 나는 대학에 별로 가고 싶지 않았다. 5학년을 바쁘게 보내고, 겨울방학까지도 졸업작품 때문에 쉴 틈 없이 보내서 좀 쉬고 싶었고, 사실 졸업하고 진짜 자유롭게 아무것에도 얽매이지 않고 하고 싶은 걸 하려고 했는데. 졸업하자마자 바로 다시 학교생활을 시작할 생각을 하니 부담스러웠다.

그래서 엄마 아빠와 선생님, 친구, 내가 신뢰하고 있는 사람들한테 어떻게 하는 게 좋겠는지 물어봤는데, 하나같이 내가 굴러 들어온 복을 걷어

찰 소리를 하고 있다는 반응이었다. 애들은, "야, 대학엘 합격했는데 거길 안 가? 그것도 국립대학에?" 가서 싫더라도 일단 가보고 결정하라는 거였다. 그리고 결정적으로, 신뢰하던 산돌학교 선생님이 가서 경험해보는 게 좋을 것 같다고 했다. 내가 신뢰하는 어른들이 모두 가는 게 좋겠다고 하는데 자유롭게 하고 싶은 걸 하려고 했던 내 생각이 너무 오만한 건지도 모른다는 생각에 대학에 가게 되었다.

이런 것이 대학생활인가

휴! 한 달 남짓한 대학생활 이야기를 하려니 한숨부터 나온다. 대학은 내가 이전에 상상하던 것과는 너무 달랐다. 내가 경험한 대학은 정말 이상한 곳이었다. 정말, 정말 이상했다.

대학에 가고 싶은 마음으로 갔던 건 아니었지만 처음 해보는 대학생활이 기대되고, 앞으로 어떤 사람들을 만날지 설레기도 했다. 신입생들 중에는 나이가 나보다 많은 사람들도 많았고, 고등학교 졸업 후 바로 온 사람들보다도 나는 한 살이 어렸으니까 미대 신입생 중에서 내가 제일 어렸다.

입학식 날, 나는 조금 떨리는 마음으로 입학식에 갔다. 강당에는 신입생들과 교수님들이 앉아 있었고, 조금 엄숙한 분위기로 입학식이 진행되었다. 국기에 대한 경례와 애국가에 이어 교가를 부르는 입학식. 초등학교 졸업 이후로 처음 느껴보는 이런 엄숙한 분위기에 나는 약간 당황했다. 그리고 총장님의 말씀과 학생회장의 말이 이어졌다. 왠지 총장님의 말씀은 초등학교 교장선생님 말씀과 별로 다르지 않은 느낌이었고, 바로 이어서 양복 차림으로 연단에 등장한 학생회장이 "선서!"를 외치는 모습이 얼마나 이상하게 느껴지던지.

입학식이 있기 전 신입생 환영회에서 대학 동아리들의 신입생 축하 공연을 봤다. 밴드, 댄스, 기타, 풍물 등 대학에도 여러 동아리가 있었다. 대학생들의 동아리 공연은 얼마나 멋질지 기대가 됐다. 그중에서도 하이라이트는 밴드였다. 그런데 공연을 보고 난 다음 정말 대실망했다. 산돌에서 축제 때마다 학교 애들의 밴드 공연을 봐온 나는 대학 밴드 수준에 실망할 수밖에 없었다. 그건, 산돌학교 1학년 애들 밴드 수준에도 못 미쳤다.

그런데 더 이상하고 놀랍고 충격적이었던 것은 나를 뺀 모든 사람들이 그 공연에 열광하고 있다는 거였다. 중고등학교 때 공부만 하다가 대학에 와서야 동아리 활동을 시작한 그들과 중학교 1학년 때부터 공부보다는 기타를 잡고 있던 우리는 다를 수밖에 없었다.

다른 동아리들도 마찬가지였다. 공연에 열광하는 그들을 보면서, 나이는 나보다 많지만 산돌에서 나보다 서너 살 어린 후배들 수준인 밴드 공연에 열광하며 처음이라 어색한 듯이 뛰고 있는 동기생들을 바라보면서 혼자 어쩔 수 없는 이질감을 느껴야 했다.

가장 힘들었던 건 수업시간이었다. 대학 수업의 분위기는 정말 적응할 수 없었다. 일단 교수님이 들어오시면 강의실은 너무나 조용해진다. 교수님은 출석을 부르고, 수업을 시작한다. 수업 내용은 너무너무 재미가 없다. 정말 뻔한 이야기를 하시거나 심지어 어떤 강사는 교과서에 있는 내용을 그대로 피피티로 만들어 와서 읽었다.

수업은 그렇다 치고, 교수님이 학생을 대하는 태도가 좀 이상했다. 학생들을 대할 때는 무시한다는 느낌이 들었고, 선배 언니 얘길 들어보면 교수님이 학생들을 대놓고 무시하는 말을 하기도 했다. 학생들이 교수님을 대하는 태도도 너무 이상하게 느껴졌다. 교수님들이 하는 얘기라면 모두 깍듯이 공손하게 네네 하면서 이상한 이야기를 해도 아무도 토를 달지 않았다. 마치 일반 고등학교 수업이 이럴 것 같았다고 해야 하나? 학생들은 교수님 앞에서는 한마디도 안 하다가 기숙사 오면 교수님들 뒷담을 까느라 시끄러웠다.

나는 대학이라면, 대학생은 성인이니까 교수님과 학생이 서로 존중하고 분위기도 자유롭고 활기찰 거라고 상상했는데, 강의시간은 너무나 조용했고, 교수님들은 출석 번호 순으로 발표를 시켰다. 그런 수업시간마다 '도대체 내가 여기 왜 있는 거지?' 네 시간의 긴긴 강의 시간 내내 공책에 쓰고 또 쓰면서 자존심과 자존감은 바닥으로 가라앉았고, 절망감에 젖었다. 솔직히 산돌학교 선생님들이 지금 당장 대학에 나와 강의한다면 모두 인기강의가 될 것 같았다.

대학에 와서 정말 이상하다고 느낀 것 또 하나는 술자리였다. 대학생들은 술자리를 정말 좋아했다. 정말 매일 밤마다 술자리가 열렸는데, 일단 둥그렇게 앉아서 가운데 술과 안주를 쌓아놓고, 게임을 하며 술을 마신다. 게임에서 걸린 사람이 원샷을 하는 것이다. 나는 그렇게 노는 게 정말 하나도 재밌지가 않았다. 근데 다른 애들은 다 재밌어하니까 나도 같이 웃고 마시면서 즐겨보려고 노력했지만 안됐다. 나만 이상한 사람이 된 것 같았다. 사람들과도 그저 헤헤거리는 관계일 뿐 어느 정도까지 가면 더 이상 친해질 수 없다는 느낌이 들었다.

참다 참다 하루는 친해진 언니랑 밤에 술을 마시며 얘기를 하러 나갔다. "언니, 나 수업도 다 너무 재미없고, 아무래도 휴학해야 될 것 같아요." 했더니 그 언니가 말했다. "너, 솔직히 고등학교 때 공부하고 싶어서 했냐? 공부하고 싶어서 하는 애가 어딨어! 다 나중에 잘 되라고 참고 하는 거지."

그 말을 듣고 정말 충격을 받았다. '난 고등학교 때 하고 싶어서 공부했는데. 하기 싫어서 한 적은 없는데….' 엄청난 이질감이 밀려왔다. 그날 밤 그 언니와 얘기하고 나서 휴학 결심을 굳혔다.

휴학 상담을 하기 위해 교수님을 찾아갔을 땐 정말로 미치는 줄 알았다. 오십대 중후반의 여자 교수님이었는데, 여학생들이 짧은 치마 입고 손에 매니큐어 바르는 것도 싫어하셔서 그 교수님 수업시간에 혼나고 싶지 않으면 단정하게 하고 있어야 한다는 이야기를 선배들한테 들었다. 그래서 나도 최대한 단정하게 입는다고 청바지에 흰 티셔츠, 검정 코트를 입고 갔는데, 연구실에 들어가자마자 교수님이 나를 아래위로 훑어보며 말했다.

"니 옷에는 왜 그렇게 지퍼가 많이 달렸니? 그래, 휴학을 하겠다고? 옷에 지퍼는 왜 그렇게 많이 달린 거야? 그 지퍼 열었다 닫았다 하는 것처럼 생각하는 것도 그렇게 가벼운 애구나."

나는 충격을 받았지만 아무 말도 하지 않았다. 마음을 가다듬고 휴학을 고민한다는 얘기를 했다.

"기숙사 생활이 좀 적응하기 힘들어요."

"작년에 어떤 애 두 명도 기숙사 생활 힘들다 그래서 정신병원에서 대인기피증 진단서 떼 왔거든? 너도 휴학하려면 진단서 떼 와."

"네?"

나는 상담을 하는 동안 순식간에 정신병 환자가 되었다. 순간적으로 내가 정신병자가 되지 않으면 이 학교를 휴학할 수 없는 건가 하는 생각이 들어 무서워졌다.

"진짜 휴학하려는 이유가 뭐야?"

"제가 원래 한 해 일찍 학교를 들어와서요, 휴학을 하고 다른 하고 싶은 것들을 해보고 싶어요."

"여기서도 못하는데, 니가 밖에 나가면 잘할 수 있을 것 같니? 나는 여기 있고 싶어서 있는 줄 알아? 나도 집이 서울이고, 집에서 할 일도 많은데, 다 너희 생각해서 학교 와서 불편한 관사에서 자면서까지 너희를 가르치고 있는 건데, 여기 있는 교수님들이 다 얼마나 훌륭한 분들인 줄 알아? 그분들도 다 고생하시면서 너희를 앞에서 끌어주고 뒤에서 밀어주고 당겨주면서 여기 계시는 거야. 그런데 넌 뭐, 휴학을 하겠다고? 그동안 학교 다니다가 이제 겨우 부모님한테서 떨어져 가지고 한 달을 못 참아서 휴학을 해? 너도 이제 다 컸고, 그렇게 어린애같이 행동할 나이가 아니야."

나는 지난 5년 동안 이 대학 기숙사보다 훨씬 열악한 기숙사에 살았었고, 공동체 생활을 했고, 매년 국토순례를 했고, 두 달 동안 결코 편안하지 않은 인도 배낭여행을 했다고 말하지는 않았다. 그리고 적은 월급을 받으면서 지난 5년 동안 그야말로 우리를 앞에서 끌어주고 뒤에서 밀어주고 당겨줬던 샘들이 생각났다. 연구실을 나올 때도 나갈 때까지 몸을 교수님 쪽으로 돌린 채 나가지 않았다고 혼났다. 정말 어이가 없어 눈물이 나왔다.

짧은 대학생활 동안 몸도 안 좋아졌다. 학교식당에서는 어떻게 된 건지 날마다 튀김과 햄이 나왔다. 비엔나 소세지와 스팸과 김밥 햄이 들어간 종합 햄국에, 밥과 냉동만두와 조미료에 절은 김치와 나물 하나가 반찬이었다. 그리고 어떻게 된장국에다가도 햄을 넣는지…. 매일 점심에는 라면이 나오고. 나는 휴학 후 피부과에 다니면서 다 나을 때까지 육류, 생선, 튀김, 인스턴트, 유제품은 절대 먹지 말라는 진단을 받고 약을 먹어야 했다.

그런데 정말 정말 이상한 건 나만 빼고 다른 사람들은 모두 이런 것들을 너무나 당연하게 생각한다는 거였다.

깊이 장전된 그 시간만큼

대학을 나오고서야 나는 이제까지 받아온 교육에 감사했다. 경험한 것들에 대해, 내가 관계했던 사람들에 대해. 그토록 답답해하던 산돌학교, 내 모교가 너무너무 고마웠다. 지금 이렇게 생각하고 느끼도록 나를 키워준 것이.

세상에 나와 보니 대안교육을 받고 자란 나는 정말 작은 존재였다. 세상에는 대안학교에서 배웠던 것과는 다른 것들이 훨씬 더 많다는 걸 알게 되었다. 앞으로 살아가면서 일반적인 생각을 하는 사람들과 계속 부딪힐 것이다. 그때마다 힘들지 않을 거라고는 못하겠다. 나는 아직 어려서 그런 것들에 부딪힐 때마다 또 흔들리겠지만, 진짜 깊은 곳에 있는 나는 흔들리지 않을 것이라는 걸 이제는 믿는다. 앞으로는 그렇게 흔들릴 일들로부터 스스로 나를 지켜야 한다. 그렇게 시간이 지나다 보면 점점 덜 흔들리게 되겠지.

지난 5년 동안 학교와 나 자신을 부정하고 끊임없이 불안해하며 학교를 다녔지만 그렇게 마음껏 싫어하고 불안해할 수 있었던 것도 일반적이지 않은 산돌학교였기 때문에 가능했었던 것 같다. 그리고 그렇게 마음껏 열심히 학교를 미워하고 끊임없이 불안해했기 때문에 지금 이렇게 5년의 시간을 고마워할 수 있는 것 같다.

친구가 우리 학교에 대해 쓴 어떤 글에서 "어떤 선생님은 우리에게 5년 동안 총알을 잔뜩 장전해 주신 것 같다고 했지만 우리가 장전된 총인지는 잘 모르겠다"고 썼다. 근데 그 장전된 총알이라는 건 학교에서 했던 다양한 수업들이 아니라, 지난 5년 동안 학교에 다니면서 느꼈던 수많은 불안과 고민들, 혹은 기쁨과 희열들 아닐까. 어떤 것이었든 저마다 다 다르게 느끼며 보냈을 그 시간을 통해 우리는 든든하게 장전된 게 아닐까. 졸업하고 일반적인 세상에서 살아가게 되었을 때 분명 수없이 흔들리긴 하겠지만 깊이 장전된 그 시간만큼 흔들리지 않을 거라는 생각이 든다.

넷째 마당 _ 쓴소리

우리도 할 말 있어요

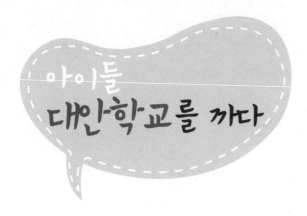

아이들
대안학교를 까다

민들레 편집실

대안학교가 생겨난 지 십 년이 훌쩍 넘었지만 그동안 아이들의 목소리가 제대로 전해지지는 않았다. 비판적인 목소리는 더욱 그렇다. 격월간 『민들레』 잡지에도 간혹 비판적인 글이 실리긴 했지만 일회성으로 끝나곤 했다. 학교에 우호적인 이야기들이 더 많이 실렸던 것은 태동기인 대안학교를 지지하는 의미도 있었지만, 그런 이야기를 하는 아이들을 더 쉽게 만날 수 있었기 때문이기도 했다.

좋은 이야기는 들을 만큼 들었으니 이제 쓴소리를 좀 들어보았으면 한다. 몸에 좋은 약은 입에 쓰다는 말처럼, 아이들의 쓴소리가 대안학교의 체력을 키우는 데 도움이 되리라 믿는다. 대안학교에 몸담고 있는 아이들, 도중에 학교를 떠나온 아이들의 목소리에 귀를 기울여보자. 과연 대안학교는 얼마나 대안적일까?

대안적이지 못한 학교 모습에는 대안적이지 못한 교사들과 학부모들, 그리고 아이들 자신의 모습도 담겨 있다. 그런 아이들과 교사, 학부모들이 함께 부대끼며 또 휘청거리며 배우고 성장하는 것이 대안학교의 모습일 것이다. 아이들의 눈에 비친 어설픈 대안교육의 모습, 이제 외면하지 않을 수 있을 만큼 내공이 쌓였다고 믿는다.

싸우고 갈라지는 틈바구니에서 살아남기

학교 선택은 주로 부모의 결정으로 이루어지고 또 부모의 판단으로 학교를 나온다. 부모와 교사의 갈등, 교사들 사이의 갈등으로 학교가 나뉘는 경우도 있다. 제대로 된 교육을 해보자고 의기투합했으나 준비가 제대로 안 된 채 문을 열어 재정이 불안정하고 구성원들 사이에 불협화음이 생기면서 싸우고 갈라지기도 하는 게 대안학교의 현실이다.

대안학교가 어떤 곳인지도 잘 모른 채 들어오게 되었다든가, 전후 사정도 이해하지 못한 채 부모의 선택과 설득으로 학교를 나오게 된 아이들은 그런 어른들의 갈등과 갈라섬을 지켜보며 어떤 걸 느끼고 있을까?

- 친구 집에 모두 모였는데 2층에서 어른들은 회의하고 아이들은 1층에서 통닭 먹고 놀았거든요. 근데 갑자기 애들이랑 헤어졌어요. 친했던 애들은 원래 학교에 남고 나는 다른 학교로 가게 됐는데, 또래가 없어져서 너무 싫었고 기분이 이상했어요. 내가 원한 게 아니었는데 왜 그래야 했는지.(초등 대안 분리 경험. 17세)
- 방학 지나고 두 달 동안 학교를 못 다녔어요. 선생님들이 학교를 못 오게 했던 것 같아요. 학교 못 가는 동안 심심했죠. 학교가 너무 재미있었는데 친구들 캠프 갈 때 못 가고 그래서 속상했어요. 우리 편 아

니다 이러면서 못 나오게 했거든요. 처음엔 뭔지 몰랐다가 좀 한심하고 슬프기도 했어요. 내가 선생님들을 싫어하는 건 아닌데….(초등 대안 분리 경험. 17세)

● 아이들끼리 모여서 우리 학교가 어떻게 될 것 같나 추측해보기도 했어요. 어린 저학년 애들은 다른 곳에 놀러 가라고 보내 놓고 5,6학년끼리 모여서 얘기 나누고 그랬죠. 나중엔 될 대로 되라~ 그랬어요. 학교를 살릴 방법이 우리에겐 없었으니까요.(초등 대안 분리 경험. 15세)

● 부모들 회의가 잦아지면 일단 뭔가 문제가 있는 거라는 느낌이 오죠. 애들, 자는 것 같아도 부모들끼리 밤에 이야기하는 거 다 듣거든요. 그럼 애들끼리 단서를 갖고 모여서 서로 조각 맞추듯이 이야기하는 거죠.(문 닫은 초등 대안. 15세)

● 아빠는 내가 학교의 심각성을 몰라서 그런다고 하셨어요. 설령 내가 학교의 심각성을 모르더라도, 일 년 동안 정을 둔 학교를 버릴 순 없었거든요. 지금 학교에서 갑자기 도망치면 내가 너무 나약한 사람이 될 거라는 생각이 들기도 했구요. 더 불안해졌고, 학교 안 간 2주일 동안 계속 울었어요. 그리고 시간이 지나니 내가 결정권을 가지고 있는 게 아니니까 어차피 계속 이렇게 발버둥쳐봤자 난 이 학교를 떠나야 되겠구나 하는 느낌이 들어서 더 서글퍼졌어요.(중등 대안 2년 자퇴. 15세)

● 아빠가 그 학교는 교장선생님이랑 안 맞는다고 해서…. 새로운 세계가 열릴 거야, 여기가 더 재미있을 거야 이렇게 꼬시더라구요.(중등 대안 2년 자퇴. 18세)

● 학교가 갈라지는 걸 여러 번 겪으면서 성격적으로 다투지 않고, 내 의견을 밖으로 내지 않게 된 것 같아요.(초등 대안 분리 경험. 17세)

● 공동체가 커지면 분열이 있기 마련이란 것도 다 알아요. 그래도 생각이 안 맞더라도 그렇게 싸우고 뚝 끊어지는 건 아닌 것 같아요. 그렇게 되면 더 이상 발전도 기회도 없잖아요. 애들한테도 의사결정에 참여해 달라고 하고, 애들이 어려도 의견을 듣고 어떻게 했으면 좋겠냐 물어봤으면 좋겠거든요. 그러면 헤어질 땐 헤어지더라도 의사소통하는 법, 생각이 다른 사람을 존중하는 법이라도 배우지 않을까요?(초등 대안 분리 경험. 17세)

어른들만 불안한 줄 아세요?

대안학교를 선택하는 아이들은 일찌감치 비주류의 불안감을 경험한다. 사람들이 잘 다니지 않는 길을 걷거나 새로운 길을 스스로 내면서 가야 하는 이들이 겪는 불안감. 길이 어디로 이어질지도 모르고, 길동무도 찾기 어렵고, 아는 이들은 이상한 눈으로 쳐다보는 이런 난감한 상황에 맞닥뜨린 아이들의 불안감은 어쩌면 부모들이 느끼는 것 이상일 수도 있다. 더욱이 부모조차 불안해한다면 그 불안감은 이심전심으로 아이들에게도 전해지고 있을 것이다.

● 학교에 들어가서 조금씩 적응이 되어가고 있을 때 나는 걱정이 되었다. 이게 공부야? 이런 식으로 배워서 어떻게 살아가라는 거지? 교과서도 없이 수업을 하고 일반학교에서는 배우지도 않는 과목들을 배우고, 수업이 이상하기만 했다. 불안해지기 시작했다. 당연히 하기는 싫지만 영어 단어를 몇 십 개씩 외워야 할 것 같았고, 수학 문제집을 풀면서 수학공부를 계속 해야 할 것만 같았다. 초등학교 때 공부를 열심히 하는 애는 아니었지만 당시 공부라는 개념이 그렇게 박혀 있었기

때문에 대안학교에서 하는 수업이 공부처럼 느껴지지 않았다.(중등 대안 2년 자퇴. 16세)

● 일주일에 한 번씩 집에 가서 일반학교 다니는 친구들을 만나면 시험과 공부에 대한 스트레스 때문에 미치려 한다는 얘기를 들으면서 더 불안해졌다. 같은 나이에 학교만 다를 뿐인데 나는 공부에 대한 걱정 없이 너무 편하게 살고 있는 거 아닌가, 이런 불안감을 떨치기가 힘들다.(중등 대안 5학년. 18세)

● 중학교 때 처음 대안학교 갔을 때 주변 사람들이 묻는 "학교 어디 다니니?"라는 질문이 내겐 너무 복잡하고 막막한 물음이었다. 대답하기도 전에 이미 머릿속에선 '이 사람은 대안교육을 알고 있기나 한 걸까? 어디서부터 설명을 또 해야 하는 거지?' 하는 질문들만 둥둥 떠다녔다. 그래서 거짓말도 많이 해봤고 웃음으로 넘기는 적도 많았다.(중등 대안 자퇴. 16세)

● 사람들을 만날 때 '너는 대안학교 다니면 대학은 어떻게 할 거냐?'부터 시작해서 이야기가 잘 안 통했다. 대안교육 현장 아닌 곳에서는 소외감을 느낀다. 예를 들어서 학원 친구들은 성적 이야기하고 등수 걱정하는데, 나는 할 이야기가 없다. 나와 다른 가치관을 가진 사람들을 어떻게 대해야 할지, 어떻게 같이 지내야 할지 그런 게 중학생 때 걱정이었다.(중등 대안 6학년. 19세)

● 나는 잘 지냈다고 생각했는데 자신 있게 내놓을 만한 성과가 없다. 엄마아빠는 내게 믿음을 갖고 있긴 해도 동시에 불안해하기도 한다. 일반학교 아이들을 보면서 내가 흔들리기도 하고, 그냥 일반학교 보냈으면 잘 해냈을 텐데 이런 생각도 하시는 것 같다. 배움에 대한 욕구, 호기심이 많은데 지식교과를 안 해봐서 할 줄 모른다. 엄마아빠의 불

안이 나한테까지 영향이 와서 책임감과 부담감이 괜히 커졌다.(중등 대안 1년 자퇴. 18세)

● 앉아 있는 걸 잘 못한다. 오래 앉아 있는 걸 시도해봤지만 잘 안 되더라. 한국 사회에서 살아가려면 기본으로 할 공부는 해야 할 것 같다. 우리나라에서는 아직 자기 원하는 걸 마음껏 하면서 살 수는 없다. 사촌언니도 고졸 출신인데 급여에서도 차이가 나고…. 대안교육을 받은 우리끼리는 좋아하는 거 찾아서 하면 되지 말하지만 사회에 나가서 이야기 들어보면 아직은 아니구나 싶다.(중등 대안 졸업 홈스쿨러. 18세)

'외로움'은 대안학교 학생들의 운명인가요?

대안학교는 전교생 수가 많아야 100명 안팎이다. 비인가 학교의 경우는 대부분 50명 안팎에 지나지 않는다. 전교생 수가 적다 보니 또래 친구를 사귈 기회도 별로 없고(초기에 입학한 아이들의 경우 또래 친구가 한두 명밖에 없는 경우도 있다), 몇 명 안 되는 친구들과 몇 년씩 '지지고 볶으면서' 자라게 된다. 대신 다양한 연령대의 아이들과 친해지고, 몇몇 아이들과 진한 관계를 맺게 되기도 하지만, 많은 대안학교 아이들이 공통적으로 이야기하는 것은 '외로움'이다.

물론 수백 명이 와글거리는 학교에서도 외로울 수 있고, 외로움이란 것이 성장과정에 중요한 자양분이 되기도 하지만, 소규모 학교의 장점과 단점을 냉정하게 살필 필요가 있겠다. 아이에 따라서는 작은 학교가 더 힘든 곳이 될 수도 있으므로.

● 기숙형 대안학교에 있으면 120명 전교생 모두와 친해져야 한다. 모든

사람과 친해지려면 힘들기도 하고, 여러 명에게 맞춰야 해서 가끔 '난 뭐지?'라는 생각도 든다.(중등 대안 휴학. 17세)

● 집에서 통학하는 우리 학교는 전교생이 7, 80명인데 소통이 잘 되지는 않아도 서로 이름 다 알고, 얼굴도 알고, 선후배 사이의 위계질서도 없고 한데 외로움은 느낀다. 학생 수가 너무 적어서 초등 때 친해진 아이들이 아직도 제일 친한 친구다. 새로운 만남이 없다는 말이다. 어떻게 보면 필사적으로 그 친구들과 관계를 유지한다는 생각도 든다. 우리 학교는 싸움도 안 한다. 그러면 친구가 사라지니까. 싸움을 안 하는 것이 아니고 피하는 것이다. 물론 관계가 깊기는 하지만 벽이 있는 관계가 될 수밖에 없다.(중등 대안 6학년. 19세)

● 모든 사람들과 잘 지내야 한다는 강박감 같은 것 때문에 너무 일찍부터 내 욕구를 포기하게 된다.(중등 대안 2년. 15세)

● 학교 안에서는 서로 같은 가치관, 비슷한 생각만 하고 선생님도 비슷, 집에서도 비슷, 친구들도 비슷, 다른 대안학교라든지 학교 밖이 두려워진다. 이 사회와 나는 완전 다른 가치관을 가지고 있는 걸까? 중학생 때부터 그런 고민을 계속 해왔고, 실제로 다른 학교와 교류가 없고, 교내 학생 수도 적어서 거기서 한계를 많이 느낀다.(중등 대안 6학년. 19세)

● 정말 의지가 되는 게 없다. 기댈 수 있는 부모님은 멀리 있고, 그래서 학교에서는 다들 연애로 많이 푸는 듯하다.(중등 대안 휴학. 18세)

● 외로움을 많이 탄다고 할까? 초등학교 졸업하고 기숙사 생활을 하다 보니 외롭고, 뭔가 결핍되어 있다.(애정이 아닐까?) 그것을 나중에 이성교제로 풀려는 것도 있다.(중등 대안 3년 자퇴. 17세)

● 학교 안에서는 되도록 연애를 하지 말라고 하는데, 그래도 몰래몰래

다 한다. 교사들끼리도 몰래몰래 연애하다가 어느 날 갑자기 결혼해서 다들 깜짝 놀란 적도 있다. 그러면 배신당한 기분이 든다.(중등 대안 5년. 18세)

대안교육이 세뇌교육인가요?

생태와 평화를 추구하는 대안학교에서 크면 농부가 되는 것만이 좋은 길인 것처럼 이야기하는 것이 답답하고 싫었다는 아이들이 많다. 소박한 삶을 추구하는 것이 반드시 세련됨과 거리를 두는 것만은 아닐 텐데, 세련됨이나 도시적인 것에 관심을 갖는 것은 바람직하지 않은 것 같은 분위기도 마음에 들지 않는다고. 아이들 입에서 '세뇌교육'이라는 말도 서슴없이 나온다.

대안학교도 어쩌면 내용만 다를 뿐 어른들의 가치관을 그대로 주입하고 있는 것은 아닌가 돌아보게 된다. 어른들은 자신이 살아보지 못한 삶을 아이들더러 살아보라고 떠밀고 있는 것은 아닐까?

- 너무 선한 것만 추구하는 분위기에서 오후 두 시의 나른함과 지루함, 답답함을 동시에 느낀다고 할까.(중등 대안 2년 자퇴 홈스쿨러. 16세)
- 대안학교로 진학한 데는 부모님 영향이 크다. 혼자 무엇을 판단하고 선택을 내리기에는 중1도 너무 어리다. 대안학교 입학생의 90퍼센트 이상이 부모님 의견으로 온다. 처음에는 학교 규칙에 따라 생활하다가, 중3 정도 되면 조금씩 다른 생각이 든다. 외부에 눈도 돌리게 되고, 학교에서는 그런 게 잘못된 거고 생태적인 삶을 살아야 한다고 강요만 하니 거부감이 생긴다. 나는 학교가 너무너무 싫었다. 학교에서 하라는 것과 정반대로 했다. 그러면서 엄마와도 싸우고, 하지만 어찌

동아리 활동 하는 친구들을 한 학생이 구경하고 있다

어찌 여태껏 다니기는 했다.(중등 대안 5학년. 18세)

- 주변 친구들 중에 일반학교 다니는 아이들 보면서 공부 안 하면 안 될 것 같은 기분이 들었다. 이렇게 학업에 대한 걱정을 샘들한테 솔직하게 이야기하면 듣고 싶은 대답은 안 돌아오고 학교 자랑만 하시고(그거 들으러 간 게 아닌데), 우리 학교 샘만 그렇게 생각하나 싶어 다른 학교 샘들한테 물어봤더니 크게 다르지 않았다.(대안학교에서 왜 그런 것을 걱정하느냐는 대답을 들었음.) 학생 개인의 문제는 학교 전체의 문제가 아니고 개인적인 거라고 하고, 대안학교는 윤리적인 거 추구하니까 졸업하면 시골에 집 짓고 살아야만 할 것 같았다.(중등 대안 2년 자퇴 홈스쿨러. 17세)

- 나는 패션 쪽 일을 하고 싶었다. 근데 학교는 생태적인 쪽을 지향하니까 나를 지지해주기보다는 패션은 소비적인데 너는 어떻게 할 거냐는

식으로 말했다. 나는 상담을 하려고 했는데 변명을 해야 하는 느낌이
랄까? 나는 도시적인 것을 좋아하는 사람이고 이제 막 관심이 생기는
시기였는데 그거에 대해 안 좋은 점만 이야기하니까 배척당하고 무시
당하는 것 같았다. 그러다 보니 혼자 있는 시간이 많아지고 학교를 나
오고 싶어졌다. 도시로 나오고 싶은데 시골에만 있어야 하니 감옥에
있는 기분이 들고, 그래서 수업시간에도 엎드려 있고 학교생활을 포기
하고 싶을 때가 많았다.(중등 대안 졸업생. 19세)

어설픈 교육에 '대안'이라는 이름 갖다 붙이기?

대안학교에서 어떤 가치나 교
육방법을 고집하는 경향성으로 말미암아 정작 배움을 향한 아이들의 욕구
를 북돋우지 못하거나 방치하는 상황이 생겨나는 것은 아닐까. 자유교육은
자칫 방치교육으로 흐르기 쉽다.

서드밸리 스쿨의 한나 교장은 '아무것도 가르치지 않는 교육'을 예찬했
지만, 아무것도 가르치지 않는데도 배움이 일어나는 도(道)의 경지에 이르
지 못하면 배움을 향한 아이들의 욕구는 방향을 잃고 지리멸렬해진다. 대
안학교에서 기대했던 대안적인 교육에 실망하는 아이들이 적지 않다.

● 어릴 때부터 영어에 흥미를 갖게 되어 공부를 해보고 싶었는데 내가
   다닌 학교에서는 고학년 때부터만 배울 수 있었다. 나는 학년이 어리
   다고 안 된다고 했다. 너무 배우고 싶어서 간절히 방문에 기대서 듣고
   창문으로도 몰래 듣고 그랬다. 학교 방침이 싫었다. 무조건 사교육이
   라고 못하게 하니까, 나는 취미가 있고 좋아하는데 학교에서도 안 가

르쳐주니까 너무 싫었다. 그 기억 때문인지 지금은 아예 영어공부 하기가 싫다.(초등 대안 4년 자퇴. 15세)

- 4학년 때부터 캠프에 참여해보고 좋아 보여서 선택했는데 내가 다닌 대안학교는 일반학교랑 별로 다르지 않았다. 공부나 수업 방식이 차이가 없었다. 교장선생님이 1학년 때 다도랑 예절 수업을 가르쳐주셨는데 애들이 시끄럽게 떠드니까 1반, 2반 비교하면서 너네는 밥 먹을 자격도 없다고 운동장 30바퀴를 뛰라고 시키기도 했다.(중등 대안 1년 자퇴. 16세)

- 풍물이나 도자기 한다고 대안학교가 아니다. 어설픈 밴드나 만들고, 죄다 어쭙잖게 만들어 놓고 자유롭다고 말만 한다고 실제로 자유는 아니다.(중등 대안 2년 자퇴. 17세)

- 무슨 명상한다고 계속 이상한 동작을 시키는데 명상, 수련이니 하는 게 일주일에 한 번 하는 걸로 되는 것도 아닌데 왜 해야 하는지 알지도 못하겠고 재미도 없었다. 그냥 시키기만 하면 애들이 따라올 거라고 생각하는 게 문제다. 일단은 재미가 있어야 하고 싶은 마음도 생긴다.(중등 대안 1년 자퇴. 17세)

- 수업 선택의 자유, 회의하는 거 말고는 뭐가 다른지 잘 모르겠다. 전문적인 지식을 가진 선생님은 없었다. 그냥 방치했다. 사회성에 문제가 있는 어떤 아이가 있었는데, 그 아이 일기 쓴 거 학교 홈피에 올려 놓고는 '많이 달라졌다' 이렇게 게시판에 댓글 다는 것 말고는 하는 게 없었다. 뭐가 좋아졌다는 건지. '우리는 친구다'라고 말로만 그러면서 그 아이들도 방치되고 나머지 애들도 방치되는 거나 마찬가지였다. 사실 배운 게 없다.(중등 대안 2년 자퇴. 17세)

아이들의 목소리를 이정표 삼아

대안교육에서 아이들의 목소리가 좀더 살아나야 하지 않을까. 학교가 당면한 어려움을 어른들의 힘만으로 풀어가려 하기보다 아이들과 함께 풀어가려는 자세도 필요할 것이다. 재정 문제를 비롯해 소통, 교육과정을 둘러싼 문제들을 아이들과 함께 풀어가는 과정이 곧 배움의 과정이 될 수도 있지 않을까?

아이들에게 자발성을 요구하면서도 여전히 어른의 가치관을 강요하고 있는 것은 아닌지, 성장 과정에 느끼는 목마름을 풀어주지 못한 채 어른들의 당위성만으로 아이들을 울타리에 가두고 있는 것은 아닌지 돌아보게 된다. 어른들의 진정성만 믿고 따라와 달라고 하기에는 아이들은 살아 펄떡이는 존재들이 아닌가. 아이들의 목소리를 이정표 삼아 걸어온 길을 돌아보고 갈 길을 내다보는 어른들의 혜안이 필요한 시점이다.

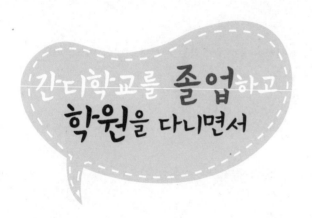

간디학교를 **졸업**하고
학원을 다니면서

이주헌 | 산청 간디고등학교를 졸업했다. 학원에서 2년에 걸쳐 삼수를 하는 중에 배움에 대한 욕구를 어떻게 풀어낼지 고민하며 이 글을 썼다. jjuba0212@hanmail.net

꿈꾸지 않으면 사는 게 아니라고,

별 헤는 맘으로 없는 길 가려네._간디학교 교가 중에서

간디학교를 다니던 3년간 저는 꿈속에 빠져 있었던 것 같습니다. 아주 깊고 달콤한 꿈속에요. 제 생에 그런 꿈같은 시기가 또 올까요? 그 꿈속에서 사랑하고 아파하고 고민하고 즐기며 성장하는 동안, 저는 지구상에 태어난 한 인간으로서의 저를 발견할 수 있었고, 앞으로 해야 할 일, 그리고 하고 싶은 일들에 대한 확신을 가질 수 있었습니다.

더 이상 무엇을 바랄 수 있겠습니까. 저라는 인간을 이만큼 성장시켜준 학교를 어떻게 사랑하지 않을 수 있을까요. 하지만 간디학교에서 보낸 3년은 살면서 가장 외롭고 괴로웠던 시기이기도 했기에 여기서는 그곳에서 겪었던 괴로움의 자락들을 몇 가지로 묶어서 이야기해보려고 합니다.

졸업한 지 2년이 지난 시점이라 현재의 학교 상황과 얼마나 일치할지는 모르겠습니다. 이 글이 현재 대안학교 안의 선생님들, 아이들 그리고 학부모님들께 조금이라도 도움이 되었으면 하는 바람입니다.

간디학교에서 발견한 꿈, 수능… 볼까?

학교를 다니던 동안에 저는 막연히 프로그래머가 되겠다는 꿈을 갖고 있었습니다. 초등학교 때부터 시작한 프로그래밍과 알고리즘은 제가 유일하게 밤을 지새우며 매달리던 것이었고, 단순하고 명쾌한 것을 좋아하는 제 성격과도 일치했기 때문입니다. 하지만 졸업할 즈음 제가 진정으로 행복해질 수 있는 길은 프로그래머가 되는 것이 아니라는 생각이 들었습니다.

그 이유는 두 가지입니다. 하나는 사람에 대한 애정이 생기기 시작했다는 것입니다. 그 원인이 제가 419일 동안 한 연애에 있는지, 아니면 학생회장이라는 역할 덕에 많은 사람들을 편견 없이 바라보려고 노력한 결과인지, 수업을 땡땡이치면서 즐겼던 산속에서의 넘치는 여유에 있는지는 모르겠습니다. 하지만 제가 유일하게 아름다움을 느끼던 물리 공식보다 사람들의 웃는 모습이 더 멋지다는 것을 발견했고, 좀더 많은 사람들을 웃게 만드는 일이 제가 진짜로 행복해질 수 있는 길이라고 생각했습니다.

다른 하나는, 사회에 아직도 마음 놓고 웃을 수 없는 상황에 처해 있는 사람들이 많다는 것을 알게 되었기 때문입니다. 간디학교를 다니면 자연스럽게 우리나라의 왜곡된 역사와 정치 현실, 그리고 사회적 약자들에 대한 정보를 많이 주워 듣게 됩니다. 그런 쪽으로 아는 것이 많고 사회활동에도 적극적인 선생님들이 계시기 때문이죠. 그런 정보들을 접할 때마다 참 가슴이 아파서 많이 울었습니다. 그리고 그 사람들이 행복해지지 못한다면 저도 행복하지 못할 것이라고 생각했습니다.

하지만 아는 것이 없으면 누군가를 제대로 돕지 못할 것이고, 사회를 움직일 힘이 없으면 좀더 많은 사람을 웃게 할 수 없을 것입니다. 그래서 이 복잡한 사회에 대해 공부하기 위해 대학 진학을 결심했고, 이왕이면 명문대에 입학해서 훗날 제 활동의 가능성을 키우고 싶었습니다. 영향력이 큰 사람이 될수록 더 많은 사람들을 웃게 만들 수 있을 것이라고 믿으니까요.

다분히 개인적인 제 생각들을 적은 이유는, 대안학교 학생으로서 수능을 준비하는 것이 바람직한가 하는 물음에 답하기 위해서입니다. 실제로 학교에서 수능 공부를 하는 학생들이 존중받지 못하는 경향이 있었고, 대안학교 학생이면 남들이 가지 않는 길을 걸어야 하는 것 아니냐는 압박도 있었습니다. 많이 답답했습니다. 노동자의 삶을 개선하기 위해 노동 현장으로 뛰어드는 것은 용기이고, 사회 시스템을 좌우하는 집단을 움직이기 위해 스스로 사회적 위치를 높여보려는 노력은 비겁이고 소심인 걸까요?

한 졸업생 누나의 말을 빌려 제 생각을 이야기하자면 '무엇을 하면서 사느냐'보다 '어떻게 사느냐' 하는 문제가 더 중요한 것이라고 생각합니다. 점수에 따라 사람을 판단하는 획일적인 교육 시스템에 반감을 갖는 분이라면, 그 사람이 가고자 하는 길에 따라 그 사람을 판단하려는 사고에도 반감을 가지실 줄로 압니다. 각자의 이야기를 들어보기 전에 선입견을 갖는 것은 옳지 않습니다. 자발적 신념에 따라 수능이라는 길을 선택한 사람의 그 선택과 과정도 존중받아야 합니다.

만약 그 선택에 부족한 점이 있다면 그것은 상상력이지, 용기나 자발성이 아닌 것입니다. 문예창작과에 가고 싶어서 3학년 내내 수능 공부를 했던 제 친구도, 같은 시기에 가수를 꿈꾸며 컨테이너에서 노래만 부르던 친구만큼 멋있었습니다.

꿈꾸는 동안 잃어버린 것들

간디학교의 수업에서 느꼈던 점
들과 학교를 졸업하고 시험공부를 하면서 느꼈던 점들에 대해 이야기해보
겠습니다.

학교를 졸업하고 시작한 수능시험 준비는 저에게 무척 힘든 일이었습니
다. 새롭게 배워야 할 것이 너무 많았기 때문이기도 하지만 가장 힘들었던
점은 지식을 대하는 태도 자체를 잊고 있었다는 것이었습니다. 공부 자체
는 상당히 재미있었습니다. 하지만 지식을 이해하는 데 그치는 것이 아니
라, 그것을 암기하고 활용해서 문제를 푸는 과정 자체가 너무나도 생소했
습니다. 저만의 공부 방법을 찾는 것도 상당히 힘들었습니다. 이렇게 저렇
게 부딪혀보고 실패도 하면서 더 나은 학습법을 찾아가야 하는데, 학교 다
니는 동안 그런 경험은 그다지 해보지 못했으니까요.

하루에 열여섯 시간씩 죽어라 공부했는데도 성적을 올리는 것은 쉬운
일이 아니었습니다. 결국, 재수하는 내내 정말 누구보다 열심히 공부했는
데도 수능시험에서 제 성적은 기대에 못 미치는 것이었습니다. 노력에 비
해 안 좋은 결과라고 생각했지만, 그렇게 열심히 공부하는 과정 자체는 정
말 즐거웠던 기억으로 남아 있습니다.

단순히 공부하는 방법이나 습관에 대해 학교에서 가르쳐주지 않았다는
이야기를 하려는 게 아닙니다. 방법의 문제는 제 개인적인 게으름을 탓할
일이지 자발성을 철학으로 삼고 있는 학교에서 챙겨야 할 부분은 아니라
고 생각합니다. 학교 안에서 스스로 열심히 공부해서 서울대에 입학한 졸
업생 누나도 있었으니까요.

다만 제가 아쉬움을 느꼈던 것은 학교 수업 내에서 배움의 즐거움을 느
낄 수 있는 분위기가 형성되지 않았다는 점입니다. 바꾸어 말하면, 열정적

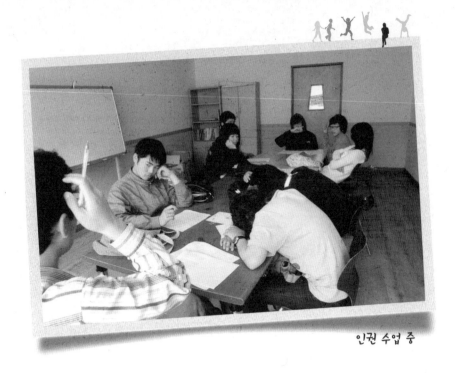

인권 수업 중

으로 배우는 경험을 해보기 힘들었고, 제가 들었던 대부분의 수업이 대안
적이지 못했다는 뜻이기도 합니다. 또한 대안적으로 보이는 수업조차도 더
이상 새로운 대안을 찾으려는 노력이 보이지 않았다는 걸 이야기하고 싶
습니다.

3학년이 끝나갈 즈음, 수능을 준비했던 것이 학교생활을 통틀어서 가장
재미있게 공부한 경험이었다고 말한 친구가 선생님한테 "그건 길을 찾으려
는 네 노력이 부족했기 때문이지 학교 탓이 아니다"라며 혼나는 것을 보았
습니다. 하지만 그것이 단순히 개인의 게으름에 기인한 문제만은 아니라고
생각합니다. 학교를 졸업하고 수능을 공부할 때만큼 무엇인가를 치열하게
해본 적이 없다고 말하는 아이들도 종종 봅니다. 자신에게 이익이 되는 목
표가 없으면 공부를 안 하려는 아이들이기 때문일까요? 저는 그것이 학교
에서 배움의 즐거움을 찾지 못했기 때문이라고 생각합니다.

간디학교의 수업은 크게 이과 수업과 문과 수업, 그밖에 간디학교만의 독특한 수업들로 이루어집니다. 하지만 간디학교만의 수업들은 이수 단위가 매우 적기 때문에 제한적으로 선택할 수 있습니다. 저는 컴퓨터 프로그래밍을 진로로 생각하고 있었고, 그렇기 때문에 이과 수업 위주로 신청하고 남는 시간을 역사와 그 외 수업들에 투자했습니다. 제가 들은 수업들을 중심으로 아쉬웠던 점들을 말씀드리겠습니다.

이과 수업을 먼저 이야기해보자면 저는 원래 수학과 과학을 상당히 좋아하는 학생이었습니다. 초등학교 때부터 경북대학교 영재센터에 과학, 수학을 배우러 다녔고, 특히 좋아했던 물리는 학원에 다니면서 고등학교 과정을 미리 다 끝내기도 했습니다.

하지만 간디학교에서 과학과 수학은 제가 가장 싫어하는 과목으로 변했고, 수업에 계속 빠지기 시작했습니다. 시간이 지날수록 수업 시간에 거의 대부분 자거나 안 들어갔고, 이과 선생님들과의 관계도 심각하게 나빠졌습니다. 도대체 왜 갑자기 수학, 과학에 그렇게 흥미를 잃었던 걸까요?

먼저, 수업의 진행 방식과 교재가 일반학교와 다를 바 없었다는 점을 꼽을 수 있겠습니다. 대안적이지 않다는 뜻입니다. 간디학교에서의 이과 수업은 교과서 읽기 수업 이상은 아니었거든요. 보통, 교과서 위주로 진도 나가는 수업에서 학생들이 창의성을 발휘하기란 힘든 일이고, 과학과 수학의 아름다움을 느끼며 스스로 학습 동기를 갖기도 어렵습니다. 하지만 교과서를 충실하게 배우는 수업 방식에만 문제가 있다고 생각하지는 않습니다. 학원에서의 경험상 그런 식의 수업에서도 충분히 살아 있는 수업이 진행될 수 있었으니까요.

제가 정말로 부족하다고 느꼈던 것은 선생님의 열정이었습니다. 가르침에 대한 열정이 아닌 담당 과목에 대한 열정이요. 사랑의 원초적 형태라고도 불리는 순수한 호기심을 기반으로 세워진 학문을 그렇게 따분하게 배우는 것은 저에게 고통이었습니다.(하지만 그땐 수업에 안 들어가는 게 얼마나 선생님들을 힘들고 괴롭게 만드는 것인지 미처 생각지 못했기에 지금 생각해보면 땡땡이쳤던 게 무척 죄송스럽습니다.)

역사 수업은 그래도 그 딱딱함의 정도가 훨씬 덜한 편이었습니다. 토론과 발표 등 수업 방식도 다양했고, 현대의 사회현상과 많이 연관되어 있어 흥미로웠습니다. 또한 간디학교에서 이루어지는 많은 행사나 사회활동들이 수업을 기반으로 하고 있어서, 많이 공부하지 않을 수 없었습니다.

하지만 졸업하고 여러 가지 경로를 통해 그때의 과목들에 대해 다시 배우고 생각한 후에 저는 조금 참담한 심정이 들었습니다. 현재 사회문제들에 대해 살아 있는 지식들을 배우고 활동했다는 저의 믿음이 깨졌기 때문입니다. 간디 시절의 저는 주사위의 한 쪽 면만 보고 그 주사위가 하나의 숫자만을 가지고 있다고 생각했던 것 같습니다. 충분히 다양한 면이 있다고 주장하는 바깥의 사람들을 무시한 채, 왜 주사위가 그쪽 면만 있는지에 대한 근거들을 머릿속에 채워 넣었던 것입니다.

그걸 깨닫고 나니, 제가 학교 다니면서 느꼈던 새로운 지식에 대한 갈망의 이유를 찾을 수 있었습니다. 수업 시간에 많은 새로운 것들을 배우고 느끼고 가슴이 아파 울기는 했지만, 그럼에도 불구하고 어떤 명확한 학문적 성취감은 느낄 수 없었던 것입니다. 그래서 그때 공부했던 내용들이 저에겐 일종의 사상교육에 불과했던 것이 아닌가 하고 조심스럽게 생각하게 되었습니다. 사상적인 다름을 발견하기가 힘든 분위기 속에서 아이들은 특정한 지식들을 당연하게 여기며 받아들입니다. 하지만 당연하다고 여기는 것들에 대해 정말로 그것이 당연한 것인가 고민해볼 기회는 부족합니다. 반론이 형성되지 않기 때문입니다.

하나의 신념을 확고히 갖고 있는 선생님께 배우는 것은 간디학교가 아니었다면 불가능했을 것이고 상당히 의미 있는 경험이었지만, 답이 없는 학문에 대해 마치 답이 있는 것처럼 배웠다는 것은 배운다기보다는 기존의 주장을 여과 없이 받아들이는 과정이 아니었을까 생각합니다. 그리고 그런 방식은 저에게 어쩌면 또 다른 형태의 주입교육으로 작용했던 것 같습니다.

학교에서 누구보다 땡땡이를 많이 쳤던 제가 이런 이야기들을 할 자격이 있을지는 모르겠습니다. 다르게 생각하는 아이들도 분명히 있을 것이기 때문에, 모두가 공감하는 문제점이라기보다는 제 개인적인 의견으로만 받아들여주시면 좋을 것 같습니다. 잡지 기획상 아쉬웠던 부분을 더 부각시켜 글을 쓰게 되어서 마음이 불편합니다. 즐겁게 배우는 분위기가 형성되지 않았던 것은 선생님들과 아이들 모두에게 책임이 있는 문제이지 한 쪽의 일방적 잘못으로 비롯된 결과라고 생각하지는 않습니다. 제가 졸업하고서야 느꼈던 점들이 현재 학교에 계시는 분들에게 조금의 도움이라도 될 수 있을 것 같기에 이렇게 글을 씁니다.

학교에서 배웠던 과목을 수능을 통해 다시 공부하면서, 이 과목이 이렇게 재미있는 과목인지 미처 몰랐다고 한 친구의 말도 생각납니다. 간디학교에 다니면서, 따로 공부하던 알고리즘 외에는 밤을 새우며 재밌고 치열하게 공부해본 기억이 없다는 점이 제겐 가장 큰 아쉬움이었습니다.

방치는 사랑의 또 다른 이름인가?

이번에는 학교라는 풀밭에서 저를 방목하셨던 간디학교 선생님들과 저를 통제하려고 하셨던 학원 선생님들 둘 다 경험하고 난 뒤의 느낌에 대해 말씀드리려고 합니다.

간디학교와 재수학원은 분명 그 설립 목적부터가 다르고, 추구하는 가치도 다릅니다. 그래서 선생님들이 학생을 대하는 방식을 비교하는 것은 의미가 없을 것입니다. 제가 이야기하고 싶은 것은 방식이 아닌 태도의 문제입니다. 조금 구체적으로 말하면, 어느 공간에서 제가 더 사랑받고 있다는 느낌을 받았는지 이야기하고 싶습니다.

간디학교에서는 무슨 일을 하든지 학교 규칙에 크게 위배되는 경우가 아니면 선생님들이 관여하시지 않습니다. 단지 자신의 행동에 스스로 책임지라는 말씀만을 하실 뿐입니다. 그런 방식 덕분에 강압적인 분위기의 중학교를 졸업한 저는 굉장한 자유를 경험했고 자유에 따른 책임이 분명하게 존재한다는 사실도 깨달았습니다.

하지만 제가 그렇게 자유로운 생활을 했다는 것은, 바꾸어 말하면 넘치도록 주어지는 자유 외에 어떠한 도움도 받기 힘들었다는 말이기도 합니다. 외출이 자유롭지 않은 학교 규칙상 대부분의 시간을 학교 안에서만 보내야 한다는 것만 해도 굉장한 고립감을 느끼게 됩니다. 그런데 거기에 선생님들의 방치와 무관심이 더해지면 마치 무인도에 있는 것이 아닌가 하는 정도로 외로운 마음이 듭니다.

대표적 사례를 들자면, 저는 학교에서 충고나 조언을 들은 기억이 거의 없습니다. 그나마 학생회장이라는 역할을 거치면서 받을 수밖에 없었던 충고들도 다른 아이들이 선생님께 들은 내용을 저에게 전달해준 것들이 대부분입니다. 그리고 그렇게 간접적으로 들려오는 말들은 저를 더 외롭게 만들었습니다.

학원에서 보내던 시간 동안 가치 있는 충고를 많이 받았던 것과는 상당히 대조적입니다. 학원에서는 저를 향해 쏟아 내는 충고와 걱정들 속에서 진짜 선생님이 나를 사랑하고 내 미래를 걱정하신다고 느낄 수 있었는데,

간디학교 선생님들은 저를 너무 방치하셨다는 생각이 듭니다. 한 반에 60명이 넘는 학원에서도 제가 사랑받는다는 느낌을 받을 수 있었는데, 왜 한 반에 20명도 채 안 되는 학교에서는 그런 느낌을 받기가 힘들었을까요. 이러한 제 생각이 "엄마 아빠가 나한테 해준 게 뭐가 있어!"라고 소리치는 사춘기 청소년 같을 수도 있겠습니다만, 그 당시엔 정말 괴로웠습니다.

자유가 아닌 방치는 심리적 고립감 외에 더 큰 문제점을 가지고 있습니다. 그것은 인간의 성숙과 성장에 관한 부분입니다. 뉴턴이 "내가 남들보다 조금 더 멀리 보고 있다면 그것은 내가 거인의 어깨 위에 올라서 있기 때문이다"라고 말한 것과 비슷하게, 사람은 앞선 사람들과의 지적이고 정신적인 교류 속에 한 걸음 더 성장할 수 있습니다. 그리고 그 부분이 교육이 가져야 할 중요한 역할 중에 하나라고 생각합니다.

간디학교 선생님들은 분명 저를 일깨워줄 수 있을 만큼 충분한 거인들이었다고 생각합니다. 하지만 일주일에 몇 시간 안 되게 만나는 학원 선생님들께서 서에게 주셨던 충고를 통해 얻었던 영감들을 생각해본다면, 하루의 대부분을 같은 공간에서 보내는 분들과는 왜 그런 교류를 할 수 없었던 것인지 안타깝습니다.

학생들이 느끼는 사랑의 결핍은 결코 자유를 중시하는 학교 분위기로 인한 착각에서 오는 것이 아닙니다. 그것은 글로 표현할 수 없는 선생님들과의 사적인 경험들로부터 제가 얻은 확신이기도 하고, 몇몇 친구들과 나눈 이야기를 통해 낸 결론이기도 합니다. 학생회가 많은 노력을 기울여 해결하려고 했던 선생님들과의 소통 문제도 결국은 그런 부분에 원인이 있지 않았을까 싶습니다.

지금은 아니지만 저는 한때 사랑의 정의를 '그 대상이 잘되기를 바라는 마음'이라고 내렸던 적이 있습니다. 선생님들께서 그런 마음을 조금만 더 아이들에게 표현해주셨으면 합니다. 아이들이 알아듣고 느낄 수 있는 언어로요. 선생님들이 아이들을 사랑하지 않는다고 생각하는 것은 아니지만, 많은 것들이 그러하듯이 사랑의 방식에도 대안이 필요하다고 생각합니다.

기억은 잘 나지 않지만 예전에 양희규 선생님이 쓰신 글 중에 이런 내용이 있었습니다. 한 학교의 담임을 맡으셨을 때 옆 반 선생님은 아이들을 때리면서까지 엄하게 교육하는 타입이었고, 자신은 말로 아이들을 설득하는 타입이었는데, 두 분 다 아이들을 사랑하는 마음이 컸기 때문에 두 반 아이들 모두 훌륭하게 자랐다고요. 아이들을 사랑하는 마음이 중요하지, 그 방식은 중요하지 않다는 것이 요지였던 것으로 기억합니다.

제가 하고 싶은 말도 이것입니다. 지금의 선생님들은 때리거나 설득하려는 시도조차 거의 하지 않으시니까 사랑이 부족하다고 느끼는 것입니다. 그렇다고 선생님들이 우리를 사랑하지 않는다고 말할 수는 없지만, 단지 가만히 지켜보는 것만이 선생님으로서 가져야 할 사랑의 표현 방식은 아니라고 생각합니다.

이렇게 글을 쓰는 것은 쉬운 일이지만, 학교 현장에서 대안을 만들어 나가는 일은 어려운 일입니다. 어려운 길을 가시는 선생님들과 후배들에게 제가 조금이라도 도움이 될 수 있는 방법은 이런 쉬운 일밖에 없기에, 많이 모자란 줄 알면서도 이렇게 글을 쓰게 되었습니다. 이 글은 학교에 대한 비판임과 동시에 제 자신을 반성하는 글이기도 합니다. 거친 글, 잘 걸러서 읽어주시기를 당부 드리면서 이만 줄입니다.

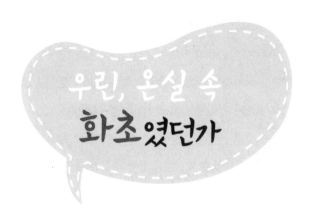

우린, 온실 속 화초였던가

송윤지 | 비인가 대안학교에서 중학과정을 보내고 잠시 홈스쿨링을 하다가 인가 대안학교인 한 특성화고등학교에서 지내고 있다. dbswl9595@naver.com

처음 대안 중학교에 가서 일 년이 지나 학교에 익숙해질 즈음, 학교 내부 문제로 나를 포함해 많은 학교 식구들이 학교를 나왔다. 나온 사람들 중 생각이 맞는 사람들이 모여 새로운 학교를 만들었고, 전교생이 12명인 학교생활이 새롭게 시작됐다. YMCA에서 빌린 방 하나를 교실 삼고, 남여 각각 아파트에서 기숙생활을 한 덕분에 밥까지 해먹으면서 학교생활을 해야 했다. 여행과 진로체험을 중요하게 생각한 교육과정 덕분에, 스페인의 산티아고 800km 순례길을 걷는 특별한 경험까지 하게 되었다. 하지만 마지막 중학교 일 년은 학교 밖에서 생활하고 싶었다. 일 년 동안 전교생 12명인 학교에서 지내다 보니 사람이 고팠고, 하고 싶은 일들이 너무 많았다. 그 뒤 나는 일 년간 '학교'라는 이름이 안 붙은 배움의 과정을 선택했고 이듬해는 다시 특성화고등학교로 들어갔다.

과연 청소년은 대안교육의 주체인가

2010년 1월, 나는 대안학교를 졸업한 선배, 아직 다니고 있는 선배, 홈스쿨러인 동료, 선생님 세 분과 함께 일본에서 열리는 JDEC(일본 대안교육 한마당)에 다녀왔다. JDEC은 주로 어른들이 모여 공부하는 분위기의 행사였는데, 그 중 한 순서에서 일본의 부등교 청소년들이 나와 '부등교생 권리선언'을 발표했다.

권력적이고 폭력적인 교사들과 일방적인 수업 방식, 경쟁 속에서 떨어져 나가는 친구 관계. 그 안에서 적응하기 힘들어서, 그 안에서는 도무지 나를 찾을 수 없을 것 같아서, 답답해서, 학교가 너무 싫어서 등교하지 않는 친구들을 일러 부등교 어린이(청소년)라고 한다. 나와 비슷한 또래였기 때문에 다른 어른들의 이야기보다 청소년들의 '부등교생 권리선언'은 무척 인상 깊었다. 자신들이 직접 만든 권리 선언문을 많은 사람들 앞에서 당당하게 발표하는 걸 보면서 우리는 왜 저런 생각을 못했을까 싶었다.

'부등교생 권리선언'은 지난해 도쿄슈레(일본의 한 대안학교) 청소년들이 'UN아동권리선언'을 배운 후, 자신들도 권리를 찾고 선언하자 해서 만든 것이라고 한다. 선언문을 만드는 과정은 왜 자신들이 학교를 나왔고, 그 과정에서 어떤 어려움과 고민을 경험했는지 깊이 있게 들여다보는 계기가 되었다고 말했다. 저마다 부등교 청소년이기 때문에 겪을 수밖에 없었던 사회적 차별과 불합리한 사례들 그리고 그 안에서 받는 상처와 스트레스를 나눴고, 그 내용들이 하나하나 권리선언의 알맹이로 여물었다고 했다.

나 역시 그랬다. 지금은 어느 정도 익숙해져서 아무렇지 않지만, 처음 대안학교를 다니게 된 그 일 년 동안은 대안교육을 바라보는 시선들에 상처를 많이 받았다. 대안교육에 선입견을 가지고 대하는 사람들 때문에 처음엔 억울하고 속상했다. 하지만 내가 당당해지고 힘이 생기면서, 나와 비숫한 교육을 받고 있는 사람들과 연대를 만들고(대안교육 청소년 네트워크) 함께 활동도 하게 되었다. 하지만 일본 부등교 청소년들처럼 세상에 대안교육(대안학교, 홈스쿨링을 포함한) 청소년들의 권리를 주장하고 알릴 생각은 하지 못했던 것 같다. 나는 우선 혼자서라도 지난 삼 년의 경험을 돌아보며, 우리들의 권리는 잘 존중됐는지, 문제가 무엇인지를 정리해보고 싶다.

공동체 안에서 개인의 시간과 공간을 존중받을 권리

한국의 대안학교는 기숙형 학교들이 많고, 거의 시골에 자리 잡고 있다. 나 역시 산속 깊은 곳에 자리 잡은 학교를 다니면서, 사회와 격리되어 있다는 느낌 때문에 답답함과 고립감을 느꼈다. 도시 생활에 익숙해져 있었기 때문에 더욱 그렇게 느꼈을지도 모른다. 물론 시골 생활이 주는 좋은 점도 있지만 말이다. 금요일까지 학교에서 보내고 주말에 잠시 집에 가지만, 학교생활의 피로를 푸느라 잠자고 쉬면서 집에서의 시간이 다 지나가버렸다.

대안학교는 교육공동체다. 나는 공동체 생활을 좋아하고 같이 뭔가 하는 걸 즐거워했던 터라 공동체에 대한 불만은 없었다. 그렇지만 어린 나이에 공동체(기숙사) 생활을 하다보면 시간을 적절히 사용하는 게 서툴러 개인 시간이 부족하고 에너지를 충전할 틈이 없다. 계속해서 사람들과 부딪히면서 공부하고 생활을 하다보면 정신적으로 심적으로 지칠 때가 많은데 쉴 수 있는 개인적인 공간과 시간이 없다. 또 치열하게 관계 맺기(적은 학생 수로 피해 갈 수 없는 관계 맺기)를 요구받는 학교생활은, 스스로에게 휴식이 필요한지 생각할 여유도 없게 만든다. 나도 학교를 나와서야 이런 것들을 다시 생각할 수 있었다. 다들 힘들어하면서도 지친 마음들을 어떻게 회복할지 방법을 몰라 헤매기만 한다. 공동체 안에서 개인의 시간과 공간이 존중될 수 있어야 한다.

마음껏 먹을 수 있는 권리

또 청소년들은 한창 자랄 때라 늘 배가 고프다. 내 경험으로는, 가족과 떨어져 지내면 마음이 허전해서인지 아무리 먹어도 계속 배가 고팠다. 기숙학교에서 빈번히 일어나는 늦은 밤 식당 털기는 그런 점에서 충분히 예상 가능한 일이다. 한 번은 이런 일이 있었다. 그날은 유난히 아이들이 속이 허했는지 시간 차를 두고 여러 그룹이 몇 차례나 식당을 털어, 라면 한 박스와 사과 수십 개가 사라졌고, 새 것이던 커피믹스까지 뜯어놓았다. 그 다음날, 사람들은 밤새 무슨 일이 벌어졌는지를 알고는 어이없어 했다. 정작 일은 그 다음에 벌어졌다. 훔쳐 먹은 것이 물론 잘한 건 아니지만, 그래도 선생님들이 그렇게 나올 줄은 몰랐다. 선생님들은 아이들이 왜 배가 고픈지 이해하고 "왜 그랬니?" "니네들 그렇게 배가 고팠구나. 어떻게 하면 좋겠니?" 하고 묻기보다는 "누가 그랬니?"가 먼저였다. 벌이나 훈계로 해결될 문제가 아닌데도 말이다. 하긴 그때 나도 선생님들이 범인을 찾아내는 것을 당연하다고 생각했던 터라, 왜 그렇게 해결하는지 물어보지는 못했다.

학교의 주체로서 학교 상황을 알 권리와 참여할 권리

학교의 주체는 교사, 학부모, 학생이라고 한다. 어른들은 이 세 주체가 함께 학교를 고민하고 만들어나간다고 하지만 사실상 학생들은 큰 힘을 발휘하지 못한다. 학생들이 적극적이지 못해서일 수도 있지만, 선생님들 과 학부모들이 아이들의 제안과 의견을 쉽게 받아들이지 않아서기도 하다. "너희들이 학교의 주체가 되어야 한다"고 말하지만 선생님과 부모들은 어른과 아이들의 일을 먼저 구분지어 놓는 경우가 많고, 학교는 학교를 다니는 당사자인 학생들이 주체적으로 참여하고 움직이는 분위기를 꺼리기도 한다.

처음 대안 중학교에 가서는 일 년밖에 지내지 못하고 학교를 나와야 했다. 사실 무슨 일이 있었는지 구체적으로는 잘 모르지만, 선생님들 사이에서 일어난 일로 많은 선생님들이 학교를 떠나셨다. 몇몇 학부모들은 신뢰를 잃어 이미 학교에서 마음이 떠난 상태였고, 그래서 친구들 몇몇도 학교를 억지로 나와야 했다. 우리는 모두 일 년 동안 정들었던 사람들과 헤어지면서 슬퍼했다. 어른들 때문에 일어난 일에 왜 우리가 선생님, 친구들과 헤어져야 하고 마음 아파해야 하는 건지 도무지 이해할 수 없었다. 나는 친구들과 함께 선생님들을 향한 마음을 편지에 써서 홈페이지에 올리기도 했다. 그렇지만 우리의 진심은 조용히 묻혔고, 어른들은 모두 어른들이 해결할 문제니까 신경 쓰지 말라고 얘기할 뿐이었다. 그게 어째서 어른들만이 해결할 문제인가? 학교를 다니는 사람은 우리인데, 우리가 학교의 주인이 아니라면 누가 학교의 주인이란 말인가?

사실 학생들은 주체적으로 활동하기에 경험도 고민도 부족하다. 선생님들이 '주체적으로'라는 구호를 외치고 마당을 열어도 처음에는 익숙하지 못해 남의 옷 입은 듯 영 불편하고 잘 움직여지지 않는다. 하지만 첫술에 배부를 순 없는 법이다. 학생들에게 학교를 만들어 나갈 기회를 많이 주고, 민주적인 절차를 배울 수 있는 활동들이 일상적으로 있어, 스스로가 주체적인 사람으로 살고 있다는 깨달음을 얻는 것이 대안교육에서 말하는 중요한 배움이라고 생각한다. 책임 또한 학생들의 몫이 되고 자신들이 학교의 주인이라 생각한다면 즐겁고 진지하게 학교를 만들어 나갈 수 있지 않을까.

간디학교 특강 시간

덧붙여 학생 개개인의 목소리에 좀더 귀 기울여야 한다. 꼭 자치회의 같은 공식적인 활동을 통해서만이 아니라 비공식적인 얘기들도 반영되어야 한다. 학생들이 학교에 대한 불만들을 뒷담화로 얘기하면 애들이 투정부린 다고만 여길 것이 아니라, 함께 풀 숙제가 있구나 하면 좋겠다.(물론 선생님들이 너무 바쁘고 힘들어한다는 것을 잘 알지만 말이다.)

가치를 강요받지 않고 주체적으로 사고하고 선택할 수 있는 권리

대안학교에서는 너무 '좋은 것, 건전한 것'만 가르치고 경험시킨다. 평화, 생명존중 같은 대안적 가치를(정말 중요한 가치라는 것은 분명하다) 강조하다 보면, 강요 아닌 강요로 느껴지기도 한다. '적어도 대안교육을 받은 사람이라면…'이라는 생각 끝에, 대안적인 삶을 살아야 한다는 강박마저 생기기도 한다. 나 역시 대안적인 삶을 살고 싶고 그것이 아름다워 보이며 행복할 거라 생각하지만, 이런 생각들도 대안교육을 받으면서 알게 모르게 생긴, 스스로 생각하기보다 어쩌면 깊게 세뇌되어버린 생각들일지도 모른다는 의문이 생기기도 한다.

아, 그래서 내가 하고 싶은 말은, 대안교육이 인간의 욕망을 억압하는 것은 아닐까 하는 거다. 지금의 나는 앞에서 말한 철학적 가치에 동의하지만, 처음 대안학교에 들어갔을 땐 내 욕망을 억압하는 부분들이 꽤 있었던 걸로 기억한다. 한창 외모에 신경 쓸 나이에 해서는 안 될 것이 왜 그렇게 많은지, 왜 생명을 존중해야 하고 왜 평화적으로 살아야 하는지를 함께 토론해보지도 않은 채(이 과정은 모두 생략된 채) '평화'라는 단어만 마구 쓰고 있었다. 너무 건전한 것만 추구하고 선과 악의 구분이 너무 뚜렷하다고 할까.

세상에는 오직 '선'만 있을 수는 없다. 너무 선한 것만을 추구하는 학교 분위기가 왠지 부담스럽고 이해하기 힘들었다. 하지만 자기 판단 능력이 부족한 상태에서 학교에서 참된 것이라고 가르치는 것들을 그저 믿는 상태였다고 하면 어른들이 이해할 수 있을지 모르겠다. 우리가 받는 교육이, 얼핏 공교육에서 대학을 인생의 목표로 가르치면서 그것밖에 보지 못하게 하는 것과 별로 다르지 않을 수도 있다는 생각도 들었다.

학교 밖 생활을 하고, 학교라는 공간을 객관적으로 바라볼 수 있게 되면서 더 자주 이런 문제의식이 들었다. 어떤 사람은 소박함보다는 세련된 삶을 살고 싶은 욕망을 가질 수 있는데, 세련됨이 반드시 대안적이지 않은 것은 아니라고 생각한다. 소박함과 세련됨 속에서 공통된 부분을 찾아가는 것이 중요할 것이다. 좋은 가치와 생각들을 나누는 과정에서, 그것을 받아들이고 해석하는 것은 개개인의 몫이어야 한다.

배움은 학교에서만 이루어지는 것이 아닌데 너무 학교 안에서만 지내기 때문에 학교 밖에서 이루어지는 프로그램이나 강의, 활동은 찾아볼 수도 할 수도 없었다. 사회에서 참여하고 싶은 프로그램, 활동이 있는데도 교통편이나 학생 관리의 어려움으로 잘 진행되지 않는 것이 아쉽고 답답할 뿐이었다. 우리에겐 배움을 선택할 권리와 사회와 소통할 권리가 과연 있었던 걸까?

2009년 부모님께 학교 밖 생활을 하겠다고 선언하고 대안학교를 나왔다. 부모님은 나를 대안학교에 보내고 너무 고생시켰다고 생각하셔서 또 다른 선택에 쉽게 동의하지 않으셨다. 학교 밖 생활도 부모의 돈에서 자유로울 수 없으니, 내가 왜 학교 밖 생활을 하고 싶은지, 어떻게 지낼지를 정리해 집요하게 설득하고 심지어 몇 차례 싸우기도 한 끝에 나는 학교 밖에서 배울 수 있었다.

IDEC 청소년집행위(한국에서 열릴 예정이던 세계 대안교육 한마당 행사를 청소년들 힘으로 꾸리고자 만든 모임) 활동을 하면서 처음으로 세상과 부딪혀보았다. 와플 장사를 하면서 내 힘으로 처음 돈을 벌어보고, 지겹도록 글을 쓰면서 내 생각을 정리해보기도 했다. 이처럼 학교 밖에서 생활한 일 년은 학교와 청소년, 그리고 나를 객관적으로 바라볼 수 있게 했다. 어딘가에 소속되어 있지 않아 나 자신을 당당하게 밝히고 사는 게 힘들었던 적도 한두 번이 아니다. 하지만 그런 과정을 통해 시야를 넓히고 생각의 균형을 잡을 수 있었다. 학교를 다니는 청소년들도 언제든 학교 밖 생활을 할 수 있는 시스템이 생기면 좋겠다. 핀란드는 중3 시기에 휴식년이라는 이름으로 청소년들에게 일 년의 시간을 주고 있다고 한다.

인가 학교를 선택하면서

지금 있는 이 공간이 따뜻한 곳인지 차가운 곳인지, 편한 곳인지 불편한 곳인지는 문을 열고 밖으로 나가기 전까지는 아무도 모른다. 일 년 후 나는 바깥 세상과 조금 더 가까워진 문(인가 학교)으로 들어갔다. 주변의 많은 사람들은 그 문으로 나아가는 것을 이해하지 못했다. 나 역시 내 선택에 확신이 없고 설렘보단 두려움이 앞섰던 상태에서, 아무도 내 선택에 박수치며 응원해주는 사람이 없다는 것에 더 마음이 무겁기만 했다. 나를 말렸던 이들이 했던 말은 마치, 집 안에서도 충분히 즐겁고 행복을 만끽하고 있는데 왜 험한 고생길에 들어서려 하냐고 얘기하는 것과 비슷했다. 물론 나 또한 그 전까지만 해도 그렇게 얘기했던, 이해하지 못했던 사람들 중 한 명이었다. 그곳은 우리가 꿈꾸고 바라는 삶의 모습과는 좀 다른 곳이라고 바라봤고, 대안이란 말로 번지르르하게 포장만 한 곳이라고 생각했다.

인가 학교로 진학하기로 마음먹었을 때 사실 나는 조금 자만하고 있었다. 힘들 거란 것도 절망할 거란 것도 알고 있다며 그에 맞설 준비가 됐다고 자신했다. 나를 잃지 않고 잘 지킬 거라고 믿었고, 두려울 거 없다고 실컷 즐겨볼 거라고 웃어 넘겼다. 어쩌면 자기 최면이었는지도 모르겠다. '그럴 수 있다'고 뱉은 말 속에는 '그러고 싶다'가 있었는지도 모른다. 그렇게 자신만만했기 때문에 더 쉽게, 더 많이 무너졌는지도 모른다.

왜 나는 바깥 세상에 적응하기가 더 힘든 걸까

막상 학교에 가서 보니 공교육을 받으며 중학교를 다녔던 친구들이 나보다 훨씬 학교생활을 잘했다. '학교생활을 잘했다'는 말은, 꼭 선생님들과 잘 지내고 성적이 좋고 학교에서 바라는 학생이었다는 말이 아니다. 그들은 해야 할 일을 알아서 잘 해나가면서 충분히 즐기고 있었다. 적어도 내가 볼 땐 그랬다.

물론 "숨막혔던 생활 속에 있다가 이 학교에 왔으니까 당연하지." 하고 많은 사람들은 얘기했지만, 그렇게 따지면 삼 년 동안 작은 공동체 안에서 서로를 이해하기 위해 치열하게 보냈던 시간들, 여행과 관계에서 경험했던 수많은 것들, 좋은 말씀과 따라 배우고 싶은 어른들과의 만남에서 키워졌던 내 생각과 고민들 역시 다른 무엇보다 값진 것들이었으니까 나도 잘 지낼 줄 알아야 하는 거 아닌가. 그런데 어째서 나와 같이 집안에서 있었던 사람들은 더 적응하기 힘들고 절망해야 하는지, 참 이상한 일이었다.

마지막 검정고시를 뒤로 하고 초등학교 때 봤던, 기억도 나지 않는 시험들을 빼면 난 태어나서 처음으로 중간고사와 기말고사를 봤다. 에이, 뭐 그런 거 중요하지도 않은데 뭘! 껌으로 생각하고 보면 되지 하고 날 진정시켰던 사람들의 말은 사실 한쪽 귀로 빠져나갔다. 내가 한쪽 귀로 흘리고 싶어서 그런 것이 아니라, 그냥 학교에서 보는 시험이라는 것에 온 몸이 뻣뻣이 굳어버리는 긴장 속에서 나는 헤어나오지 못했다. 일반학교에 비하면 비교도 안 되겠지만, 처음 경험하는 나로서는 '아, 이게 소위 말하는 시험 스트레스라는 건가' 하고 생각할 수밖에 없었다.

꼭 시험을 잘 보고 싶었기 때문이 아니었다. 나는 거부하고 있었다. 어떤 이유에서인지는 잘 모르겠지만, '그냥 하기 싫어'라는 마음이 굳어져 있었다. 시험 없는 학교에서 지낸 지난 삼 년 동안, 시험은 좋은 게 아니라고만 배워 왔으니까. 그 이유에서 한 번도 보지 않았으니까. 그런데 마주쳐야 하는 현실에 와 버렸으니까, 나는 눈을 피하는 대신 눈물로 마주한 거다. 인정하고 싶지 않았지만, 내가 두려운 건 아주 미묘하게 피하고만 살았구나, 하는 생각이 들었다.

언제까지나 하고 싶은 것만 하면서 살 수는 없는 거야

기억을 삼 년 전으로 되돌려 보면, 나는 아주 평범한 청소년 중 한 명이었다. 그냥 조금 다른 게 있다면 다른 부모들보단 소위 열려 있는 엄마 아빠를 둔 것뿐이었다.

비인가 대안 중학교에서 우리에겐 '꼭, 반드시 해야 하는 것'이 없었다. 하기 싫으면 언제든 그만둘 수 있었고, 하지 않아도 됐고, 그 생각은 나름대로 존중됐다. 나는 그게 당연한 거라고 생각했고 어느새 내 안에서 깊이 자리 잡게 되었다.

처음엔 나도 이상했다. 초등학교 때에는 꼭 해야 할 숙제들이 대안학교에선 안 해도 특별히 문제가 없었다. 오히려 과제를 하는 내가 촌스러웠다. 돌아보면 중학교 시절, 우리가 진행했던 프로젝트는 끝까지 완성되지 못한 채 늘 흐지부지되었다. 아무도 우리에게 끝까지 해내라, 독려하고 때로는 혼내며 끌어주는 어른이 없었다.

인가 학교로 오니 좀 달랐다. 가끔씩은 과제들이 나를 위한 공부가 아니라 해야 하는 숙제들로만 느껴져 스트레스를 배로 받으며 낑낑대기도 했지만, 그것을 다 해냈을 때의 황홀함이란 이루 말할 수 없었다. 난 그런 황홀함을 처음 느껴봤다. 그게 사람들이 말하는 '성취감' 아니었을까? 하기 싫어 짜증나고 힘들더라도, 그 고비를 넘었을 때의 기분을 잊지 못해 가파른 언덕길을 천천히라도 올라가고 있다. 물론 이 성취감이 격려가 되는 평가이기보다 성적으로 이어져 나를 힘 빠지게 하기도 하지만 아직은 받아들이고 있다.

시험을 보고 수행평가를 제출하고 그 결과물들을 두고서 선생님들은 일일이 평가를 해주셨다. 인정하고 싶지 않은 아픈 이야기도 있었지만 그런 이야기를 솔직하게 해주신 선생님들이 너무 고마웠다. 비인가 학교에서는 내가 뭐가 부족한지, 어떤 점이 문제인지 적나라하게 지적해주기보다는 기다리고 두고 보는 선생님의 애정 어린 마음만 있었다.

그것이 정말 기다리는 교육이었는지 아니면 어쩔 줄 몰라 방치했던 것인지는 잘 모르겠다. 참 상반되는 의미이다. 기다려주는 것도 좋지만 필요할 땐 지적해줘야 한다고 생각한다. 받아먹고 안 받아먹고는 우리 몫인 거지, 필요할 때조차 아예 하지 않는 건 문제라는 생각이 든다.

나는 세상의 모든 것이 배움이라고 배웠고 '배움'이라는 건 정말 다양하다고 생각한다. 부모님, 선생님들이 보기엔 아무것도 안 하고 있는 것 같아도 그 아이는 지금 굉장히 중요한 시간을 보내고 있고, 다른 배움을 하고 있는 거라고 생각한다. 그 애가 정말 잠만 자든 운동만 하든 빈둥거리기만 하고 있든 말이다. 어떻게 놀든 간에 재밌게 논다는 건 정말 중요한 배움이고 공만 차는 것 역시 본인한테는 무엇보다 중요한 시간일 것이다.

그렇지만 한편으로는 언제부터인지 그것으로 나를 '합리화'하기 시작했다. 뭘 하든 시간을 헛되게 보내는 건 없다고 생각하며 나도 그러는 중이라고 믿고 싶어 했는지도 모른다. 나태하게 지내고 있는 시간을 지적하는 주변 사람들에게 나는 정말 소중한 시간을 보내고 있다고 우기기만 했었다. 내가 우겼다고 지금에서야 인정하는 것은, 정말 내 행동에 아무런 근거가 없기 때문이기도 했고, 사실 그땐 그렇게 믿고 싶었기 때문이기도 했다. 이렇게, '합리화'는 하나의 '회피'가 됐다.

내 생각인지 어른들의 생각인지

그 버릇은 고등학교에 가서도 여전했다. 반드시 해야 하는 것들이기에 하지 않을 순 없었고, 대신에 나는 그런 것들을 하면서도 마음으로 받아들이지를 못했다. 나도 모르게 '하지 않아도 되는 것' '필요 없는 것' '밀어내도 되는 것'이라고 생각을 하게 됐다. 조금씩 노력도 해봤지만 그 노력은 쉽게 '포기'로 끝이 났다. 노력한 것이 바로 효과로 나타나지 않았기 때문이기도 했고, 노력의 결과가 좋지 않았기 때문이기도 했다.

나는 포기가 너무 빨랐고 쉽게 포기했다. 포기를 하고도 아무런 느낌이 없었던 건, 포기를 '하지 않아야 하는 것'이라고 배우지 않았기 때문이었다. 내가 큰 가치를 느끼지 못하는 일이라면 하지 않아도 되는 게 자연스러웠고 한 번도 뭔가를 이 악물고 버틴 적이 없었기 때문이기도 했다.

내가 할 수 있는 건 아무것도 없는 것만 같았다. 지난 삼 년 동안 경험했던 수많은 것들, 세상을 안 다는 듯 자신만만했던 내 자신이 그렇게 초라해 보일 수가 없었다. 대체 지난 삼 년 동안 난 뭘 배웠던 걸까? 조금 극단적으로 예를 들면, 수학 수업 하나 이해하지 못하고 앉아 있는 내 자신이 그렇게 멍청하게 느껴질 수가 없었다. 오히려 중학교 다닐 때 책상 앞에 앉아 청춘을 보냈던 일반학교 친구들에게서 느껴지는 여유가 나는 부러웠다. 물론 서로를 비교하고 싶지도 않고 비교를 할 필요도 없다고 생각했지만, 그 미묘한 선은 어쩔 수 없었던 것 같다.

이제 나는 공부가 하고 싶어졌지만 막상 공부를 하려고 보니 뭘 어떻게 해야 하는 건지 몰라 막막함이 앞섰다. 그리고 황당했다. '방법'을 몰라 이렇게 주저해야 하다니. 그럼 이 '방법'이라는 건 어디서 어떻게 배워야 하는 것일까? 학력과 실력은 분명 다르다. 학력을 쫓아다녀서는 안 되지만 그래도 실력을 기르는 것은 중요한 거 아닐까. 실력을 기르고 싶은데 지난 삼 년 동안 나는 뭘 배운 걸까?

"언제까지나 하고 싶은 것만 하면서 살 순 없는 거야." 하며 친구하고 많은 이야기를 나누기도 했지만 사실 우리는 하고 싶은 거 하면서 사는 것이 맞다고 배웠고, 당연하다고 생각했고, 또한 그럴 수 있다고 믿었다. 물론 이젠 그렇지 않다는 게 아니라 문제는 그 하나밖에 몰랐다는 거다.

우리는 조금은 어린 나이에 대학이나 경쟁, 성공이 무의미하다고 배우며 '이상'을 사실로 믿고 따라하려고 했는지도 모른다. 아무런 근거도 없이. 그리고 나는, 누군가가 "넌 어떻게 살 건데?" 라고 물으면 내가 하고 싶은 거 하면서 행복하게 살 거라고 대답했었다. 그건 인생을 사는 데 있어서 가장 중요한 거고 당연한 거라고 믿으며 말이다. 근데 이젠 다시 나 자신에게 묻고 싶다.

"근데 있지, 어떻게 하면 그렇게 살 수 있는데?"

나는 모든 사람들이 그렇게 사는 것이 맞다고 생각하며 아주 당연히 여겼다. 사실은 그렇게 살고 있지 못한 사람들이 더 많다는 현실을 보지 못했으면서 말이다.

나는, 대안교육이 유연한 사람을 길러내는 교육이 되었으면 한다. 현실을 모르고 꿈속에서만 길러지는 애들이라고 보는 사회의 시선으로부터 당당히 우리의 선택과 방식 그리고 그 바탕에 있는 가치들을 보여줄 수 있어야 한다고 생각한다. 현실을 마주하면서도 이상을 키울 줄 아는. 그것이 '이상'에 그치는 것이 아니라 실현시킬 줄 아는 사람이 되어서 말이다. 그러기 위해서 평가와 성찰을 아끼지 않았으면 한다. 또한 더 이상 겉핥기식 보고서와 논문이 아니라 한 가지라도 깊이 있게 파고들 수 있는 끈기와 전문성을 좀더 가졌으면 하고, 그 방법으로 이성교과와 감성교과 둘 다 균형

있게 배울 필요가 있다고 생각한다.

나는 지금도 걷고 있는 중이다

2010년이 다 갈 즈음, 학교에서 통지표가 날아왔다. 결과는 너무 실망스러웠다. 기분이 나쁘기보다 많이 반성했다. 지난 일 년 동안의 내 모습에는 노력이 없었고, 감정에 자신을 맡겨 모든 것이 좌우되었고, 집중할 줄을 몰랐다.

한편으로 더 기분이 묘했던 것은 이 모습들은 내 중학교 때 모습과 크게 다를 게 없다는 거였다. 학교의 모양대로 나를 변화시키고 싶지 않아서 일부러 내 모습 그대로를 가져가고 싶었던 것도 있었지만, 아무도 진지하게 꼬집어주지 않았던 부분들을 통지표는 기분 나쁘지 않게 말해주고 있었다. 내 모습 그대로를. 어떻게 보면 이제는 내가 나를 똑바로 마주할 준비가 됐기 때문에 '나'를 얘기하는 것들을 받아들이는 것일 수도 있다는 생각이 들었다.

우리가 온실 속 화초였든, 하고 싶은 것만 하고 살아서 하기 싫은 것은 포기해버리는 버릇이 들었든, 수학을 몰라서 좌절하든, 공부하는 방법은 모르고 요리조리 피하는 방법만 잘 알았든 간에 내가 지금 이 글을 쓰며 이 '찌질한 나'와 마주할 수 있는 것은, 지난 삼 년 동안 그렇게 우리에게 물을 주고 바람을 만나게 하고 햇볕을 쬐어주었기 때문이라고 생각한다. 불만과 아쉬움도 애정이 있기에 존재한다. 무엇보다 가장 중요한 건 지금의 나를 만들어준 과정에 대한 고마움이다.

2010년 일 년 동안 역시나 많이 방황했다. 어디로 갈지 몰라 헤매기만 했고 '아직도' 이렇다는 것에 속상해하고 끝없이 위태롭게 흔들리고 불안해했다. 그러면서 항상 내가 더 이상 흔들리지 않게 날 잡아줄 무언가가 생겼으면 하고 바랐다. 그게 하고 싶은 일이 됐든, 되고 싶은 무언가가 됐든, 정말 뭐라도 좋겠다고 말이다. 그 무언가가 생기면 더 이상 방황하지 않고 곧게 걷고 싶었다. 나는 그동안 내 앞에 있는 것만 볼 줄 알았다. 앞만 보고 걸었고, 앞만 보고 고민했다. 그러다 작년엔 시야가 트이는 것을 느끼고 위, 아래, 양 옆을 한꺼번에 볼 줄 알게 되었다. 그리고 이젠 고개를 돌리는 법을 배우려고 한다.

작년에 많은 사랑을 받은 드라마 〈성균관 스캔들〉에서 정조가 주인공에게 나침반을 선물로 주는 장면이 나온다. "나침반의 바늘이 흔들리는 한 그 나침반은 틀리는 일이 없다. 혈육도 자신도 경계하는 지금의 그 마음을 잊지 말아라."라고 정조가 말한다. 우리의 청춘도 비슷한 게 아닐까 생각한다. 방황하고 흔들리고 불안해하는 한, 우린 잘 걷고 있는 거라고 위로하면서 말이다.

대안학교까지 보내줬는데 정말 이럴 거냐구요?

김다솜 ┃ 금산간디학교를 졸업하고 대학에서 사회학·정치학·평생교육학을 공부하면서 대안교육을 고민하는 소모임과 밴드 동아리 활동도 하고 있다. 일과 삶, 배움이 하나인 생태공동체에서 살고 싶다고. ddasmkim@naver.com

한창 청춘을 누릴 20대 초반이지만, 주변의 친구들은 청년실업자가 될 자신의 미래를 한탄하며 슬슬 영어 공부와 자격증 공부를 시작하고 있다. 온갖 스트레스로 청소년기와 청년 시절을 살아가는 주변 또래에 비해 나는 대안학교에서 생활할 때도 그랬지만 대학생이 된 지금도 철없이 살고 있다. 영어 공부도 죽어라 안 하고 사회생활에 별 도움도 안 되는 학과를 지원해서는 고작 학과 공부와 동아리 생활만 하고 있으니, 주변 시선이 곱지만은 않다. 하지만 지금 옆 친구의 스펙이 전혀 부럽지도 않을 뿐더러, 지금의 생활과 공부가 너무나도 즐겁고 누구보다 행복하게 살고 있다고 자부할 수 있다.

그럼 대안학교에서 내가 배웠던 건 주류 사회에서 요구하는 대로 살지 않아도 행복할 수 있다는 이 거만한(?) 자신감이었던가. 사실 그렇다. 금산간디학교의 철학과 커리큘럼은 어릴 적 공교육에서 받았던 대부분의 것들과 상반되었기 때문에, 다른 방식으로 사고하고 다소는 삐딱하게 세상을 보는 눈이 길러진 것은 당연하다. 이는 물론 부모님과 대안학교가 없었다면 만들어지지 않았을 소중한 나의 재산이지만, 지금 나는 대안학교에 아이를 보내는 학부모와 대안교육에도 삐딱한 시선을 보내본다.

부모들의 열망 속에 숨겨진 속마음

요즘은 대안학교가 있다는 사실을 알고 있는 이들도 꽤나 있고 대안학교에 대한 인식도 날로 좋아지는 듯하다. 하지만 내가 중학생이었을 때만 해도 대안학교를 '대한학교'라고 잘못 알아듣는 사람들이 태반이었다. 어떤 선생님은 수업시간에 "대안학교는 꼴통들이 가는 학교"라고 말하기도 했다.

고교평준화가 이루어지지 않았던 지역이라 아이들은 서로 경쟁하기 바빴고, 교사의 체벌이 난무하는 가운데 대부분의 부모들은 폭력의 힘을 빌려서라도 자식이 순종적이며 수동적인 사람으로 길러지기를 바랐다. 그 틈에서 나 역시 좋은 고등학교에 가려고 열을 올리고 있었다. 그러던 차에 부모님께서 대안학교에 가는 게 어떠냐고 제안하셨다. 처음 이 제안을 들었을 때 이게 무슨 날벼락인가 싶었다. 꼴통들이나 가는 대안학교에 가라니…. 그런 곳에 가고 싶지 않았지만 만약 대안학교에 가지 않으면 부모님한테 매일 야단이나 맞고 용돈은 쥐뿔도 없겠구나 싶었다.

386세대의 정치 이념으로 무장한 부모님이셨고 환경운동을 하는 아버지셨으니 대안학교에 관심이 쏠렸던 건 어쩌면 당연한 일이었을 것이다. 그런데 당신들의 정치적 이념과는 다르게 평소 부모님은 나를 체벌로 다스리곤 하셨다. 늘 그렇게 자란 나는 그 당시 나에게 일어나는 일들이 부당하다는 생각조차 못했다. 부모님의 권유와 나의 자발적인 복종으로 간디학교에서 여는 계절학교에 참여하게 되었다. 간디학교는 지상낙원이었고 짧은 기간 동안 너무나 생소하고 행복한 자유를 한껏 누릴 수 있었다.

나뿐만 아니라 대부분의 학생들이 처음엔 부모님의 권유로 대안학교를 선택한다. 부모의 정치적 이념을 실현하기 위해 또는 대안적인 사고방식을 아이들에게도 심어주고자 하는 부모들의 동기가 아이들의 입학 동기가 된다. 다음 사례는 간디학교 홈페이지에 올라온 내용인데, 학부모마다 대안학교에 아이를 보내는 이유가 조금씩은 다르겠지만 대부분 비슷한 생각을 하고 있지 않을까 싶다.

저는 초등학교 4학년과 1학년을 두고 있는 부모입니다. 지식으로 만나서 지식으로 매듭짓는 교육이 너무 버거워 대안학교를 알아보게 되었습니다. 아이들이 고등교육까지는 가능한 것 같은데 대학은 어떻게 가나요. 제가 두려운 것은 대학에 진학을 하고 싶은데 그때 가서 문제가 되면 어떻게 하나 하는 두려움 때문에 망설이고 있고요. 간혹 대안학교 졸업하고 명문대에 들어갔다는 기사를 접하기도 합니다. 그것은 아주 특별한 아이의 경우 아닌가 싶습니다. 평범한 아이들은 어떻게 생활하는지 알고 싶습니다.

어떤 부모들은 평소에는 아이를 마구잡이로 패면서 대안적이며 진보적인 사고방식이 싹트길 원한다. 혹은 기존의 공교육에 대한 비판의식은 있지만, 실제로 자신이 어떤 교육을 하고 있는지에 대한 고민은 크지 않다. 기존 공교육에서 너나 없이 추구하는 '경쟁력'도 가지면서, 아이의 창의성이나 생각의 폭도 넓어지길 바란다. 그리고 자유로운 교육을 받아도 대학은 가야지라는 요구도 계속된다. 자신의 권위를 앞세우며 갖은 억압의 장치를 만들어 내는 파시즘과 부모의 모습은 크게 다르지 않다. 그런 부모들의 생각을 이른바 진보적 파시즘이라 불러 마땅하지 않을까?

해방학기를 아시나요?

입학을 한 뒤 일 년 정도는 꿈만 같은 시절을 보냈다고 해도 과언이 아니다. 잘못한 일이 있어도 선생님들은 그다지 질책하지 않았고, 크게 나무라고 잔소리하는 어른이 없다는 점이 가장 좋았다. 친구들과는 밤새 인생과 철학에 대한 고민을 나누고, 역동적이고 흥미로운 주제의 수업도 너무 즐거웠다.

이렇게 즐거운 생활 중에 큰 사건이 한 번 터졌다. 해방학기* 도중 장성 한마음공동체에 가서 흙집도 짓고 농사일을 하는 프로그램이 있었는데 그곳 생활과 친구 관계 트러블 때문에, 마음이 맞는 한 친구와 가출을 했다. 어쭙잖게 잡혀서 서울로 올라가는 등의 여러 가지 에피소드가 있었지만 그 중에서 가장 기억에 남는 건 가출을 한 후 나눴던 담임선생님과의 대화다.

"이전에 집에서 가출을 했던 적이 있니?"

"음… 아니요. 시도는 한 적이 있는데 가출을 한 건 이번이 처음이네요."

"그럼 왜 이번엔 가출을 하게 됐을까. 천천히 생각을 해보면 좋겠다."

아마도 이것이 내가 간디학교 입학 후 처음 한 반항이었을 것이다. 하지만 그때는 선생님이 던진 말의 의미를 알 수 없었다. 지금에 와서 다시 생각해보면 그때의 행동은 어쩌면 기존의 통념과 고정관념을 깨는 첫 번째 행동이었던 것 같다.

공교육을 받아온 우리는 지금껏 폭력적인 교육 시스템 안에서 너무나

....

* 금산간디학교에서 1학년 1학기 동안 다양한 문화와 체험활동을 접하는 과정을 말한다. 2006년엔 국토순례, 장성 한마음공동체, 밀양 연극촌 등에 가서 다양한 활동을 했다. 지금은 해방학기가 사라지고 문화활동으로 명칭이 변경되면서 활동 규모가 작아졌다.

길들어져, 부당한 것에 대해서 당당하게 말할 수 있는 능력을 잃어버렸다. 물론 그때 내 행동은 공동체 내부에 물의를 일으키는 사건이었지만, 어쩌면 공교육을 거쳐 대안교육을 받는 청소년들이 자연스럽게 밟는 코스인지도 모른다. 우리는 여태껏 객관적으로 자신과 사회를 보는 눈을 기르지도 못했고 제대로 된 반항이나 더 나은 삶을 위해 투쟁하는 방법도 몰랐으니 표현 방법은 단순히 그런 식의 반항일 수밖에 없었다.

이런 속사정을 모르는 교사나 부모는 자유와 방종을 구별하지 못한다고 혀를 차며 쟤가 왜 저러나 속이 터질 것이다. 부모들은 자유니 방종이니 하는 어려운 개념을 앞세워 청소년들을 이성적으로 사고하게끔 만들려고 하지만, 아이들이 어떤 성장 과정을 거쳐 대안학교에 왔는지 그 배경을 전혀 고려하지 않은 효과 없는 처방일 뿐이다.

그러나 현실에서 자유와 방종을 구별 못하는 아이들은 학교 측과 부모들의 골칫거리가 될 수밖에 없다. 나 또한 2학년으로 올라가면서 나름의 이유 있는 반항을 계속했다. 학교 밖으로 무단 외출, 외박을 밥 먹듯이 했고, 학교에서 금지하는 행동을 하는 것이 삶의 낙인 양 행동했던 적도 있었다. 물론 학교에서는 이렇게 반항하는 학생들도 있는 반면, 그야말로 잉여로운 생활을 하는 친구들도 적지 않았다. 우리에게 주어지는 자유 시간이 워낙 많다 보니 그 시간에 대부분 잠을 자거나 피시방에 가서 시간을 때우는 일이 일상다반사였다.

이런 행동들이 낱낱이 식솔회(간디학교 내의 대표적인 의결기구인 '식구들의 솔직한 회의'를 줄인 말) 시간에 회의 안건으로 올라가는 일은 결코 없었고, 안건으로 올라왔다 해도 학생들에게 가해지는 것은 규율 강화와 노작 정도가 전부였다. 나태한 모습을 두고 특단의 조치를 취하려는 교사들의 시도가 몇 번 있었지만 시도에 그쳤다. 이런 상황이 부모님 귀에 들어가는 일은 더더욱 없었다. 그런 상황 하나하나가 부모의 귀에 들어갔거나 CCTV가 있어서 아이들 모습을 부모들이 직접 볼 수 있었다면 부모들은 절대 간디학교에 보내지 않았을 것임을 나는 믿어 의심치 않는다.

대안학교까지 보냈는데 이럴 거야?

문제는 학교에서의 일상이 아니라 가정학습 기간이었다. 나는 학교생활 중에 이 기간이 가장 힘들고 괴로웠다. 간디학교에서 내가 누렸던 자유는 집에 가면 모두 잃어버리기 일쑤였다. 아니 잃어버려야 가정학습 기간을 편하게 다녀올 수 있었는데, 그러다 보니 어느 틈엔가 학교와 부모님과의 관계 속에서 괴리감이 계속 커져갔다.

부모님은 공부라곤 거리가 먼 대안학교에 아이를 보냈으니 공부하라는 잔소리는 차마 하시지 못했지만 그와 엇비슷한 잔소리를 하시곤 했다. "책 읽어라, 검정고시 공부해라, 엄마가 대안학교까지 보냈는데 계속 짜증이나 낼 거냐? 청소라도 열심히 해야 되지 않겠냐? 뭐라도 하면서 지내야 되지 않겠냐?" 등등. 가정학습을 가면 집에서 뭐라도 해야지 부모님을 안심시킬 수 있다. 그런데 아무리 생각해봐도 그때는 집에 가면 딱히 할 일이 없었다. 학교에 있을 때는 날마다 친구들이나 선생님들과 약간의 교양 공부와 수다를 떨고 지내는 반면 가정학습은 그저 심심하기만 했다.

물론 나 또한 부모님들의 불안을 모르는 바는 아니다. 흔히 대안학교에 아이를 보내는 부모를 두고 대책 없는 낙관주의자라고 말하는 경우도 많다. 이런 이야기를 자꾸 들으면 부모들은 걱정이 앞설 것이다. 그런 참에 자식들이 이도저도 아닌 모습으로 학교생활을 하는 걸 보면 우리 애가 경쟁력이 떨어지게 되는 건 아닌지 불안해진다. 지식 위주의 입시교육이 문제라는 것을 누구보다도 잘 알지만 아이들의 여유로운 시간은 못 봐주겠다, 이거 아니겠는가. 하지만 내가 경험한 대안학교에서의 여유로움이 지금 나에게 얼마나 큰 자산인지 부모님은 아실런지.

부모님과 선생님들 눈에는 아이들이 너무나도 잉여스럽다고 생각할지 모른다. 하지만 아이들은 이런 생활을 통해 엄청난 것들을 보고 느낀다. 보통 1학년 때는 대부분의 여가 시간을 산책 혹은 일명 '광합성'으로 보낸다. 기숙사에서 잠을 자는 것도 한계가 있으니 뭐라도 해야겠다는 생각에 그나마 이렇게라도 몸을 움직여보는 거다.

사실 나는 예전엔 여유로움이라는 것을 느껴본 적조차 없었던 것 같다. 워낙 성격이 급하기도 했지만, 간디학교에 오기 전엔 결코 여유로울 수 없는 생활을 하고 있었다. 중학교 때는 아침 7시쯤 일어나 온종일 학교에서 지내다가 수업 끝나는 대로 학원으로 직행했고, 여가 시간엔 시험공부를 해야 했다. 너무나 바쁜 스케줄을 소화해 내는 중학생이 따뜻한 햇볕을 쬐며 산책하기란 쉬운 일이 아니다.

그러나 간디시절에 나는 일반학교에 다니는 또래 친구들은 누릴 수 없는 여유로움을 충분히 만끽했다. 심심할 땐 옆 친구와 대화를 나누기도 했는데, 그러면서 고쳐야 할 습관, 남을 불편하게 하는 행동도 알게 되었다. 자연스럽게 사회성이 길러졌고 상대방과 나를 컨트롤할 수 있는 소중한 능력이 생기게 되었다.

그 생활이 너무 지루하다 싶으면 우리는 다른 흥밋거리를 찾아 나섰다. 기타를 치거나 축구를 하거나 또는 다른 사람들을 만나러 다니기도 한다. 그 과정에서 아이들은 자연스럽게 자신의 취미를 찾게 된다. 나태한 듯 보이는 생활, 그 잉여로움이 자연스럽게 흥미를 만나고 사람을 만나게 해주는 것이다. 학교와 부모가 주입한 타율적인 교육방식이 아닌, 간디학교에

쉬는 시간에 운동장 한켠에 서 있는 버스 안에서
기타 치며 노는 아이들

서의 잉여로운 일상은 우리의 잠재력과 욕구를 최대한으로 이끌어낼 수 있었던 활동이었다.

하지만 대부분의 부모님들은 비싼 학비 내고 보낸 학교에서 아이들이 매일같이 잠이나 자고 있는 모습을 보면 속이 많이 답답하신가 보다. 그래서 계속해서 무언가를 요구하시는 건가. 가정학습 기간에 친구들과 서울 구경이라도 나가면 부모 가슴에 못을 박는 꼴이 된다. '대안학교에 가면 성숙한 사람으로 자라 대안적인 생각을 할 테니 철없는 어린애처럼 놀러나 다니지는 않겠지?' 생각하시기 때문이다.

3학년이 되어 막상 졸업이 다가오면 아이들과 부모들의 스트레스는 계속해서 커져간다. 아직까지도 우리 부모님은 "비싼 학비 대가며 대안교육 시켰더니, 스무 살이 돼도 자립 하나 못하냐. 자립적인 인간이 되라고 대안학교 보냈는데!"라고 꾸짖는다. 그야말로 부모가 자녀에게 바라는 대안적인 삶의 모습이 자녀에게 주입되는 결정적인 순간이다.

내 경우 2학년 때 한창 음악에 심취해 있었다. 기타치는 것을 즐겨 했는데 꼭 밴드활동이 아니더라도 항상 음악을 즐기며 신나게 살고 싶다는 생각에, 홍대 모던록 클럽에서 인턴십을 하게 되었다. 그 공간에서 내가 할 수 있는 일은 그리 많지 않았지만 그나마 도움을 줄 수 있는 일은 마무리 시간에 장비를 정리하는 일 정도였다. 홍대 클럽은 늦은 시간에 시작하고 늦게 일이 끝나게 되는데, 부모님은 내가 늦게 귀가하는 것을 싫어하셔서 마무리를 함께하지 못했던 날이 대부분이었다.

한 번은 그 곳에서 연주하는 음악을 꼭 소개시켜주고 싶어 부모님을 클럽에 초대한 적이 있었다. 부모님이 오시고 바로 몇 분 뒤 내가 크게 잘못 생각했다는 사실을 깨달았다. 부모님은 잠깐 공연을 관람하시더니, 찡그린 표정으로 클럽 밖으로 나가셨다. 화가 잔뜩 나 있는 부모님에게 왜 그러시냐고 물었더니 "시끄러운 음악에 담배 연기가 자욱한 곳에 왜 있냐? 유기농 먹여가며 너를 어떻게 키웠는데? 여자가 늦은 시간에 여기서 뭐 배울게 있어!"라며 당장 인턴십을 그만두라고 하셨다. 인턴십 내내 늦게 오는 나를 항상 탐탁지 않게 여기시는 부모님과 싸우는데 지치기도 했고, 더 이상 부모님을 설득할 자신이 없어 그 일을 그만두어야 했다.

대학이 불안의 만병통치약일까?

정작 아이들이 흥미를 찾거나 자유로운 사고를 시작하며 행동으로 옮기려고 할 때 부모들은 크게 불안해하며 아이를 구속하기 시작한다. 대안학교에 보낸 부모님이라 해도 처음에는 아이들이 자유로운 사고를 하게끔 도와주는 것처럼 보이지만 사실은 너무나 많은 고정관념에 빠져 있다.

대안학교 다니면서 아이들은 다양한 사고방식과 관점을 배우지만 대부분의 부모들은 배우다 말고 다시 제자리로 돌아온다. 가령 아이가 밴드생활을 한다고 하면 아이의 앞길이 너무나도 불안하고 안타깝게 여겨지는가 보다. 대부분 적극적인 구속을 하지 않더라도 부모들의 불안이 아이들에게 고스란히 전해진다.

내 주변에는 대학에 가지 않으면 용돈을 지원받지 못하는 친구들이 여럿 있다. 대부분 아이가 무엇을 하고 싶은지 답을 못 찾는다 싶으면 대학에 진학하길 바란다. 나 역시 졸업반이 되었을 때 부모님께서는 대학에 가는 편이 가장 낫겠다고, 음악활동을 해봤자 이 사회에서 경쟁력 없고 힘들게 살 거라는 말씀을 자주 하셨다. 여러 가지 고민이야 하겠지만 결국 부모는 아이와 함께 대안을 모색해볼 엄두를 못 내고 그저 주류사회에 편입되기를 바라시는 거다. 대안학교 학생들이 사회로 나와 현실 앞에서 힘들어할 때, 부모들이 날려주는 멘트가 고작 '대학에 가라'니. 졸업 이후의 자녀의 삶은 부모와 현실이라는 너무나도 큰 벽에 부딪히고 아이들은 계속 혼란스럽다.

지금까지 쓴 글을 보면 나를 부모님과 사이가 참 좋지 않은 아이로 생각할지 모르지만 사실 나는 부모님과 꽤나 사이가 좋다. 아니 좋아졌다. 관계가 어떻게 좋아질 수 있었나 생각해 보니 내가 이만큼 자라서 부모님을 이해한 측면도 있고(사회생활을 하면서 부모님 세대는 변하기가 쉽지 않다는 사실을 받아들였다고나 할까) 대학진학도 관계 개선에 한몫 한 것 같다.

말하자면 나는 대안학교 내에선 (특히 대학진학률이 낮은 금산간디학교에서는) 어설프게나마 진보 엘리트 코스(?)를 밟고 있다고 볼 수 있다. 간디학교를 졸업해서 인권과 평화의 전당이라 불리는 성공회대학에 입학했으니 적어도 우리 부모님은 나를 불안하게 보시지는 않는 것 같다. 더구나 락

음악을 하겠다고 담배연기 자욱한 곳에서 날마다 지내지도 않으니 본의 아니게 부모들의 안전망 안에 들어온 셈이다.

두 동생도 대안학교를 다니고 있어서 간혹 그쪽 학부모들을 만나는 경우가 있다. 성공회대학교라고 해봐야 일반인들에게는 사회의 이단아가 가는 학교, 혹은 학교 이름조차 모르는 C급 대학에 불과하겠지만 대안교육 내에서는 꽤나 유명한 편인지라 내가 대안학교를 졸업해서 대학에 진학했다고 하면 내 동생들의 학부모들은 나를 보며 아이의 미래를 안심하는 눈치다. 나를 만나면 대학입학 기준을 물어보는 부모도 많다. 그러나 대학이 만병통치약이 아님을 부모들은 알아야 한다.(아니면 이미 알고는 있지만 다른 대안을 못 찾는 건가?)

나는 요즘 대학생활을 하고 사회를 맛보며 세상의 벽이 높다는 걸 뼈저리게 느끼고 있는 중이다. 대한민국 사회에서 20대 청년이 자립을 할 수 있는 여건은 아무리 찾아봐도 없다. 등록금은 너무나도 비싸고, 물가는 계속해서 오른다. 자취방도 구하기 힘들고 아르바이트를 해봤자 자아상실이나 더 커지는 세상이다.

대한민국에서 살아가는 이상 개인의 능력 부재를 탓할 수만은 없다. 부모와 사회는 자연스럽게 대학을 권유하지만 대학이 자립을 보장해주는 것 역시 아니다. 잉여가치를 생산해야만 살아갈 수 있는 사회도 불공평하다고 생각하지만, 주류사회에 그대로 항복하고 사는 것은 더더욱 마음에 걸린다. 어떻게 살지 막막한 게 우리 청춘들의 현실임을 알아주었으면 좋겠다.

부모와 아이들이 함께 공존하기

앞서 이야기한 비판의 지점들은 한국 사회와 대안학교가 갈등할 수밖에 없는 지점을 말해준다. 이러한 사회적 분위기 속에 부모와 아이 또한 갈등할 수밖에 없다. 그러니 이를 대안학교와 학부모의 문제로 치부하기에는 문제가 있다. 하지만 더 나은 교육을 위해 대안교육이 안고 있는 문제점을 부모와 함께 하나씩 짚어볼 필요는 분명히 존재한다. 부모는 자녀교육의 시초이며 가장 가까운 교사 중 한 명이기 때문이다.

실제로 아이의 자존감 형성은 부모의 모습이 어떠냐에 따라 결정된다고 한다. 하지만 40~50년 당신이 살아왔던 행동 방식을 변화시키기란 너무도 힘든 일이다. 우리 부모님 또한 여러 사람들에게 존경받는, 누구보다 친환경적인 삶을 실천하고 계신 분들이다.(본의 아니게 부모님에 대한 험담을 너무 많이 한 것 같아서 죄송스럽다.) 내가 이야기하고 싶은 것은 그런 삶을 사는 부모조차 일명 '꼰대'에 불과하다는 것이다. 이토록 대단한 분들이 왜 그 정도 수식어밖에 달지 못하는지에 대해서 고민해봐야 한다.

한국 사회에서 대안교육은 아직까지는 마이너리티에 불과다. 이러한 상황을 부모는 이해하고 자녀들의 참된 멘토가 되어주어야 하지 않을까. "대학이나 가라!"는 말은 큰 고민 없이 던지는 말에 불과하다. 아이를 믿고 사회에 대한 진지한 고민과 자기 성찰을 할 수 있게끔 도와주면 안 될까. 대안적인 교육은 부모로부터 시작될 때 비로소 부모와 아이가 함께 성숙해갈 수 있다. 아이의 앞길에 대해서 아무리 생각해도 답이 나오지 않는다고 여겨지면, 답을 찾아서 함께 공부하고 성찰해보자. 말도 안 되는 논리로 꾸중하는 것은 자기 자신을 화병으로 몰아가고, 자녀에게는 고통밖에 주지 못한다.

요즘 대안학교마다 부모교육에 열을 올리는 모양인데, 정말 중요한 일을 하고 있는 것이 맞다. 하지만 그 한계 역시 분명하다. 부모들은 아이들과 다르게 대안학교에서 생활을 공유하는 교육의 주체가 되지 못하기 때문이다. 그렇다고 해서 비싼 대안학교 등록금을 마련하느라 힘들어하는 부모에게 없는 시간을 내서 무작정 대안학교 일정에 참가하기를 바랄 수도 없다. 물론 부모와 아이가 한 공간 혹은 지역사회에서 함께 살면서 배운다면 가장 이상적이겠지만, 이는 사실상 다수에게 현실적인 대안이 되지 못한다.

대안교육을 받은 우리들이 이상적인 사회를 살아가기 위해 부모님들께 우리의 방패막이 되어 달라고 말하는 것은 아니다. 어차피 대한민국에서 대안적인 교육에 대한 준비가 되어 있는 사람은 많지 않을 뿐더러, 이를 삶과 일치시키는 경우도 소수에 불과하다. 이는 대안교육을 시키는 부모님들에게도 해당되는 말일 것이다. 그러니 부모들은 당신들 또한 대안적 삶을 잘 모른다는 사실을 겸손하게 받아들이고 무턱대고 아이들에게 당신들이 생각하는 삶이 맞다고 강요하지는 말았으면 좋겠다. 다만 현실을 직시하고 그 현실이 부당하다면 함께 고민을 나누고 힘을 보탰으면 좋겠다. 그 방법도 좀더 평화롭게 말이다.

자신의 언어를 가진 대안교육을 바란다

성유진 | 대학에서 사회과학을 공부하고 있다. 먹고사는 문제 앞에서 스스로에게 당당할 수 있도록 몸과 마음이 향하는 일을 하며 살고 싶어 한다. syoutol@naver.com

나는 지금 성공회대학교에서 사회과학을 공부하고 있다. 스펙을 쌓고 취업을 준비해야만 먹고살 수 있지 않을까 하는 불안 또한 여느 대학생처럼 가지고 있다. 처음에 이런 불안을 맞닥뜨렸을 때 나는 마음속에서 스스로를 '루저'라고 결론 내렸다. 명문대생도 아니고, 학교도 '제대로' 다니지 않았고, 세상에 대한 포부도 없는 내가 '이름 있는 무엇'이 되는 일은 불가능하다고 생각했다.

그러나 돌이켜보면 나는 스스로 이 길을 택했다. '사람답게' 살고 싶었기 때문에 대안교육을 찾았고, 수능 보기를 거부했다. 자격증과 졸업장에 목매도 '이름 있는 무엇'이 되기 힘들다는 것을 알게 된 지금의 불안은 "그래서 너는 어떻게 먹고살건데?"라는 질타어린 질문에 답할 수 있는 힘이 없다는 데서 비롯된다. 사람으로서, 나의 존재를 지키기 위한 절박함으로 그러나 즐겁고 신나게 공부하고 싶다. 먹고사는 문제 앞에서 스스로에게 당당할 수 있도록 내 몸과 마음이 향하는 일을 하며 살고 싶다.

대안교육한마당 토론회 방청석에서 마이크를 잡고 이야기를 하기까지 내가 받은 대안교육과 나 자신 그리고 세상에 대한 풀리지 않는 고민을 안고 오랜 시간을 헤맸다. 가장 큰 이유는 대안교육에 대한 비난에 그치는 한풀이를 하고 싶지 않았기 때문이었다. 그것은 결국 내 존재, 내가 자란 지반을 부정하는 것이므로. 또 대안교육 진영에서조차 객체화되고 있는 '학생'의 위치에서 "이 문제 좀 해결해보세요." 하고 말하는 아이로밖에 받아들여지지 않을 거라는 생각도 작용한 것 같다. 그렇다 해도 분명히 비판해야 할 지점들을 무시하고 넘어갈 수 없어서 혼자서 죽을둥 살둥 고민하고 또 하다 보니 어느 순간 예상치 못한 곳에서 우연히 고민의 응어리가 풀렸다. 내 존재를 자신 있게 받아들일 수 있도록 해준 행복한 깨달음을 나누고 싶고, 함께 자유로워지길 바라는 마음에서 조심스럽게 글을 시작해본다. 좋은 교육이고 희망을 노래하는 교육인 대안교육을 받은 청년들이 왜 '잉여'가 되어 힘없는 청춘을 보내고 있는지 이해하지 못하는 어른들에게 이 글이 하나의 답이 된다면 좋겠다.

대안교육과 나의 역사

나는 초등학교 5학년 때 고양자유학교를 시작으로 실상사작은학교, 이우고등학교를 다녔다. 약 8년 동안 대안학교를 다녔으니 초창기부터 대안교육을 경험한, 대안교육이 낳은 청년이라고 할 수 있겠다. 초등학교 시절은 신나게 놀았던 기억이 나고, 그때의 즐거운 기억을 갖고 대안 중학교인 실상사작은학교로 진학했다. 작은학교를 졸업할 무렵에는 '세상을 어떻게 살아야 하는지 3년 동안 몸에 새겼으니,

머리에도 양식을 주자'는 생각에, 공부를 많이 한다는 이우고등학교에 지원해 입학하게 되었다.

8년이라는 시간 동안 대안교육이란 이름 아래 나에게 주어진 경험과 기회들은 엄청난 혜택이었다. 작은학교에서는 본질적인 삶의 방식에 대해 배웠고, 공동체적이며 생태적인 삶이 정말로 가능하다는 것을 경험할 수 있었다. 가족과 떨어져 살면서 새벽에 일어나 밥 짓고 생태적으로 사느라 힘들긴 했지만, 무언가를 교육받았다기보다는 신나게 놀면서 '학교 철학에 맞게 사는 법'을 온몸으로 배웠다. 그런데 이우학교에 들어와서는 작은학교와는 전혀 다른 세상에 놓이게 되었다. 작게는 샴푸를 쓰지 않는 것에서부터 크게는 친구들과 관계 맺는 방식이나 배움의 목적까지 이우학교는 작은학교와 많이 달랐다. 나는 이제껏 살아왔던 세계와 전혀 다른 세상에 혼자 떨어졌다고 느꼈다. 물론 선생님과 부모님들이 만든 온실 속의 새로운 세상이었지만.

그때까지 내가 교육받은 바로는 그 세상은 '절대로 물들어선 안 되는 것'이었다. 처음에는 무조건 그 세상에 편입되는 것을 피했지만, 시간이 흐르면서 억지로 그 세상의 법칙에 따르게 됐다. 그 문화를 받아들이지 않으면 친구를 사귀기도 힘들고, 학교생활이나 도시생활에 적응할 수도 없었기 때문이다. 그런데 그렇게 하면서도 '이런 삶은 틀렸다'는 잣대가 내 안에서 매우 강력하게 작동하고 있었고, 그것이 나를 정말 무력하게 만들었다. 내게 절대적으로 '옳은 삶'이었고, 실제로 그렇게 살아왔던 작은학교에서의 경험에 비추어 이우학교의 삶의 방식은 이제껏 쌓아온 내 존재를 부정하는 과정이었다. 홍세화 선생님이 말한 '존재를 배반하는 의식'이 뒤집혀져 '의식을 배반한 존재'를 갖게 된 셈이다.

내가 살고자 하는 대안의 가치들은 낮에는 잊혀져 있다가 밤만 되면 나를 심각한 자괴감의 늪으로 밀어넣곤 했다. 어째서 나는 8년 동안 가능했던 '옳은' 방식으로 지금은 살지 못하는지, 그 탓을 자신에게 돌리는 게 힘들면 잘 알지도 못하는 신자유주의니 자본주의니 하는 거대 개념들에 떠넘기는 과정을 반복했다. 나에게는 아무런 무기도 없었고, 그저 세상의 무게에 짓눌려 나약하고 무기력한 존재가 됐다. 빨간약도 파란약도 제대로 먹지 못하고 우물쭈물하며 밥만 축내는 잉여의 시간을 보내다가, 빨간약도 파란약도 결국은 나의 것이 되지 않았기 때문에 내가 괴롭다는 것을 깨닫게 되었다.

작은학교에서는 다양한 방식으로 학교 철학에 노출되면서 은연중에 '이것만이 옳은 삶'이라고 교육받았던 것 같다. 그 삶이 충분히 현실화되어 있었고 그래서 더더욱 절대적인 진리로 받아들여졌다. 이우학교에서는 '생태와 환경' 수업을 들었지만, 전혀 생태적으로 살지 않아도 무방한 상황에 놓여 있기 때문에 환경이 파괴되는 사실에 대한 지식만 늘어가고 그 사실들에 어떻게 대응해야 좋을지는 창의적인(또는 창의적이어야 하는) 우리 몫으로 남겨지는 상황들이 나를 무력하게 했다. 이우학교에서 느꼈던 문제들은, 학교가 추구하는 목표, 작은학교 때처럼 서로의 삶을 전부 공유하지 않아도 되는 환경 등 내가 어찌해볼 수 없는 이유들 때문에 생겨난 것이었다. 그럼에도 나는 학교를 바꿔야 한다고 생각했다. 이우학교에 대한 애정 때문이라기보다는 내 존재 가치를 찾기 위해서였다. 이우학교와 작은학교의 간극을 좁혀야 한다는 생각에 매달려, 누군가에게는 천국 같았다던 그 시절을 지옥처럼 보냈다.

학교와 많이 싸우기도 했지만 결국 별다른 변화 없이 고3이 됐다. 고3이 된 내 앞에 닥친 것은 학교가 주는 압박보다 훨씬 큰, 세상이 주는 압박이었다. 친구들이 하나둘 문제집과 각개전투를 시작했고 축제나 체육대회 기획 같은 학교 활동에서 고3이 빠지는 것은 당연지사였다. 무엇보다도 다들 무엇 때문에 대학에 가려고 하는지도 공유하지 않고 단지 고3이라는 이유로 스위치가 켜지듯 바뀐 분위기 속에서 나도 일단은 시류에 편승해야 했다. "대학 안 가면 뭐 할 건데?"라는 질문에 답할 수 없었고, 대학 가기 싫으면 가지 말란 소리 시원하게 해주는 어른 한 명 없었으므로.

대학에 가야 할 이유는 모르겠으나 일단은 갈 수밖에 없다는 판단 하에 혼자서 수시에 응시해서 수능을 보지 않고 대학에 들어왔다. 그런데 이제는 내가 찾아가서 울고불고 하면서 답답함을 토로할 선생님도 없고, 대학이 지정해 놓은 필수 강의에서 '삶을 바꾸는 앎'을 공부할 수 있는 강의는 극히 적은데다가, 입학 때 한 심리검사에서는 우울증이라고 하질 않나, 아무것도 하고 싶지 않고 할 수도 없었다. 8년이나 좋은 혜택 받으며 잘 컸다는 증거를 하나 정도는 내보여야 할 것 같은데, 대학 첫 학기에서 내가 한 일은 그냥 재미없는 강의 열심히 듣고 과제 열심히 하고 시험 잘 보면서 친구 한 명 못 사귀고 학점 잘 받은 것밖에 없었다. 한 학기가 끝나자 너무 허탈했다. 내 존재는 여전히 불안했고, 그런 불안감은 나조차도 설명이 불가능했다. 내가 생각하기에도 나는 좀 특별해야 할 것 같고, 지금보다 더 주체적으로 살아야 할 것 같은데 나는 그저 '잉여'였다.

첫 학기를 다니고 한 학기 휴학을 하며 더욱더 '잉여로운' 시간을 보내다가 복학을 한 뒤에는 '잉여짓'을 하며 쌓은 기력으로 일단은 지금 활동하고 있는 교육소모임 '뿌리'에 들어가서 좋은 친구들을 사귀었고, 필수 강의가 아닌 강의를 찾아 들으며 새로운 앎을 얻기도 했다. 그리고 얼마 전에는 정말 커다란 깨달음을 얻었다. 간단히 말하면 지금 내 존재가 무력한 것은 내 탓이 아니라는 것, 내 존재는 지금 이 상황에서도 얼마든지 떳떳해질 수 있다는 깨달음이었다. 지금 내가 더 잘 살기 위해서, 나를 구성하고 있지만 나와는 다른 것을 더 잘 알아야 하고 그러고 나서 새로운 삶의 가능성을 찾아나서야 한다는 거다. 그 과정에서 나는 스스로 감당하기 힘들어 잊고 지냈고, 사람들의 선입견(긍정적이든 부정적이든) 때문에 드러내고 싶지 않았던 대안학교 졸업생이라는 정체성을 찬찬히 되짚어보게 되었다.

자기 언어를 갖는다는 것

돌이켜보면 작은학교는 내게 어떤 학교보다 많은 것을 가르쳐주고 사는 법을 배웠던 곳이다. 3년을 끙끙 앓았던 이우학교 시절에도, 그리고 최근까지도 작은학교는 늘 옳음의 잣대로 내 안에서 작동하고 있었다. 하지만 내가 작은학교에서 배운 것은 말 그대로 '삶' 그 자체였기 때문에 내가 그렇게 살아내지 않는 한 보여줄 수 있는 것이 없었다. 예를 들어 작은학교와 이우학교 모두 농사 수업이 있었다. 작은학교에서 농사가 포함되는 수업은 이름이 '자치살림'이었는데, 여름에 모 심고, 가을 되면 감을 따서 곶감도 만들고, 밭에서 키운 작물을 집에 가져가 요리해 먹으면서 자치적으로 살림하는 법을 배웠다. 이우학교에서의 농사 수업도 때 되면 밭 갈고 씨도 뿌리고 뭔가 싹을 틔워 키우기는 했지만 그 과정이 삶의 일부분이 아니라 '수업을 위한 수업' 이상의 의미를 주지 못했다. 실제로 학생들이 하는 역할의 정도도 차이가 컸고, 수확한 작물을 집으로 가져가는 양만 봐도 큰 차이가 있었다.

그런데 이우학교 학생이 된 후, 겉으로는 비슷해 보이지만 그 내용의 차이를 설명하는 것은 쉬운 일이 아니었다. 작은학교를 졸업하기 전에 내가 앞으로 겪게 될 세상과의 부딪침을 나름의 소화과정을 거쳐 언어화할 수 있었다면 내가 덜 방황했을지도 모른다는 생각이 든다. "이렇게만 살면 되겠지." 하던 기대가 통하지 않는 세계에서 그 이전의 삶을 구현하지는 못하더라도 계속 성찰하며 살기 위해서는 언어화 과정이 꼭 필요한 것 같다.

지금 대안교육 진영에서 이루어지는 언어화 수준은 '대안교육을 경험한 아이들은 창의적이고 리더십 있고 자기주도적으로 산다'는 정도로, 주류적 가치 프레임에 우리를 집어넣어 새로운 규격화를 하고 있는 수준인 것 같다. 그러나 주류·언어가 주는 불안감 해소에 기대어 안심한다면 결국 남는 것은 '다른 삶'의 가능성이 아니라 '좀더 나은 주류적 삶'의 한 가지 예로 남을 수밖에 없다고 본다. 우리가 해야 할 몫은 스스로를 직시하고 성찰하면서 자신의 언어로 스스로를 규정하며, 함께 다른 삶의 프레임을 만들어가는 것이다. 그러다 보면 누군가 우리에게 창의적이라고, 리더십이 있다고, 자기주도적이라고 말하는 순간을 만날 수도 있을 거다. 설령 그렇지 않더라도 우리는 지금보다 덜 불안하고 더 자유롭고 행복하게 살아갈 수 있지 않을까.

내가 그렇게 특출나지도 않고, 창의적이거나 특별한 리더십이 있는 것도 아니라는 자기고백을 할 수 있어 기쁘다. 물론 자랑은 아니지만, 이 고백이 나를 자유롭게 하고, 더 멀리 바라볼 수 있게 됐으니 기쁘다. 드디어 '수학 문제 하나를 어떻게 하면 더 창의적이고 자기주도적으로 풀 수 있을까'의 차원에서 벗어나 '어떻게 하면 이 세상 한번 신나게 내 뜻대로 잘 살아볼 수 있을까'를 고민하게 되었다고나 할까. 아무것도 하고 싶지 않아 불안하던 때와 다르게, 앞으로 하고 싶은 일이 많아서 마음이 급하다. 조금 더 쉽게 말하면, 서울대 간 친구가 더 이상 안 부럽다. 물론 아직도 내가 넘어야 할 고비는 산적해 있지만, 그 또한 한판 멋지게 대결해서 이겨보자 싶다. 내가 경험한 다른 삶에 대한 시도들이 거름이 되어줄 거다.

빨간약과 파란약

영화 〈매트릭스〉에서 주인공 네오에게 모피어스가 '지금 네가 살고 있는 곳이 현실이 아니라 기계가 만들어낸 매트릭스의 공간'이라는 사실을 알려주면서 현실을 살고 싶으면 빨간약을, 그대로 매트릭스 세계에서 살고 싶으면 파란약을 먹으라고 말한다. 네오는 주인공답게 빨간약을 먹고 매트릭스 세계를 부수기 위해 열심히 싸우지만, '사이퍼'라는 인물은 자기도 남들처럼 살고 싶다며 자신의 의지로 매트릭스 세계로 돌아가버린다. 그 둘의 선택은 저마다 뚜렷한 이유가 있으며, 우리는 그 둘의 선택에 모두 주목할 필요가 있다. 그 둘 중 하나를 선택하는 것은 각자에게 가장 편하고 쉬운 선택이었다고 생각한다.

내 경험에 비유하자면 나에게 파란약은 주류적 삶이고 빨간약은 대안교육을 통해 내가 배워온 대안적 삶이다. 나는 약 8년 동안 대안교육을 받으며 자랐다. 그 과정에서 내가 꿈꾸게 된, 그리고 일정 부분 그렇게 살기를 강요받은 삶의 길은 비주류에 속하는 길이었다. 작은학교에서 빨간약을 맛본 이후로 나는 열심히 빨간약만 찾아다녔다. 파란약을 먹어볼 기회는 주어지지 않았고, 파란약을 알아야만 내가 자유로워질 수 있다는 자각도 없었다. 그러나 파란약은 그 존재를 부정한다고 해서 없어지는 것이 아니다. 빨간약만을 좇던 나에게는 세상에 대한 냉소와 이상향에 대한 판타지적 세계관만 남아 있었다.

지금의 나 역시 공동체적, 생태적 가치를 여전히 좇으며 살고자 하지만 과거에 소화과정 없이 빨간약을 받아들이던 것과는 의미가 다르다. 파란약을 알았을 때 내가 더 자유로워질 수 있다는 깨달음 이후로 파란약으로는 충족되지 못하는 삶의 욕구가 분명히 있기 때문에 빨간약도 먹어야 한다는 결론이 났다. 빨간약은 파란약이 보여주는 세계와는 다른 삶을 찾는 시도다. 단, 대안을 판타지 세계가 아닌 현실에서 실현하기 위해서 이 세상에 발을 딛고 있어야 한다는 것을 잊지 않으려 한다. 그래서 파란약도 빨간약만큼 먹을 것이다. 세상과 나의 존재를 온전히 받아들이기 위해, 세상에 내 나름의 적응을 하면서도 새로운 삶을 꿈꾸며 세상을 바꿔가기 위해.

파란약을 먹고 주류 세상에서 산다는 것이 꼭 학벌에 목을 매고, 돈을 많이 벌려 하거나 환경 파괴와 직결되는 건 아니라고 생각한다. 우리는 세상이 어떤 모습이라도 여기서 살아야 하는 존재이다. 때문에 우리가 해야 할 일은 세상을 성찰하고, 그것을 기반으로 새로운 방식의 삶을 말하고 사는 것이다. 그 사회가 어떤 모습이든 부정만 할 수 없기 때문에, 오히려 세상에 대해 더 잘 알아야 하고 새로운 삶을 모색해야 한다. 내가 말하고 싶은 것은 '왜 나를 주류사회에 맞게 키우지 않았어요?'가 아니다. 다만 다른 삶을 꿈꾸면서도 '사회나 세상이 무조건 나쁜 것이 아니고, 좋든 나쁘든 옳든 그르든 여기에서 살아야 한다'는 것을 알았을 때 더 지혜로운 사람이 된다는 거다. 내가 절대진리라고 믿던 온갖 가치들에서 자유로워지자 세상을 먼저 받아들이는 자세를 취할 수 있게 되었고, 스스로의 힘으로 진리와 삶의 방식을 고민할 수 있게 되었다.

우리가 자신의 존재를 온전히 받아들이기 위해서는 세상에 제 나름의 적응을 하면서도 새로운 삶을 이야기하며 세상을 바꿔가야 한다. 예를 들면 '먹고사니즘'을 넘는 먹고사는 법을 고민하거나, 물신(物神)이 아니라 물(物) 그 자체를 어떻게 받아들이고 이용하는 것이 좋을지 고민해야 한다. 이 세상을 부정할 수 없다는 것, 그리고 대안교육은 새로운 삶의 가능성을 만드는 과정이라고 정리가 되자, 그러면 '왜 지금의 대안교육 진영에서는 세상에 대해 이야기하는 것을 꺼릴까, 왜 자신들만의 성 안에서 열심히 이상을 이야기하는 데만 골몰할까? 왜 파란약은 숨기고 빨간약을 먹으려고

만 할까?' 하는 새로운 질문이 생겼다. 이 질문에 대한 답을 찾기 위해 나름 애를 썼다. 지금부터 하는 이야기는 졸업생의 입장에서 대안교육 진영 전체라기보다는 '대안학교'를 향해서 들려주는 대답이다. 물론 대안학교들도 스펙트럼이 넓어서 다양한 모습을 띠고 있지만, 다행히 성공회대학교에는 대안학교 출신들이 많아 여러 친구들과 열띤 토론을 한 끝에 그 내용을 바탕으로 나름의 정리를 했다.

아이의 말, 어른의 말

대안학교는 새로운 교육에 대한 필요성을 느낀 부모와 교사들이 중심이 되어 만들어졌다. 그것이 좋은 사회를 만들기 위한 것이든 자기 아이를 행복하게 키우기 위한 것이든 모두 어른들이 느낀 절박함을 표현하는 하나의 방식이었다. 그 절박함은 대안교육 현장에서 교육을 받아야 하는 학생들이 느끼는 필요나 절박함과는 분명히 차이가 있다. 그런데 사실 학생들의 절박함은 교사와 학부모들에게는 한번 '들어봐주는 아이들의 목소리' 이상의 힘을 가진 적이 없었다. 그래서는 학교 현장에서 학생들의 실존적 요구와 학부모와 교사들 요구의 간극이 해결될 여지가 없다고 본다.

한번은 졸업한 학교의 선생님에게 졸업생들이 과거 운동권 세대의 감수성을 공유하고 있는 것 같아서 좋다는 말을 들은 적이 있다. 그런데 생각해보면 우리들이 그런 감수성을 공유하는 게 사실은 좀 웃긴 일이기도 하다. 우리는 과거만큼 비민주적인 사회에 살고 있지도 않고, 운동권 세대보다 더 말랑말랑한 감수성으로 신나게 '운동'할 수 있으니까. 그렇다면 왜 그런 느낌을 받으셨을까. 그건 학교에서 5월 18일이 되면 어른들이 '운동' 하던 시절에 봤던 광주민주항쟁에 관한 충격적인(또는 충격적이어야만 하는)

5·18 마라톤 대회

영상물을 보고 5·18 정신을 기리기 위해 마라톤을 하면서 운동권 세대의 감수성을 우리에게 '교육'했기 때문이라고 생각한다. 5월 1일 노동절에는 의미도 모르는 채 동일방직 여성노동자들이 똥물 세례 받는 영상을 보며 울컥함을 느꼈던 기억도 있다. 그러한 영상을 보여주면서 어른들이 우리에게 바란 것이 무엇이었는지는 짐작할 수밖에 없지만, 자신들이 과거에 '으쌰으쌰' 했던 방식, 그리고 그 과정에서 자신들이 찾아낸 삶의 의미와 기쁨을 우리가 똑같이 느끼고 받아들이길 바란 것은 아니었을까.

무엇을 배우고 싶은가와 관계없이 우리가 교육받고 알아야 할 것들은 이미 결정되어 있었다. 그 결정은 어른들이 삶과 부딪치며 살아온 과정들 속에서 찾아낸 결과라고 생각한다. 결과 자체의 옳고 그름을 떠나서, 과정 없는 결과가 가능한 것일까? 우리는 아무런 부딪침도 고민도 없이 어른들이 옳고 좋다고 결론 내린 것들만 교육받았다. 한편으로는 그런 교육 덕분에 대안학교 학생들이 어떤 식으로든 사회문제에 관심을 갖게 된 것은 좋지 않나 반문하기도 한다. 그러나 사회문제를 해석하며 때때로 '성급한' 잣대를 들이대는 대안학교 학생들의 모습을 보면 그러한 교육이 반쪽짜리였다고 느낄 때가 많다. 그리고 그 잣대는 우리들의 절실함으로 본 세상이 아니라 학교에서 '그렇다고 한' 세상에 대한 잣대에 가까웠다. 거꾸로 되짚어가는 앎이 처음부터 아무것도 없이 시작하는 것보다 쉬울지 모르지만, 내 경험상 정신건강에 그리 좋지는 않은 것 같다. 옳은 것을 알지만 그것이 온전히 내 것이 아니라는 것 또한 알고 있는, 의식을 배반하는 존재로 사는 일은 너무나 힘들었으므로.

어른들의 역할은 먼저 길을 걸어간 사람으로서 아이들이 제 길을 찾아가면서 넘어지고 부딪치더라도 그것이 당연한 것임을, 그러나 자신의 길을 찾는 것은 온전히 아이들 몫임을 알려주고, 스스로 사는 법을 깨달아가도록 기다려주는 것이 아닐까. 물론 어른들이 보기에 학생들은 어리고, 실제로 학생들도 학교에서 말하는 가치를 스스로 소화해 낼 만큼 성숙하거나 생각이 자유롭지 못하다고 생각한다. 그렇다고 학생들을 더 많이 가르쳐야 한다는 게 맞는 말일까?

대안교육한마당 토론 자리에서 내가 이야기한 이후 몇몇 어른들이 '이제 자라난 아이들과 이야기가 통하고 같은 고민을 나눌 수 있게 되어서 좋다'고 감상을 말했는데, 사실 내가 대안학교를 다니던 시절에 갖고 있던 생각들이 지금과 본질적으로 크게 달라진 것이 없다고 생각한다. 비교하자면 그때는 분명 더 거칠고 서투른 '아이의 언어'를 사용했겠지만. 그런데 아이가 아이의 언어로 말하는 것은 당연하지 않나? 아이를 위해 판을 만들어 낸 어른들은 아이가 '어른의 언어'로 말해주기만 기다릴 게 아니라 아이의 언어를 이해하기 위해 더 애써야 하지 않을까.

대안학교를 다니면서 학생들이 귀에 못이 박히도록 듣는 소리는 '너희는 자유와 방종을 구분하지 못한다'는 말이다. 감히 단정해서 말할 정도로 모든 대안학교 학생들이 공감하는 말일 거다. 사실 자유와 방종을 구분 짓는 경계가 어디 있는지 모르겠다. 물론 어느 순간 방종같이 느낀 적도 있었지만, 그것을 판단하는 것은 언제나 어른들이었기 때문이다. 어른들이 생각하는 현실적 문제에 아이들이 제대로 반응하지 않을 때 자유는 방종이 되나? 어른들은 누릴 수 없었던 아낌없는 자유를 악용하는 아이들이 답답하게 느껴질 때 그런가? 한 대안학교 졸업생은 식구총회 때 아무리 학생들이 말을 많이 해도 결국에는 교사들이 말한 대로 결론이 났다고 했다. 그리고 그 결정은 '각자 알아서 잘하라'며 자유의 이름으로 무마하거나, 어른들의 뜻대로 아이들이 행동하지 않으면 너희는 자유를 제대로 누리지 못하고 방종하니 통제하겠다는 식의 이분법적 판단이었다고 한다. 나 또한 '방종'이라는 말에 눌려 교사들의 말에 쉽게 고개를 끄덕거린 적이 있었다. 반면에 함께하는 '관계' 속에서 부딪히면서 자유의 경계를 가늠할 수 있었던 순간도 있었다. 어떤 때 내가 자유를 배울 수 있었을까.

대안교육의 세 주체라 일컬어지는 교사, 학부모, 학생 중에 학생은 사실 객체화되어 어른들이 만들어놓은 판에서 무언가를 수혜받고 일정 부분 어른들의 희생을 느끼며 가르치고자 하는 어른들의 가치를 교육받아야 한다. 현재 대안학교에서 학생들은 절차적으로도 주체로서 목소리를 낼 길이 없고, 실질적으로도 대안교육 판을 만든 '어른'들의 시각에서 교육시켜야 할 '아이'로 규정되고 있다. 나와 친구들은 우스갯소리로 '우리는 대안교육의 모르모트'라고 말한다. 정말 가끔은 어떤 성과를 '뱉어내길' 바라는 은근한 요구들이 우리를 숨막히게 한다. 그러나 사실 어른들도 알다시피 대안교육은 학생들만 배워야 하는 게 아니다. 학부모들과 교사들의 삶도 변화해야 한다. 어른들도 뭔가 배우고 있다는 것을 내 눈으로도 많이 봐왔지만 스스로도 느끼고 계시리라 믿는다. 하지만 우리들은 한번도 학부모나 교사들을 가르치려 한 적은 없었다. 대안교육이라는 판 속에서 부대끼며 서로가 자연스럽게 배우기를 원할 뿐이다.

대안교육 진영 또한 여느 모임이 그러하듯이 다양한 사람들이 모여서 함께 일하는 관계의 한 형태라고 생각한다. 결국 우리가 찾고자 하는 것이 새로운 삶의 가능성이라면, 그 새로운 삶에 대한 기대를 함께 만들고 불안도 함께 이겨내야 한다. 주류사회는 그 존재 자체로 우리에게 '남들처럼 살 수 있는 삶'에 대한 끊임없는 유혹이 될 수 있다. 그 사회는 회피한다고 해서 사라지지 않는다. 지금 우리가 답답함을 느끼는 세상을 넘어서는 것은 고병헌 선생님이 말씀하신 '한계적 문제'를 넘어서는 것과 같다. 개인의 몫이 아니라 함께 그 문제의 지평을 넘어갈 때 해결되는 문제라는 거다.

사실 아직은 대안교육이 만들어지는 과정에 있다고 생각한다. 지금의 대안교육이 정말 대안인지 의문이 들기도 한다. 대안의 탈을 쓰고 있으려면 적어도 세상과 정면 승부를 할 수 있는, 세상을 잘 아는 힘 있는 대안을 이야기해야 하지 않을까. 그리고 주류 가치를 좇으면서 대안이라고 어설프게 남을 속이는 일은 하지 않아야 우리 안에 혼란이 야기되지 않을 거라는 말도 덧붙이고 싶다.

삶의 동지로 받아들여주길

사실 이 이야기는 대안교육 진영에서 아주 새로운 것들이 아니다. 다만 학생(또는 졸업생)의 입장이기에 조금 다른 지점들이 존재하고, 더 반향이 커질 수는 있겠다. 내 주변의 대안교육을 경험한 친구들은 아무것도 하지 않고 머리 싸매고 고민만 하던 나와 다르게, 자기 나름의 관심을 바탕으로 사회적 행동을 시작하고, 자신이 올바로 설 수 있는 관계를 만들어 대안교육에서 배운 것과 세상 사이에서 균형을 잡으며 열심히 살고 있기도 하다. 그렇지만 그런 친구들도 어느 순간에 자신을 구성하는 존재론적 경계와 맞닥뜨리게 되는 것 같다. 그 경계와 마주쳤을 때 대부분의 친구들은 '규정하기 어려운 자기 존재'의 원인을 자기 탓으로 돌리거나 신자유주의니 자본주의니 하는 잘 알지도 못하는 거대 개념에 떠넘겨버린다.

나이가 스무 살이 되었다고 해서, 부모가 되었다고 해서, 교사라고 해서 그 경계와 마주하는 일이 쉽지는 않을 것 같다. 결국 존재론적 고민은 모두가 겪을 수밖에 없다고 생각한다. 우리가 스스로의 존재를 결정하는 경계 앞에서 더 자유롭고 지혜로워질 수 있는 힘을 함께 키워갔으면 좋겠다. 함께 고민하며 새로운 삶을 살 수 있으면 좋겠다. 대안교육은 사람들이 존재론적 고민 앞에서 연대할 수 있도록 해주는 매개체이자, 삶을 자유롭고 지혜롭게 살기 위해 꼭 필요한 방편이라고 생각한다. 그리고 대안교육이 어느 정도 성숙 과정을 거친 지금, 주류 가치에 휩쓸리지 않고 뿌리를 튼튼히 하기 위해서는 대안교육이 말하고자 하는 것들을 언어화하고 굳건한 틀을 만들어가는 과정이 필요하다고 생각한다.

마지막으로 어렵게 대안교육의 물꼬를 트고, 여전히 애쓰고 계신 어른들에게 진심으로 감사드린다. 그리고 아이들에게 좋은 건 다 퍼줬는데 '꼰대'로 지탄받는 것이 억울하다면, 이제는 학생(아이)들도 대안교육의 판을 구성하는 일원임을 깨달아야 한다고, 어느 정도는 어른의 언어로 말하게 된 졸업생들의 목소리를 모아 전달해드린다. 이 글이 한 아이의 '힘들었다'는 투정이 아니라 같은 길을 걷는 동지의 진심 어린 이야기로 전해졌으면 하는 바람이다.

우리, 잘 크고 있는 거 맞아요?

초판 1쇄 인쇄 | 2011년 8월 16일
초판 1쇄 발행 | 2011년 8월 20일

글쓴이 | 스물두 명의 대안학교 학생들과 졸업생들
펴낸이 | 현병호
편 집 | 권정민, 김경옥
디자인 | 전인애, 성화숙
펴낸곳 | 도서출판 민들레
주 소 | 서울시 마포구 성산동 209-4
전 화 | 02) 322-1603
전 송 | 02) 6008-4399
전자우편 | mindle98@empal.com
홈페이지 | www.mindle.org

ISBN | 978-89-88613-47-4(03370)

이 도서의 국립중앙도서관 출판시도서목록(CIP)은
e-CIP 홈페이지(www.ni.go.kr/cip.php)에서 이용하실 수 있습니다.
(CIP 제어번호: CIP2011002865)